CAMBRIDGE LIBRARY COLLECTION

Books of enduring scholarly value

Classics

From the Renaissance to the nineteenth century, Latin and Greek were
compulsory subjects in almost all European universities, and most early
modern scholars published their research and conducted international
correspondence in Latin. Latin had continued in use in Western Europe long
after the fall of the Roman empire as the lingua franca of the educated classes
and of law, diplomacy, religion and university teaching. The flight of Greek
scholars to the West after the fall of Constantinople in 1453 gave impetus
to the study of ancient Greek literature and the Greek New Testament.
Eventually, just as nineteenth-century reforms of university curricula were
beginning to erode this ascendancy, developments in textual criticism and
linguistic analysis, and new ways of studying ancient societies, especially
archaeology, led to renewed enthusiasm for the Classics. This collection
offers works of criticism, interpretation and synthesis by the outstanding
scholars of the nineteenth century.

L. Annaei Senecae Tragoediae

This two-volume critical edition of Seneca's tragedies by Friedrich Leo
(1851–1914) was published in Berlin in 1878–9. Seneca, the first-century
Roman philosopher, modelled his tragedies on the work of Greek playwright
Euripides. Leo argues that the tragedies were in fact written for recitation
only, and were not intended to be performed, although they have been
successfully staged in modern times. A classical scholar of some distinction
who later became a full member of the Academy of Sciences in Göttingen,
Leo's critical edition of Seneca was published early in his career, while he
became better known for his later work on Roman poetry. Volume 1 explains
his method of textual analysis and provides observations on the various
surviving manuscripts of Seneca's plays.

T0370573

Cambridge University Press has long been a pioneer in the reissuing of out-of-print titles from its own backlist, producing digital reprints of books that are still sought after by scholars and students but could not be reprinted economically using traditional technology. The Cambridge Library Collection extends this activity to a wider range of books which are still of importance to researchers and professionals, either for the source material they contain, or as landmarks in the history of their academic discipline.

Drawing from the world-renowned collections in the Cambridge University Library, and guided by the advice of experts in each subject area, Cambridge University Press is using state-of-the-art scanning machines in its own Printing House to capture the content of each book selected for inclusion. The files are processed to give a consistently clear, crisp image, and the books finished to the high quality standard for which the Press is recognised around the world. The latest print-on-demand technology ensures that the books will remain available indefinitely, and that orders for single or multiple copies can quickly be supplied.

The Cambridge Library Collection will bring back to life books of enduring scholarly value (including out-of-copyright works originally issued by other publishers) across a wide range of disciplines in the humanities and social sciences and in science and technology.

L. Annaei
Senecae Tragoediae

VOLUME 1:
OBSERVATIONES CRITICAS CONTINENS

EDITED BY FRIEDRICH LEO

CAMBRIDGE UNIVERSITY PRESS

Cambridge, New York, Melbourne, Madrid, Cape Town, Singapore,
São Paolo, Delhi, Dubai, Tokyo

Published in the United States of America by Cambridge University Press, New York

www.cambridge.org
Information on this title: www.cambridge.org/9781108013062

This edition first published 1878
This digitally printed version 2010

ISBN 978-1-108-01306-2 Paperback

L. ANNAEI SENECAE

TRAGOEDIAE

RECENSVIT ET EMENDAVIT

FRIDERICVS LEO

————

VOLVMEN PRIVS

OBSERVATIONES CRITICAS CONTINENS

————

BEROLINI

APVD WEIDMANNOS

A. MDCCCLXXVIII.

DE SENECAE TRAGOEDIIS

OBSERVATIONES CRITICAE

SCRIPSIT

FRIDERICVS LEO

BEROLINI

APVD WEIDMANNOS

A. MDCCCLXX VIII.

GEORGIO KAIBEL

CAROLO ROBERT

VDALRICO DE WILAMOWITZ - MOELLENDORFF

AMICIS

D. D.

ADDENDA ET CORRIGENDA

(pensabo his notulis socordiam meam qua in prioribus capitibus corrigendis locorum quos attuli numeros cum poetarum exemplaribus iterum conferre neglexi).

p. 1 adn. 2. non satis certum videtur num Lactantius scripserit quod in editionibus (Stat. Theb. IV, 530) circumfertur. fragmenta Ambrosiana comiter Studemundus mecum communicavit se excussisse et mox publici iuris facturum; quare de illis nihil dicere praestabat. **p. 8 v. 1** *reso-nares*] resonare. **p. 11 v. 7** sic: *vultus − obtutu M vultu − obtutus EAN* cf. p. 27. **p. 12 adn. 10** non Sil. XV, 157 sed 187. **p. 21 v. 5** non 1815. 16 sed 815. 16. **p. 24 v. 7** non 372 sed 362. **p. 26 v. 3** non Med. sed Phaed. **ib. v. 6 sq.** cf. p. 108 adn. 10 ubi ante dicta fere repetii in plagulis corrigendis immemor prioris loci. magis pudet quod ne ibi quidem intellexi *nocte relicta* necessarium esse propter *nitidum diem.* recte p. 108 Aen. IX, 346 non 348. **Ibid. adn. 9 v. 3** non Med. 931 sed 941. **p. 27 adn. 12** non 1079 sed 1179. **p. 32** ad Tro. 942: adquiescendum in Gronovii emendatione: *Σίγεον* Quint. Smyrn. VII, 562. XIV, 649. **p. 35** ad Tro. 889: et necessaria est Thetidis mentio et consulto componuntur Peleus et Nereus cum Thetide et Tethye. **p. 38 v. 10** non 733 (qui est vulgaris numerus), sed 770. **p. 39** adde Iuv. 8, 72 *(iuvenem) inflatum plenumque Nerone propinquo.* **p. 39 med.** Achill. II, 183 non 182. Sil. XII, 81 non X, 81. **p. 40 v. 6** non 430 sed 420. **p. 45 med.** Oct. 174 *se manu*] legend. *ne manu*. **p. 45 adn. 3** de Nicolao Trevetho praeterea cf. Peiper. praef. ad Boeth. consol. p. 44. **p. 50 adn. 1** omisi locum qui et Senecae et Lucano et Statio exemplum praebuit Verg. Aen. VI, 412 *simul accipit alveo ingentem Aenean; gemuit sub pondere cumba sutilis* e. q. s. **p. 51 med.** Hf. 1080 *nec torva prius pectora linguas* lege *linquas.* **p. 54 adn. 4** non I, 93 sed 91. **p. 55 adn. 5** adferre poteram Thy. 681 *laxantur adyto fata et inmugit specus vocem deo solvente.* **p. 56 adn. 6** Sil. II, 367, non 366. **p. 59** ad HO 907 *(sibi, non furori)* cf. e. g. Med. 425·*recipe turbatum malis, | era, pectus, animum mitiga.* **Ib. ext.** nullo modo excusari potest quod versum Hf. 1162 a Schmidtio l. s. adlatum hoc loco neglexi: explicatur eo quod versum post v. 1161 non tolerabilem dudum obelo notaram: *quis Lycus regnum obtinet* quis tanta Thebis scelera moliri ausus est *Hercule reverso?* **p. 60** ad *solvite superi, fingite superi* cf. Buecheler. Mus. Rhen. XXXIII p. 36. **p. 62** ad v. 1245 adferre debui Phoen. 140 *quid perdis ultra verba?* Hf. 380 *quid ultra est?* **p. 63 med.** fast. II, 97 non 93. **Ib. ext.** Stat. Theb. I, 557 non 554. **p. 64 med.** Theb. IV, 207 non 204. **ib. adn.** Aen. IX, 229 non 231. **p. 66** *eheu:* Cat. 30, 4 non 30, 6. **adn. 14** lege: Acc. Eurys. **p. 67 v. 1** adde: *heu heu* Ciris 264 et *eheu* ibid. 469. **ib. v. 14** art. am. I, 176 non 166. **adn. 15 ext.** lege: Acc. Eurys. **p. 68 v. 10** adde: Ciris 237 *(ei mihi).* **Ib. v. 25 sq.** non quadrat computatio; addere scilicet omisi: sedecim in epistulis. quam culpam ut redimam, adscribam locos: her. 2, 106; 3, 14; 5, 60; 9, 145; 11, 112; 12, 7; 13, 48; 15. 233: 16, 90. 246; 17, 125; 19, 107; 21, 45. 108. 203; am. I,

6, 52; 14, 54; II, 3, 1; 5, 4; 18, 20; 19, 34. art. I, 672. 741; II, 274;
III, 737. met. I, 523; VI, 227; VII, 842; VIII, 491; IX, 520. fast. III,
506. 618. trist. I, 1, 2 ; 2, 45; 6, 29; 9, 36; II, 243 ; III, 2, 23; 8, 24;
12, 51; IV, 3, 11; V, 1, 20. ex Pont. II, 2, 5. IV, 6, 4; 8, 13. cf. epic.
Drus. 9. 88. 176. p. 78 v. 8 dele 66, 29. p. 79 v. 17 lege: v. 347—49
non 247. p. 81 v. 3 serm. II, 3, 303. adn. 5 ext. 423 Dindorfii numerus
est, Nauckii 432. p. 88 in Quintiliani loco *an 'gradus* pro 'an gradus.
p. 90 v. 11 XIV, 561 non 461. p. 91 v. 21 non 55 sed 555. p. 93 v. 10
met. X, 637 non 673. ib. v. 21 Tib. II, 1, 25 non II, 125. p. 97 v. 35
non 784 sed 794. p. 100 Phaed. 79 sq.: v. 81 *fave* codd. omnes (*s* eras.
post *e* quae in ras. 2 m. scripta est *N*). p. 104 v. 8 Aen. IX, 587 non
590. ib. v. 21 Ach. II, 407 non 406. v. 22 *Ossaea* non *Onaea.* p. 107
v. 13 Richtero substitue Peiperum: quamquam coniecisse talia et rece-
pisse perinde est. ib. adn. 9 v. 3 II, 546 non 544. p. 108 adn. 10 v. s.
ad p. 26 v. 3. p. 113 adn. v. 7 *introrsus* (non-*introrsum*) legitur Phoen.
173. Thy. 108. HO 1674. ib. v. 15 met. III, 387 non 383. p. 123 adn. 25
v. 3 I, 276 non 283. p. 141 adn. 11 ext. ad Phaed. 799 cf. Copae v. 34
a pereat cui sunt prisca supercilia. deinde Hor. I, 19, 6 (non 5). p. 145
adn. 13 nunc in Analectis Plautinis indicem scholarum Gryphiswaldensem
auspicantibus Adolfus Kiessling comprobare studuit iam Plautum dimetros
iambicos praeter Graecorum consuetudinem conseruisse. p. 153 adn. 6
fast. III, 638 non 637. p. 154 adn. 9 addendum erat Troad. 353 *tu qui*
Pelasgae vincla solvisti rati morasque bellis ut v. 813 *classis Argolicae*
moram. 1126 *classis moram hac morte solvi rentur.* cf. Ag. 160.
p. 155 ext. addere potui Med. 630 *Thracios sparsus iacuit per agros.*
HO 979 *alias in urbes sparge.* p. 156 med. non Luc. IV, 454 sed VII,
454 (*mortalia nulli sunt curata deo*). p. 157 v. 14 contr. IX, 5, 17 non
IX, 6, 17. ibid. sq. accuratius Ovidius adolescens art. I, 337 *flevit Amyn-*
torides per inania lumina Phoenix. ib. sq. Hf. 547 non 552. p. 165
adn. 7 addere potui Culic. 246 *ite quibus taedas accendens tristis Erinys*
sicut Hymen — pro fata — dedit conubia mortis. et p. 166 ad v. 38
Med. 970 *victima manes tuos placamus ista.* denique ibid. pro *Megae-*
ram scribe *Megaram.* p. 167 adn. locutionem *in interpretis ministerium*
placuit si exemplo comprobare opus est vide Ag. 99 *placet in vulnus*
maxima cervix. ibid. v. 10 ext. X, 676 non XI, 676. p. 168 adn. 9
legendum *aures pepulit.* p. 171 v. 15 967. 68. non 567. 68. p. 181 v. 6
functas prout libet corrige. p. 192 adn. 22 499 Richteri numerus est.
scribe 487. p. 198 adn. 9 adde hamulum: 'aut.'

I.

Novem [1]) Senecae tragoedias ante extinctas Romanorum
litteras [2]) data opera homo aliquis non indoctus interpolavit.
idem Octaviam praetextatam, primis Flaviorum temporibus scriptam, novem tragoediarum corpori iniunxit mutatique ordinis
locum tenere iussit nonum [3]). qui cum ita· opera sua functus
esset, ut sanis ad arbitrium commutatis, corruptelis temeraria
manu oblitteratis limate tandem et polite decurrentem versuum
contextum lectoribus proponeret, factum est ut, quod fatum inter
scriptores veteres non Seneca tulit unus, interpolata editio obti-
neret, genuina tantum non periret. quare grates de servata
poetae manu habendae sunt viro erudito, quisquis fuit, qui unum
saltem novem tragoediarum exemplar genuinum a communi exitio
vindicavit. e quo codex Laurentianus 37, 13, quem Etruscum
appellare post Gronovium consuemus (E), librique pendent duo
quos ipse repperi et excussi Ambrosianus D 276 inf. (M) et
Vaticanus lat. 1769 (N). reliqui tragoediarum codices cuncti
interpolatae editionis (A) exemplaria sunt.

Atque ut primum vulgarium librorum fidem strictim — nam
vix eget causa verbis — ad Etrusci fidem exigamus, non ubique
in librorum turba veteris interpolatoris lectionem integram apparere consentaneum est; illorum enim magna pars aut novicias
passim Italorum correcturas aut singulas Etrusci scripturas quacumque via derivatas in se receperunt, cum interea vetusta interpolatio subinde temporum iniuria in peius abiret. at perraro
accidit ut difficile sit veteris interpolatoris a recentibus discer-
nendi negotium. ille igitur plerumque artis leges Senecaeque
morem tam perite secutus est, ut, nisi fons purus pateret, nobis
non minus quam Lipsiis et Scaligeris versus solidi dimidiive ab

---

[1]) de recensendis Senecae tragoediis disserui in Hermae vol. X p.
423 sq. ubi quae recte disputata sunt ea praeter minutiora quaedam hic
repetere visum est.

[2]) cf. Richteri et Peiperi praef. p. IV. Usener. in Mus. Rhen. XXVIII
p. 391. Habrucker. quaest. Annaean. p. 7.

[3]) eundem qui novem tragoedias interpolavit Octaviam illis inseruisse
probabiliter coniecisse mihi videor. nec minus verisimile est ut reliquas
Octaviam quoque ab illo pertractatam et politam esse (cf. Herm. l. s. p. 439);
quamquam argumenta quae ad persuasionem sufficiant non attuli.

illo confecti probati plerique forent; nec refutare, quod exemplo
sit, valeremus *caerulum gregem Nereidum* quem ille *pervio regi
Nereidum,* pervio scilicet imis in undis Amoris spiculis, substituit (Phaed. 336 [4])). sed iam in talibus una valet Etrusci auctoritas nec immorari attinet in eis quibus nemo se decipi patitur.
saepius fraudem adhuc ille criticorum industriae facit ubi locos
re vera corruptos inventis suis oblimavit. qualia aut neglexerunt
viri docti, ut Etrusci scripturas, quas pravas esse recte ille in-
tellexisset, reciperent; aut prae apertis Etrusci vitiis in interpolatoris correcturis adquieverunt. rei gravissimae exempla dabo
pauca sed ad persuadendum ut puto apposita. Phoen. v. 106
Oedipus mori cupiens ensem postulat filiam:

> *ensem parenti trade, sed notum nece*
> *ensem paterna. tradis? an nati tenent*
> *cum regno et illum? faciet, ubicumque est, opus.*
> *ibi sit, relinquo. natus hunc habeat meus,*
> *sed uterque.*

in hac Etrusci scriptura *opus facere* (v. 108) idem significare posse
quod *suum opus facere* non probavit Gronovius; quod cum latinum
non esse interpolator sensisset, male corrigebat: *faciet ubicumque
est scelus.* intactum reliquit *ibi sit.* quod sic stare non posse
vidit Peiperus, sed infeliciter tentavit *illis relinquo.* in propatulo sita erit emendatio cum intellexeris *ibi sit* arte coniungen-
dum esse cum eo quod praecedit *ubicumque est opus.* scribendum erat nimirum:

> *facinore ubicumque est opus,*
> *ibi sit : relinquo[5]).*

Troad. 503 quod antiquitus inepte traditum est:

> *succede tumulo, nate. quid retro fugis*
> *turrisque latebras spernis?*

inmutavit interpolator scribendo: *turpesque latebras.* quod non
minus inepte Andromacha dicit antequam cognovit cur fugiat
filiolus latebras. veram poetae manum Ambrosianus praebet:
tutasque latebras spernis [6])?

---

[4]) versus numeris notamus ante Peiperum et Richterum usitatis.
[5]) cf. Petron. p. 94, 12 B. (c. 80) *inter hanc miserorum demen-
tiam infelicissimus puer tangebat utriusque genua cum fletu petebatque
suppliciter, ne Thebanum par humilis taberna spectaret neve sanguine
mutuo pollueremus familiaritatis clarissimae sacra. quod si utique, exclamabat, facinore opus est, nudo ecce iugulum, con-
vertite huc manus, imprimite mucrones.*
[6]) cf. Lucan. V, 743 *quorum tibi tuta latebra Lesbos erit.* VIII, 13
tutis fatum celare latebris. Sil. IV, 332 *tutas petit — latebras.* XVII,
617 *inde petit retro montes tutasque latebras.*

Herc. Oet. 318 haec in interpolatis libris leguntur nutricis verba Deianiram a scelere deterrentis:

> rogos in istos terra consurget parens,
> domusque soceri prima et Aetolum genus
> sternetur omne; saxa iam dudum et faces
> in te ferentur. vindicem tellus suum
> defendet omnis e. q. s.

nescio quid hic sibi velit terrae parentis consurrectio; sed scio illam, si quando consurrexerit, non singulas gentes domus mulierculas aggressuram, sed omnia susque deque habituram esse. iam vide unde parentem sibi suam interpolator edolaverit:

> Angor. in istos terra consurget lares

sic Etruscus. quae verba adhuc sensu cassa ita emendanda esse patet ut comperiamus qualis terra fuerit quam *in istos lares* incessuram esse nutrix nuntiat. quae cum statim adiciat: *vindicem tellus suum defendet omnis*, priore loco tantum Herculis patriam nominare potuit. scribendum igitur:

> Graiorum in istos terra consurget lares.

in eodem conloquio nutrix Deianiram consolatur praedicando in omnes puellas praeter ipsam brevi amore Herculem caluisse. v. 366:

> Arcadia nempe virgo Palladios choros
> dum nectit, Auge, vim stupri passa excidit
> nullamque amoris retinet Herculei notam.

at Telephi matrem nullam amoris Herculei notam retinuisse audacter dictum est; nec sane ad rem: agitur enim de Herculis animo amicarum immemore. ad quam sententiam propius accedit Etrusci scriptura: *retinet Herculis notam.* quam vitio metrico purgaturus sensum, ut solebat, pessumdedit interpolator et invertit; reddere autem poetae debuit:

> nullamque amoris Hercules retinet notam.

atque his quidem locis satis modeste officio suo corrector functus est; proterviorem eiusdem manum et saepe deprehendas et e. g. Phaed. 641; ubi cum scripserit Seneca, quod vidit Gronovius:

> intimis saevit ferus
> visceribus ignis mersus,

in Etrusco legitur: *intimis ferit ferus.* quod ulcus ut sanaret ille versum Phaedrae orationi solidum ex eiusdem tragoediae v. 279 sq. confictum intrusit scripsitque:

> intimas saevus vorat
> penitus medullas atque per venas meat
> visceribus ignis mersus.

1 *

haec ostendunt, ne in eis quidem quae corrupte Etruscus
praebet ullam esse vulgaris lectionis auctoritatem; Etrusci igitur
corruptelas utique emendandas, nusquam recipiendas esse interpolatoris coniecturas, nisi aut verum ab illo inventum esse —
id quod et perraro accidit nec saepe contingere potuit ei qui
veritatis simulacrum quoddam, non veritatem sectaretur — aut
Etrusci scripturam post interpolatoris operam vitium traxisse
certa ratione constiterit. atque in universum quidem novem tragoediarum corpus, quale interpolatae editionis auctori ad manus
fuit, non magis purum et integrum fuisse quam quale nostrae aetati
servatum est, exemplis modo adlatis comperimus. easdem enim
ille corruptelas tollere studebat quibus Etruscum inquinatum
esse videmus. confirmatur illud vetustis codicis Parisini 8071
fragmentis (v. Richteri et Peiperi praef. p. xxiv sq.) in quibus
vix quicquam rectius quam in Etrusco traditum est. at fieri non
potuit quin per multas librariorum manus propagatus verborum
contextus passim depravaretur; sic e. g. in nominibus propriis
exarandis vel Etrusci librarium vel eius praecessores neglegen-
tiores fuisse observamus. legimus enim in Etrusco, ut pauca
adferam, Thy. 115 *terra (Lerna)*. Oed. 112 *phoebe (Thebe)* 233
phoebis (Thebis). Troad. 247 *patriamque (Priamique)*. 923 *mille
navium (Menelaum)*. Ag. 173 *alio (Aulis)*. praecipue et hoc et
omne depravationis genus in Hercule Oetaeo grassatum est, quam
in Etrusco non modo multo magis quam ceteras corruptam, sed
etiam singulis versibus non paucis et duobus maioris ambitus
locis mancam legimus. ac propriam quandam in hac tragoedia
transcribenda oscitantiae et socordiae methodum librarius secutus est. nempe persaepe genuinas voces eliminavit aliis ex
eodem versu sive ex antecedentibus sequentibusve in illarum
locum inductis. sic 1174 *superique quondam dexterae testes
meae A dexterae quondam meae E*. 1228 *nec ossa durant ipsa A
durant ossa E*. 1473 *lux ista summa est: quercus hanc sortem
mihi e. q. s. A hanc summam mihi E*. 1776 *quem parere rursus
Herculem possum Iovi A quem parere possum E*. 1148 *spolium
tibi* pro *tui* ex 1147, deinde 1149 *faciat* pro *fiat* ex 1148 et
multa eius generis.
praeterea autem in hac ceterisque tragoediis quaedam ad
arbitrium immutata videntur. ut Herc. fur. 1238 (*saepe error
ingens sceleris obtinuit locum*) in *E* legimus *semper furor ingens*:
qualia videlicet librario aliud agenti exciderunt. item cum in vetustiore quodam libro singulis vocibus hic illic aliae superscriptae
essent idem vel simile quid significantes, postea illae sive cum
genuinis coniunctae sive illarum loco verborum contextum inva-

serunt; ut Phoen. 47 *mortemque totam recipe admitte.* Hf. 684
Maeander undis errat ludit. Tro. 1166 *maria — repetat secura
classis* pro *secet* contra numeros. accidit etiam ut alius generis
interpretamenta versibus adscriberentur, ut Ag. 932 *etsi timendum caesus Agamemnon docet A timendum quid sit Ag.* docet *E*
970 *iustae parenti satis A dixi p. s. E* Thy. 907 *miserum* (*virum*)
videre nolo. Tro. 135 *bis pulsari* (*vidit*) *Dardana Graio moenia
ferro.* qualia cum in interpolationum numero vix habenda videantur, quaedam tamen inveniuntur quae releganda sunt unde
malam pedem intulerunt. sic Phaed. 264 *haud quisquam ad
vitam facile revocari potest* versus interpolatus exulat in plerisque
interpolati generis codicibus; nec Thy. 389 (*rex est qui cupiet
nihil*) ab *A* alienus video qua ratione cum antecedente (*rex est
qui metuit nihil*) conciliari possit. denique uno saltem loco
accidit, ut varia lectio ex interpolata editione sumpta et in Etrusci
archetypo adnotata genuinae vocis locum insederit. Agam. 741
haec sunt furentis Cassandrae verba ut in editionibus circumferuntur:

> *quid me vocatis sospitem solam e meis,*
> *umbrae meorum?* te sequor, tota pater
> *Troia sepulta. frater auxilium Phrygum* e. q. s.

sic codices vulgares, praeterquam quod nonnulli cum Etrusco
Troia sepulte legunt. neque esset cur scripturam istam repre-
henderemus, nisi ita haec in *E* scripta essent:

> — *umbrae meorum. testis vel tota pater*
> *Troia sepulte.*

statim apparet *vel tota* variam lectionem esse ad *testis* adscriptam
et in verborum contextum falso inlatam, unde expulit, quod genuinum est, *te sequor.* interpolator cum haec verba: *te sequor
testis pater Troia sepulte* corrupta esse videret, suam versui medelam adhibuit. at debuit hoc poetae restituere:

> *te sequor testis, pater,*
> *Troiae sepultae.*

Haec fere sunt in quibus Etruscum ab illo novem tragoediarum exemplari quale interpolatae editionis auctori ante oculos
fuit degenerasse cognoscimus; in quibus cum interpolatorum codicum ope non possit careri, utique sequitur interpolatam lectionem cum Etrusco conferendam, nusquam vero ab Etrusci corruptelis ad scripturas vulgares confugiendum esse, nisi veram in
eis poetae manum certa ratione agnoveris. itaque in reciperanda
ea novem tragoediarum forma, quae interpolatori veteri praesto
erat, harum tragoediarum recensio absolvitur; ulterius pro-
gressuro emendatoris opera suscipienda est.

In hoc recensoris officio profecisse aliquid mihi videbar, cum duorum codicum genuinam lectionem prae se ferentium auxilio fidem eius librarii qui Etruscum codicem exaravit aestimari posse mihi persuasissem. Ambrosianum enim et Vaticanum ex Etrusci gemello pendere, illorum igitur et Etrusci lectione inter se comparata communem archetypum restitui pro certo habui et explorato. qua de re quamquam aliter statuendum video postquam ipse Etruscum codicem excussi, tamen libris illis accurate describendis et cum Etrusco conferendis supersedere nec volo nec debeo.

Mediolani in bibliotheca Ambrosiana tragoediarum codex asservatur saeculi XIV membranaceus oblongae formae ḍuodequinquaginta foliorum (quinionum quattuor, octo unius senionis foliorum) binarum columnarum sexagenorum quaternorum versuum, manibus tribus aetate aequalibus exaratus (1. quin. I ad IV med. [HO. 38]; 2. ad sen. fol. 4 [Oct. 43]; 3. ad finem), quem recentis aevi neminem legisse foliorum margines docebant partim situ pridem cohaerentes. mihi *M* audit, catalogo bibliothecae *D* 276 *inf.* continet Etrusci ordine et nominibus novem tragoedias, Octavia in fine adiecta, cuius nomen *Ottaviá* scriptum codicem in Italia compositum esse docet. septem tragoediarum versus verbaque cum genuina editione consentiunt: cum interpolata Phoenissae et Medeae prior pars.

et hunc codicem ipse excussi et tertium genuinae editionis exemplar (*N*), quod continetur foliis 197ᵛ ad finem codicis Vaticani 1769; leguntur in eo una manu scripta Quintiliani declamationes (f. 1—48ʳ), Senecae opera philosophica, insertis inter libros de providentia et de ira Senecae 'de civilibus causis ad Novatum' libris X (f. 66ᵛ—80ʳ), sententiae metricae et pedestres (f. 192ʳ—195ʳ), minora quaedam, tragoediae. membranaceus est saeculi XIV formae oblongae foliorum 246 binarum columnarum sexagenorum binorum versuum. in tragoediarum ordine nominibus specie cum Ambrosiano conspirat, praeterquam quod Phoenissas et *Oedipi* nomine inscribit et post Oedipum collocat. interpolatae lectionis Phoenissas et Medeam, in fine adhaerentem habet Octaviam. sed dubitandi spatium non concedit tragoediarum titulus:

> *Marcj lutii annei ſenece tragedie novem. hercules.*
> *troades. phenissa medea. phaedra. oedipus. agamenon*
> *thieſtes. hercules. octavia. feliciter incipiunt.*
> *Iuno.*

non computavit librarius nomina: nam decem sunt. genuinus igitur numerus est, non mutatus adiecta Octavia. adscribam

item quod in tragoediarum calce legitur praemissis Senecae vita
metrorumque conspectu, non tam belli tituli[7]) quam notae temporis gratia; quamquam haec ex alio codice transcripta esse
verisimile est.

*M. ccciii. mense Ianuario Ego rolandus de plazola (r. d. p.
i. ras. 2 m.) dum Romae essem legatus civitatis Paduae
(P. i. ras. 2 m.) apud ecclesiam S. Pauli forte inveni et
vidi marmoreum saxum cum his litteris:*

M. A.

LVCANO · CORDVBENSI

POETE · BENEFICIO

NERONIS CAESARIS

FAMA SERVATA.

Atque omnium primum constat, *M* et *N* communis archetypi (*Σ*) apographa esse; hoc et vitiorum consensu efficitur (cf.
Hf. 688 *stigis (strigis)*; 1277 *virtute tibi agendum (virtute agendum)*; 1312 *letede (letale)* — nam cumulare talia non attinet) et
magis etiam scripturis diversis quidem sed in unum coeuntibus.
cuius generis sume Hf. 1303 sq.:

> *natum potes servare tu solus mihi,*
> *eripere nec tu: maximum evasi metum.*

v. 1304 sic vulgo interpolatus legitur:

> *Theseu ipse necdum maximum evasi metum.*

in *M* vero hoc scriptum est post v. 1303:

> *Theseu ipse necdum maximum evasi metum.*
> *eripere nec tu maximum evasi metum.*

in *N* hoc:

> *Theseu ipse necdum maximum.*
> *eripere nec tu maximum evasi metum.*

in *Σ* igitur genuino versui interpolatus adscriptus erat.

et hoc et innumeris eiusdem generis exemplis edocemur,
Σ exemplar fuisse genuinae editionis collatum cum interpolatae
exemplari e quo variam lectionem corrector adnotavit. quam vel
alter vel uterque in verborum contextum recepit marginive variae
lectionis loco adpinxit, vel denique utramque scripturam con-
iunxere variaeve partem tantum recepere. cuius generis unum
exemplum proposui. pauca addam.

Troad. 1009 *dulce maerenti populus dolentum*
    dulce lamentis resonare gentes.

---

7) De titulo olim famosissimo cf. O. Jahn. in prolegomenis Persii
p. XXXIII.

sic libri vulgares recte cum *M*; *dulce maerentes resonares gentes
E dulce lamentis et maerentes resonare gentes N.*
Agam. 173 *Aulis AM alio EM v. l. Aulis alio N.*
507 *ars cessit malis EM in magnis malis AM v. l.
ars in magnis malis N.*
551 *pepulerunt gradu E* (ex 549) *mitti dextera A
mitti dextra gradu MN.*
HO 636 *donet A ponit EM podonet N.*

his exemplis satis constare credo, comparanda duorum apogra-
phorum lectione codicem archetypum ita restitui, ut ne intri-
catioribus quidem locis dubitari possit, quid in communi fonte
extiterit. codicem *Σ* autem olim comprobare studui ex Etrusci
archetypo et ipsum pendere. qua de re primam mihi dubitationem iniecit Etrusci cum illo in minutissimis quoque rebus consensus multo frequentior quam ex Peiperi et Richteri editione
cognosci poterat ac fere constans. quem tamen ad communem
quoque originem plerumque referri posse patet, quamquam re-
stituendo exemplari eisdem quibus Etruscus vitiis scatente nihil
iuvamur. omnino autem de tam subtilibus nec raro ambiguis in
hac quaestione momentis agitur, ut explicatius exponendum videatur qua ratione Etrusci gemellus ab eiusdem progenie dis-
cerni queat.

atque universas codicis *Σ*, sive mavis codicum *M* et *N* inter
se comparatorum scripturas, veras falsasque, ita disponere possumus, ut primum de codicis *Σ* cum *E* contra *A*, deinde de eiusdem cum *A* contra *E* consensu, denique de propriis codicis *Σ*
scripturis agamus. primum igitur quae cum *E* communia habet
fere omnia ad communem fontem referri posse diximus, etiam
minutissima quaeque, ut Med. 853 *caecatus* pro *citatus,* 865 *ganticicum* pro *gangeticum,* 969 *relinquere* pro *relinque et,* vel quam
maxime propria, ut in versibus distribuendis errores Oed. 474 sq.
Tro. 492 et similia. idem de eis quoque contendi potest quae
ex corruptelis in Etrusco comparentibus magis depravata esse
constat; ut Tro. 167 *edoce E et doce M (reduces).* 1011 *lenius
E levius Σ (lentius).* 1121 *tumultum E tumutum N (tumulum).*
Phaed. 28 *flius E fluis N filius M (Phlyeus).* Oed. 829 *petituro
E perituro M (petitur).* Med. 913 *exitum E exitum N (exitium).*
HO 1098 *parcat E pareat Σ (Parcas).* 1443 *afflauat E afflauit
N affluit M (afflabat).* 1448 *ille E illa Σ (Hylle).* 1975 *discet
EN discedet M (decet).* alia vero eundem explicatum non ad-
mittunt. nam certo quodam corruptelarum genere Etrusci arche-
typum discimus et maiusculis litteris et verbis inter se nondum

segregatis exaratum fuisse. alterum corruptelae docent quales
sunt Tro. 1160 *egeus (coetus)*. Oed. 1038 *fligere (eligere)*.
Thy. 810 *feruitur (struitur)*. Agam. 538 *magis (Aiacis)*. Med.
655 *morsus (Mopsus)*; alterum innumeri errores verbis male diiunctis orti, ut Phoen. 341 *frigiamque flammam et eterias tali
soli (frugemque flamma metite natalis soli)*. Hf. 18 *mundus
puellas fert. anobis lac egent (mundus puellae serta gnosiacae
gerit)*. iam si librarii maiusculas litteras non recte transferentis
errores Etrusco cum Σ communes esse videas, ut HO 379 *galatam EM (gnatam)*. Med. 977 *perpenda EN (perdenda)*. Tro. 533
caecas EΣ (Calchas, Calcas). Hf. 1123 *vili EΣ (ulti)*. Agam. 81
faciunt EM v. l. (fugiunt), hunc consensum e communi fonte
repetere dubitabis; magis etiam cum eius generis menda in peius
abiisse cognoveris, ut Phaed. 505 ex *Alphei* (ALFEI) in *E* factum
est *ale et* [8]), in *N* post *Alphei* erasum est *et.* eodem refero
Tro. 607 *Danai dic EM Danaydie N (Danaidae)* et 633 *sicre
E scire N M v. l. (sero A*, sed scribendum *saepe* [9])). item si in
Σ non aliter quam in Etrusco coniungenda male diremta esse,
secernenda male cohaerere animadvertas, haec uni Etrusci librario imputanda esse iudicabis. cf. Hf. 916 *nobilis dircenaq; E N
(Dircen aquae)*. 963 *recipi sed E Σ (recipis et)*. Agam. 298 *sub
rupe reductus E M (subripere doctus)*. Phaed. 148 *perpetua in
E Σ (perpetuam)*. Oed. 433 *eden ope depulsavit E Σ (Edoni pede
pulsavit)*. Med. 899 *haustu citatum E N (haud usitatum)*. HO
1180 *turpe scelus EM (turpes colus)*. 1866 *quid amplius EΣ (quiddam plus)*. 1954 *Pluto niger E M (Pluton iter)*. addam alias Etrusci scripturas in Σ magis etiam a pristina specie deflexas. Phaed.
1068 *freni sequi E frenis sequi N (frenis equi)*. Oed. 351 *terrore
scient E terrores scient N (terrores cient)*. 773 *explicer rores
E explicet rores N (explica errores)*. 1034 *socer e stuprum E
socer est stuprum Σ (socer est utrum)*. HO 1230 *pestis at est
E pestis adest Σ (pesti sat est)*. 589 recte in archetypo scriptum erat *gracilisque gradu serperet aequo*; in Etrusco legitur
graduseper et aequo compendio litterae *r* alias non usitato;
N vero praebet *gracilisque gradus semper et aequo; M: g. gradu
aequo semper* et in margine: *gratilique gradu serperet aequo*,
quod correctori deberi apertum est, nisi quis cum Peipero mare
fluere opinetur.

---

[8]) sic Tro. 817 ex *Phthie* (FTHIE) factum est *et hie.*
[9]) *utinam timerem; solitus ex longo est metus. dediscit animus
saepe quod didicit diu* i. e. ita saepe ad aliquam rem animus insuescit,
ut eiusdem conscius sibi esse desinat: tam diu timere didici, ut dedi-
dicerim.

deinceps quae Σ cum A communia habet ab Etrusco diversa,
ea omnia correctori tribui possunt, dummodo illum non temere
officio functum esse sumas. haud raro enim in eisdem versibus
Etrusci corruptelas eliminavit in quibus quae ab illo recte contra
A tradita essent reliquit. pertinent autem huc lacunae quoque,
quas in Hercule Oetaeo potissimum Etruscus passus est, omnes
praeter versum 1750 merito omissum in Σ expletae, in eis quadraginta duorum versuum locus alterque triginta trium; quo
certissime comprobari videbatur codicem Σ non ex Etrusco pendere. at in versibus amplius centum ex archetypo nondum de-
curtato transcriptis in corruptissima et istis quoque in versibus
satis corrupta fabula multa deberent rectius vel saltem aliter tradita esse quam in vulgaribus libris circumferuntur. sed tantum
abest ut interpolatorum codicum corruptelae tollantur, ut cum
deterioribus libris loci isti plerumque consentiant, cum talibus
scilicet quale in Phoenissis Medeaeque parte priori codicis Σ
exemplar est. v. 407 — 439 omnino cum interpolatis facit
praeter v. 431: *si coniuges expellit (sic coniuges A)*; sed v. 411
viva 415 *concepto* 422 *etholia.* in altero maioris ambitus
loco 1564 — 1606 (nam in vv. 182 — 224, quos primo omissos proprio folio postea scriptos Etrusci librarius servavit
omnino Σ cum E consentit) cum nonnulla ab Italis correcta
sint, nihil proprium Σ habet praeter omissos vv. 1578. 79,
iure quidem omissos illos sed non ex auctoritate vetusta, cuius
praeterea nulla extant vestigia: 1570 *recepti* cum Gothano et
Moguntiaco (*recepto*); 1572 *tamen M* cum Rehdigerano (*tantum*);
1576 *veniunt* cum Gothano (*venient*); 1584 *discedet (descendet)*;
1590 *habeatne ulla (habeat nec ulla A habeat nulla* Mogunt.; *hor-
reat nulla* recte Lipsius); 1591 *potest (putet* Mogunt. recte); 1595
heu cum Melisseo omisso in fine verbo (ut Rehdig. et Goth.);
1604 *humilisque* cum Gothano (*humerisque*). praeterea v. 1438
(*video nitentem regiam*) cum Gothano Σ *intentam* praebet (*inten-
sam* Melisseus); 1469 cum aliis (e. g. Laurent. 37, 6) *extulit,*
ubi ceteri *expulit* legunt et *expuit* recte a Delrio emendatum est.
haec satis mihi comprobare videntur versus istos non ex optimo
fonte fluxisse sed ex interpolato codice a correctore suppletos
esse; nec impedit quod versum 1755 ab Etrusco iure omissum
et ipse omittit, cum v. 1753 iniuria omissum reduxerit; nec
denique quod v. 1809 fortasse recte praebet ʻ*quis memor vivi
tui (vivet A)* et 1810 rectissime *omne iam ingratum est genus
(nam A)*: nam talia ipsi correctoris ingenio tribui posse statim
intellegemus.

postremo enim de scripturis codici Σ propriis disserendum est; quae si corruptelae merae sunt, verbo non egent. at non pauca solus ille recte tradidit: Thy. 100 *sequor*. Fur. *hunc furo-rem*, ut iam in Aldina correctum est. Phaed. 560 *huius incestae stupris (cuius incestae A huius incesti E)*. Tro. 394 *ut nubes gra-vidas — Arctoi Boreae dissicit impetus (dissicat E dissipat A* cf. Ovid. met. I 328 *nubila disiecit)*. Oed. 1007 *sensitque raptum (censitque E sensimve A)*. Agam. 238 *iacensque vultus languido obtutu stupet (obtutus EA;* idem quod Σ ex Melisseo dedisse videtur Lipsius, non ipse invenisse). HO 546 *graviore prome M* i. mg. *(gravi deprome E graviore profer A)*. 568 *ne pateant doli (pateat E ne pateant mala A)*. 1223 *sanguinem vexat vapor (sanguine E sanguinem avexit A)*. 1738 *nunc es N (est)*. 1749 *minima M (nimia)*. 1751 *repetit (repedit E recipit A)*. plurima sic vides com-parata esse ut tribui alicui possint qui Etrusci scripturas cum vulgaribus contulerit. minus facilis est correctio quam HO 1738 invenimus, ubi *es* quidem in *N* recte scriptum esse monuimus *(nunc es parens Herculea, sic stare ad rogum te, mater, inquit; sic decet fleri Herculem)*; sed in eodem versu cum *Herculem* pro *Herculea* in *E* legatur, *N* hoc praebet: *nunc es parens, sic Herculis stare ad rogum* e. q. s., *M: sic Herculem st. a. r.*; atque illud cum primo saltem obtutu adrideat itemque v. 1739 quod in *E* et Σ legimus *stare*, ut legendum cuipiam videri possit:

> *nunc es parens: sic Herculis stare ad rogum*
> *te, mater, inquit; sic decet stare Herculem,*

tamen in utroque versu Etruscum corruptum — in altero autem solito more quem supra tetigimus (p. 4) — in Σ vero corruptam Etrusci scripturam interpolatam esse intelleget qui acrius oculos intenderit. non aliter iudicari potest de Agamemnonis versu 746 nondum emendato; qui cum sic vulgo legatur: *sed lacera membra et saucios vinclo gravi fortes lacertos*, in *E* haec extant numeris sen-suque cassa: *sed lacera menbra connectens vinculo gravi illos lacerto*, in Σ vero: *s. l. m. vinculo nectens gravi illos lacerto*, ut facile in suspicionem adducaris scribendum esse *et vinculo nexos gravi*. ut ut est quod in Σ legitur interpolationem sapit sarciendorum numerorum causa factam. dubitationem eximit Thyestis v. 488 *(unum genitor hoc testor tamen E M u. g. h. hortamen est A)* sic in *N* scriptus: *unum genitor hoc ortamen est et male*. aenigma sol-vitur codicis *M* margine, in quo plane idem legitur praemissa variae lectionis nota. *et male* patet pro *sed male* positum esse, correctorem codicis Σ igitur suum iudicium enotatae variae lec-tioni adiecisse: quod qui fecit, ei omnis generis interpolationes imputari posse sciunt qui veterum scriptorum codices in manibus habuere. idem apertius etiam nota ad Thy. 778 *(lancinat natos pater)* in *M* adscripta prae se fert: *al' laniat, sed putatur quod male quia versus non staret.* Agam. 133 Statii versus (Theb. I, 379 *dat stimulos animo vis maesta timoris*) in *Σ* margini inlatus in *N* amissi versus locum occupavit; item Tro. 492 in *N* Statii versus (Theb. VIII, 283) in margine legitur. iam vero magnum numerum variarum lectionum marginem potissimum in *M* obtinentium ad correctoris eiusdem coniecturas referemus; ut Hf. 1157 *al' victor* (ad *exurge virtus*). Thy. 676 *al' tertio* (ad *trino;* debuit *al' terno* [10])); 1004 *al' obsequuntur* (ad *oblocuntur*). Phaed. 174 *al' furiis* (ad *patris*) et multa eius generis.   itaque quaecumque codicis *Σ* propria sunt non ut genuinae lectionis reliquias suspiciemus sed aut in mendorum aut in emendationum numero recensebimus.

confirmabit terminabitque hanc disputationem Troadum locus quo uno omnem quaestionem profligare poteram; at explicatius haec exponendi officium mihi iniunctum putabam. Troad. 635 (*sacrum antecessit nec potest uatem sequi*) Peterus adnotavit *uxtem* in *E* legi.   nempe librarius cum primum verbis male discerptis scripsisset *nec potes tua tem sequi,* dein ipse coniungenda coniunxit, dirimenda diremit in hunc modum: *nec potes t'ua tem sequi.* iam lineola inter *a* et *t* ducta deceptus Peterus *χt* legere sibi visus est; quae est in Etrusco litterae *χ* forma. nec Petero soli correctio ista fraudi fuit; nam cum in *M* versus recte scriptus sit, in *N* hoc legimus: *nec potest uatem t'uxtem sequi.* vides Etrusci scripturae in *Σ* fideliter depictae correctorem *uatem* superscripsisse, Vaticani librarium correcturam inter *potest* et *ua tem,* quod et ipse *uxtem* esse putavit, inseruisse, insuper autem litteram *t'* ante *ua tem* retinuisse.

itaque prorsus abicienda essent ista Etrusci germina — nam

---

[10]) *saepe latratu nemus trino remugit;* probe callebat poetarum usum qui *terno* versui inferre voluit. Hf. 62 *terna monstri colla.* 784 *trina vasto capita concutiens sono E* (*terna A*). 796 *per ora missus terna.* Phaed. 943 *ut vota prono terna concipiam deo* (*trina A*). cf. d. benef. VII, 9, 4 *bina ac terna* legitime in distributione. Vergilius et Horatius *trina* ignorare videntur (*terna* aen. I. 266. V, 120. 247. 560. 580. ecl. VIII, 73. 77. Hor. III, 19, 14; serm. II, 4, 76); Ovidius ubique *terna* (met. VII, 190 *ternisque ululatibus ora solvit;* 414 *ternis latratibus.* X, 22. her. IX, 38 *et haesuros terna per ora canes.* fast. VI, 216. trist. II, 481. III, 12, 24); sed fast. IV, 480 *cornua' trina* Ianus Ulitius (*prima* codd.); V, 146 *numina trina* (*terna* codd. aliquot Burmanni). Manilius ubique *terna* (II, 295. 313. III, 368. 457. IV, 302. 484) praeter II, 334 (*trinis*). Prop. V, 10, 2 *trina* Tib. I, 3, 12 *trinis,* sed IV, 1, 50 et 112 *terna.* Stat. silv. IV, 9, 15 *trino.* V, 3, 253 *trinis* (*terna* Theb. V, 509). Silius *trinis* XV, 157. XVI, 628. XVII, 332. *terna* I, 279. X, 93. 122. XIV, 574. pedestrium scriptorum locos et grammaticorum testimonia conlegit Neue II, p. 165 sq. (ed. II.).

corrigendis quae in illis correcta vidimus et ipsi sufficimus —,
nisi Etruscus quoque, et ille quidem postquam apographum Σ
confectum est, correctorem passus esset, qui volgares scripturas
hic illic margini intulit, genuinas non nullas erasit. ubicumque
igitur prima Etrusci manus deleta est, codices M et N certos
habemus pristinae lectionis testes. quod ut exemplo comprobem,
ex Herculis prioris initio, in quo impudenter versati sunt cor-
rectores duo, eliminatas ab illis Etrusci scripturas secundum Σ
ante oculos ponam: v. 8 *recenti.* 12 *ferro minax.* 21 *escendat.*
34 *fruimur.* 36 *patrem probavi gloriae feci locum.* 38 *Aethiopas.*
43 *iura.* 56 *durae.* 62 *et terna monstri colla devicta intuens.*
63 *minimum.* 90 *feros.* 110 *delecta(t).* 183 *flatur.* 184 *suis.*
188 *tempore.* 213 *a primo.* 219 *lumine.* 236 *qua.* 257 *capiti.*
259 *tremet.* 302 *Eleusin.* 316 *timoris.* 321 *adit.* 324 *super*
habuit. 368 *reducere* e. q. s. hac igitur in re de qua in sequenti
capite copiosius dicendum erit, Vaticani et Ambrosiani auxilio
uti non dedignabimur.

  quae de Etrusci apographo disputavi non pertinent ad
Phoenissas Medeaeque illam excipientis partem priorem; quae
ex Σ nescio quo casu ablatae, cum Medeae posterior pars fere
inde a v. 700 ex Etrusco pendeat, alio de codice ab eodem puto
quem in reliquis tragoediis corrigendis occupatum deprehendimus, suppletae sunt; deinde in M suis locis transcriptae in N
immutato ordine leguntur, ut recto loco Medea, post Oedipum
Phoenissae extet et ipsa Oedipi nomine inscripta. codicem illum
interpolatae sectae fuisse consentaneum est. quare harum tragoediarum in apographis duobus lectio vix cognitu digna foret,
nisi in eo certe momenti aliquid inesset, quod eadem fere erat
Melissei libri lectio, amissi post Lipsii operam, sed laudato multum et desiderato. qui cuius generis fuerit iam intellegi poterit.

  de Melisseo quae sciri possunt e Lipsii commentariis repe-
tenda sunt, qui quae ad emendationem aliquid conferre possent
enotavit. ea igitur quae sine codicis ope emendare studet, in
codice non melius tradita fuisse certum est. sed ne forte falla-
mur, nunc ea tantum respiciemus quae in Melisseo extitisse disertis verbis testatur. ea vero, ut de Phoenissis primum agamus,
cum MN omnia consentiunt praeter hos locos: v. 4 *in recta*
MN (*in rectum* Mel. alii). 64 *utere* (*vertere*, quod idem est).
181 *coepit* (*coepi*). 182 *magnanime miseranda* (*mis. magn.*).
257 *tractas* (*tinctas*). 320 om. *exemplum ingens*, sed legitur in
margine M. quibus de locis iudicium certum erit, ubi communia
quaedam composuerimus: 178 *audies verum Oedipe* (*Oedipum AE*).
328 *sceptra* (*scelera AE*). 331 *exempla facinorum* (*fac. ex. A*).

14   DE RECENSENDIS TRAGOEDIIS.

463 *nunc alter aberit ergo iam numquam duos AE*
       ergo numquam duos Mel. *N M*
qui versus praecipue nativum arguit consensum. magis etiam v. 62
   regam abnuentem, dirigam invitum gradum A
                    inviti gradum E
                    invitum patrem Mel.
                    invitum patrem vel gradum M N
quam scripturam sic natam esse patet, ut in *Σ gradum* adscriptum esset ad id quod in verborum contextu extabat *patrem.*
   ad Medeam accedamus. in qua dissentiunt a Melisseo v. 92
vir longe superet viros (v. l. ut superat v. Mel.). 669 *iusso N*
(vivo Mel. sed *divo,* quod Lipsius coniecerat, *M* habet i. ras.).
quibus vitia quaedam communia opposuisse satis erit: v. 30 *curvi*
Mel. *M* 1. m. *N (puri)* [11]). 198 *vox* Mel. *M.* 204 *caput (putet).*
214 *exercet* Mel. *M i. ras.* 236 *flamina (flagitia).* 345 *per-*
geret (spargeret). 393 *induit scelus (medium sc.).* eius generis
corruptelis, quas nemo umquam corrector in codicem intulit,
communis origo extra dubitationem ponitur. cf. praeterea Med. 55
quae scelere parta est scelere linquenda est domus E linquatur do-
mus AN rumpatur fides Mel. *rumpatur domus M (quae scelere*
pacta est Mel. *M* 1. m.): correctionem recepit totam *N,* partem
tantum *M.* discrepantiis igitur quas attulimus id unum efficitur,
non ex Melisseo ipso has tragoedias pendere, sed ex codice eius
gemello qui aut correctoris manum aliqua ex parte passus erat
aut archetypi correcturas non omnes adsumpserat. Melisseum
vero cum praeter scripturas cum Etrusco communes proprii
nihil habere videris nisi vitiosa et interpolata, ceterum pessimis
non meliorem esse, certe et gaudebis testibus, quibus istius
libri fides aestimari possit et mecum nullam in posterum eius
mentionem faciendam esse censebis [12]). ortus enim est Melisseus
ex libro interpolatae sectae, quem nescio quis ex Etrusco aut
eius cognato ita passim correxit, ut quae adscriberet ad libidinem
conformaret. illius libri duo saltem apographa iam novimus:
Melisseum alterum, alterum codicum *M* et *N* in Phoenissis Medeae
v. 1—700 et Octavia archetypum. nam ad Octaviam quoque

---

   [11]) v. 171 *te ipsam vide* (Mel.) quod non extat in *MN,* in Melissei
archetypo ad *Medea* (v. 171) sive ad *cui sim vides* in eodem versu adscriptum erat a lectore quodam. v. 388 *oculos uberi fletu rigat E* Mel.
o superi oculos f. r. A, o superi om. *NM.* fortasse *uberi* in archetypo
erasum erat et vulgatum in margine adscriptum. quod accidit certe
Phoen. 393 *hinc atque hinc ruit E* Mel. *hinc atque illinc ruit M (illinc*
ex interpolatis). erasum erat alterum *hinc.* itaque *N: hinc atque ruit.*
   [12]) iam conferas quaeso Phoen. 193—198 quales cum libro suo con-
latos transcripsit Lipsius.

quae ex Melisseo Lipsius enotavit, ea omnia in *MN* leguntur praeter v. 249 *(nisi duo* Mel. *insidioso N M* v. l. *insidivo M)* et 269 *(perdidit—prodidit).* praeterea v. 853 *(abstrahere nostris coniugem caram toris) coniugem tantam* in Melisseo et *M, c. fata* in *N* legitur. interpolata sunt v. 37 *uno latentis MN* (om. *sub*), v. 376 *animam—fudit (reddit)* et fortasse alia.

itaque in futurum quoque unicum recensionis fundamentum Etruscus habebitur, cui ubique interpolatae editionis lectio adhibenda est et, si quando prima Etrusci manus periit, eius apographum Ambrosiano codice et Vaticano inter se comparatis restitutum. reliqua emendatoris sunt.

II.[1]

Ne cui de ratione inter Etruscum meorumque librorum bigam intercedente turpiter errasse videar — quamquam ne turpiter quidem errasse tam aegre umquam laturus quam intellecto errore gavisus sum — eis effectum iri spero quae de Etrusco codice nova docere possum. quem totum ita excussi ut si quis eundem rursus adire volet non multa quae neglexerim inventurus sit. hoc ut spondere possim certe eo potissimum effectum est quod lectionem a Gronovio Petero aliisque ex eodem codice enotatam operae meae adhibere potui. at si mireris me affirmantem post tot virorum doctorum curas nunc demum certa me de optimo libro prolaturum, Gronovium credas cum levitate incredibili in promulgandis Etrusci scripturis versatum esse; Peterus autem nec ipse satis diligentem huic libro operam navavit et schedis eius editores perquam incuriose usi sunt.

atque non una quam primo loco posui ratione inducor ut quae ad corrigendas de Etrusco falsas opiniones in primis necessaria videantur non reservem ipsi tragoediarum editioni; ab illa nempe superfluam qualemcumque et inertem molem arcere certum est. scio autem, nisi de gravioribus saltem viros doctos certiores fecerim, sescentiens eventurum ut diserte fidem profiteri, testium dissensum diiudicare, constantem denique et inutilem Teubneriani exemplaris rationem habere cogar. itaque non plura de codice optimo monebo quam ut in editione quaecumque nude posuero non dubitaturus sis quin re vera in Etrusco legantur, nec magis quin a prioribus oculorum iudiciive culpa illi iniuria tributa sint quae omisero.

primum igitur quod ad fata codicis post renata litterarum studia attinet, eum in eorum numero fuisse qui ex testamento Nicolai Niccoli in monasterium·S. Marci inlati inde per multas vicissitudines tandem in publicam S. Laurentii bibliothecam pervenerunt, in primae paginae summo margine scriptum nunc

---

[1] in hoc capite cedendum est necessitati utendumque Richteri et Peiperi numeris, quandoquidem ad editionem eorum spectabunt quaecumque de Etrusci scripturis referam.

aegre legitur. tam diligenter enim verba ista erasa sunt, ut ex depictis eorum vestigiis non possessoris tantum alicuius nomen, sed et 'diras in libri raptorem' editores enucleaverint 2). nempe si oculos attenderis apparent haece:

iste *liber est conventus S. Marcj de Florentia*
ordinis praedicatorum, habitus de hereditate
Nicolai [*Niccoli*
civis doctissimi et florent [*issimi*

quibus superscriptum fuit:

iste *liber* ...... *de* (XVIIII?) *bancho ex parte occide* [*ntali* ac si Bandinium evolvas, ab illo ut saepe disci potuisse intelleges quod de codice a viris doctis bis terve pervolutato et descripto in editionibus nusquam narratur.

codex igitur Marcianus — πολὺς γὰρ ἐν βροτοῖσι κοὐκ ἀνώνυμος — totus una manu exaratus est, mutatis tantum subinde et calamo et atramento. correctorum opera nec continua fuit et plerumque modesta, vel potius correctoris; nam praeter secundam manum quamquam tres diversae deprehenduntur, eae parcissima reliquere industriae vestigia. secunda autem manus atramento usa nigriore quam prima hic illic litteras mutavit, lineolas addidit, haud frequenter verba integra versusve adiecit, pauca ita erasit ut quid subfuerit dispici nequeat. ab hac manu diversa est alia quae e. g. vulgatam lectionem Hf. 37 restituit et praeterea non multis locis occurrit, Herculem priorem vix excedit. diversa rursum manus scholiis margines complevit, in scaenarum plerumque initiis; quae postea omnia spongiis detersa sunt, non ita tamen ut nihil erui possit: satis certe superque ut de pretio eorum securus degas. eadem vero manus in singularum paginarum summis marginibus fabulae nomen pinxit et non nusquam versibus quaedam ipsis adscripsit. a quibus omnibus diversa est manus quae in Phaedrae loco 634 sq. et aliis paucissimis glossas inter lineas addidit. denique manus recentis aevi pauca correxit. huc cum accedat ut prima manus post scriptum librum ipsa non nulla antea omissa suppleverit, vides discernendis manibus quantumvis magnam diligentiam impendendam esse. id quod nec in hoc libro ante nos factum est nec in aliis vulgo fieri solet. idem valet de litteris vocibusque erasis scriptisve in rasura, de quibus ut recte iudicetur operae pars longe difficillima est necdum sane in Etrusco dextere administrata. itaque primum locos de quorum correcturis liturisque parum recte a prioribus relatum est paucos

---

2) praef. p. XXVIII.

quidem componam, sed e quibus poetae verbis emolumenti aliquid eveniat.

Hf. 8 *hinc qua tepenti vere laxatur dies*
tepenti interpolatum epitheton scriptum quidem est secunda
manu, sed correctum, ut certe dignoscitur, ex *recenti*. et sic Σ
(cf. p. 13 ubi quaedam tetigi hic explicatius tractanda).

v. 12 *fera coma hinc exterret Orion deos*
sic *A* et *E* secunda manu; sed non ex *ferro minaci* prima
verba correcta sunt, sed pristinum erat

ferro minax hinc terret Orion deos [3])
id quod totidem literis in Σ legitur. accedit ut corrector ipse
in margine adscripserit *ferro minax*, ne ignoraretur qualem
scripturam lima sua oblitterasset.

in transcursu moneo, quod ad v. 89 adscriptum referunt
eat vel *cat* (v. Addenda), id vocis *vacat* alteram syllabam esse,
priorem autem ad v. 83 margini sinistro adpictam esse, tertia
manu, non secunda utramque: scimus enim, esse libros quosdam uno scilicet exemplari oriundos, in quibus vv. 83—89
omittuntur.

v. 185 *fertur* in foeda rasura 6 litterarum scriptum est
tertia, non secunda manu, item *ordine* v. 190 in rasura 7
litterarum 3. manu. itaque in *E* scriptum erat, id quod in
Σ legitur:

185 *at gens hominum flatur rapidis (fertur A)*
     obvia fatis incerta suis (sui A)
et 190 *certo veniunt tempore Parcae (ordine A).*

v. 223 nunc quidem legitur
     oculos remisso vultu ac placido intuens
sed *vultu* tertia manu (non 2 m.) in rasura vocis quam di-
spicitur fuisse *lumine*. sic in Σ, *pectore A*.

v. 323 *quam tunc habebat, cum per arentem plagam*
     et fluctuantes more turbati maris
     abiit harenas bisque discedens fretum
     et bis recurrens.

v. 325 *abiit* 2. m. correctum est ex *adit*, cum Σ *adiit*
habeat, quod rectum est: formam contractam hoc loco non ad-
mitti Lachmannus docebit Lucr. p. 208. reponendum autem
esse *adiit* inde patet quod primum ad mare viam sibi aperuisse
praedicatur, per ipsum mare pedes migrasse sequenti versu

---

[3]) Stat. silv. I, 1, 44 *magnus quanto mucrone minatur noctibus
hibernis et sidera terret Orion.* ceterum mirum est quod Iunonis que-
relis Orionem intulit in quo de paelice certe querendi locus non erat.

traditur. [4]) haec igitur iungenda sunt: *adiit bisque discedens fretum et bis recurrens*, verborum structura poetis non inusitata; de Seneca vide Oed. 268 *per regna iuro quaeque nunc hospes gero et quae reliqui* et Phaed. 553 *saxaque et ramos rudes vertere in arma.* Hf. 715 *a fonte discors manat hinc uno latex.* nihil hic correctum est, sed errore in *c* littera lineola addita, qua similis facta est litterae *s.* error Gronovii est; moneo ideo quia et hic haesitare quispiam possit et aliis locis solemnis fere est vocum quae sunt *discors* et *dissors* inter se permutatio. nec recte hoc loco epitheton interpretati sunt viri docti de diversa rivulorum natura, quieti scilicet alterius, alterius impetuosi; immo nihil significat nisi ex uno fonte duplicem manare rivum, ut de flamma duplici Oed. 325

> *sed ecce pugnax ignis in partes duas*
> *discedit et se scindit unius sacri*
> *discors favilla* [5]).

de Typhoeo ex homine anguique mixto Med. 776 *Typhoeus membra quae discors tulit.* et plane eodem sensu Horatius (III 29, 28) Tanain discordem appellavit, quippe qui duobus ostiis in mare ingeratur [6]); ubi Bentleius *dissors* scribere voluit, ʿquia Tanais nec ad Europam nec ad Asiam pertineatʾ. idem vero serm. II, 3, 174 vesaniam *discordem* defendit contra N. Heinsium, qui illam quoque *dissortem* praeferebat.

v. 804 obiter moneo nihil post *victrice* erasum esse nisi distinctionis signum; nam cum accuratissime in hoc libro sententiae distinguantur, superflua signa permultis locis recentiore manu erasa sunt: quod saepe Petero fraudi fuit, e. g. HO 127.

Tro. 25 *victamque quamvis videat haut credit sibi*
    potuisse vinci

ʿ$\overset{\tilde{n}c}{aut}$ E (*ñc* 2 m)ʾ Peiperus. ac verum est secundam manum aliquid particulae negativae superscripsisse; quod non esse *nunc* sed *non* (*nō*) vel coniectura assecutus eris. v. 395 autem (*quo*

---

[4]) quae quantum sciam singularis est huius rei memoria: *cumque deserta rate deprensus haesit Syrtium brevibus vadis et puppe fixa maria superavit pedes.* item nescio num alibi inveniatur quod HO 911 de Hercule narratur: *fonte Cinyphio scelus sub axe Libyco tersit et dextram abluit.* quod ad Iovis Ammonis fontem referendum est.
[5]) cf. Lucan. I, 551 *scinditur in partes geminoque cacumine surgit, Thebanos imitata rogos.* idem Stat. Theb. X, 599. XII, 431. Sil. It. XVI, 546 sq.
[6]) Senecae vero septem: Tro. 9 *septena Tanain ora pandentem bibit.*

2*

bis sena volant sidera turbine) non tertia manus est quae correxisse priorem scripturam (*bis quos sena vocant s. t.*) dicitur, sed recens; nec correxit, sed ex coniectura hoc substituit: *bis quo sena rotant sidera turbine.* adde Med. 255 *afflictum et gravi:* ʿ*afflictā̄* correctum ex *afflictet'* Peiperus. error proclivis erat. sed non *afflictet* scripserat librarius, sed *afflicte,* ex *e* fecerat *u,* deinde lineolam tam infabre addidit, ut summam litteram tangeret; quod cum non satis clarum videretur, v̄ supra versum repetiit. atque haec pro multis eius generis exemplis sufficiant.

Tro. 603 *invita, Ulixe, gaudium Danais dabo* ʿ*Ulixe* erasa *s?'* Peiperus. nihil erasum est.

Phoen. 123 *obscura nostrae verba fortunae loquar.* sic *AΣ*; idem dicunt ʿ*E*² in rasura' legi, quod nec omni ex parte verum est et plus dignoscitur; scriptum enim est *verba* prima manu et in rasura quidem 4—5 litterarum, quarum prima *f* erat. opineris igitur egregie confirmari Richteri malam coniecturam qua scripsit *fata.* at acrius oculos intendenti apparet scripsisse librarium sequentis vocabuli (*fortunae*) priores litteras, dein errorem vidisse et correxisse.

v. 435 *iamque* correctum esse ʿ3 m. ex *omniaque'* falsum est; correctura enim facta est prima manu, correctum autem *ia* ex *n*: nempe scripturus *namque* errorem ipse correxit. simile accidit v. 507; transcribam Iocastae verba 505 sq.:

non te duxit in thalamos parens
comitata primos nec sua festas manu
507 *ornavit aedes nec sacra laetas faces*
vitta revinxit, dona non auro graves
galeas socer, non arva non urbes dedit:
dotale bellum est.

506 *festa E.* 507 *nec sua* codices, quod correxisse mihi videor. deinde *laetas faces* non ʿ*E*² i. ras.', sed prima manu in rasura correctum ex *festas manus*: quo constat haec non tentanda esse. 509 *gazas A arma E.* cf. Eur. Phoen. 336 sq.

Phaed. 673 *duas* non ex *rivas* correctum est sed ex *imas.*

v. 846 *Eleusin: in* non 2., sed 1. m. in rasura; scripserat *Eleusis.*

v. 1064 *continet:* non ʿ*t* i. ras. a 2 m.'; rasura nulla est, sed membrana pridem laesa erat. omnia prima manu, nisi quod *t* secunda manu renovatum videtur.

Ag. 817 *obvios:* ʿ*obvias* ut videtur *E*'. *obvios* correctum est 1. m. ex *obvius.*

Thy. 597 et 865 non secunda manus in margine adscripsit,
sed prima, id quod non nullius est momenti. scripsit autem
atramento nigriore, additis litteris initialibus, post scriptum videlicet librum. idem Peteri error Phaed. 1090; 1123. HO 919.
20; 1795; 1815. 16 (recte HO 1729).
HO 160 *vicino Nabatae vulnera dirigit*
ʿultima vocis littera quae videtur *o* fuisse lineolis deleta supra
scriptum *o* m. tertia *E*ʾ. etenim ex *vicino* (quod certum est)
secunda ut videtur manus fecit *vicinus*, adiecto compendiolo
⏜ supra inductam litteram, quod putavit *o* esse qui codicem
contulit.
    v. 639 *vel mille secent arva coloni*
ʿ*se centaraia*, sed statim correxit *E*¹ʾ. librarius aliud agens
— quod innocens interpolandi genus (cf. p. 5) deprehenditur
etiam v. 895, ubi scripsit *thiestem titan fugit* pro *ipse me titan
fugit*; contra v. 907 non scripsit *ophiniam* sed *conphiniam*
(*confixam*): ex prima syllaba per compendium scripta 2. manus
fecit *o* — pro *m. secent arva coloni* scripsit *m. se centauraia* c.,
de Centauris scilicet somnians; nec correxit errorem, sed super
i posuit *u*.
    atque haec satis erunt superque; in editione vero ador-
nanda ea tantum adferentur quae ad constituendam primae
manus lectionem necessaria erunt: pleraque ac praecipue quaecumque secunda aliisve manibus ex diversis interpolati generis
exemplaribus adscripta sunt omnino abicientur.
    Iam ad graviora nos vertamus. magna enim scripturarum
moles vel inde a Gronovio vel in novissima demum editione
Etrusco tribuitur, quarum in ipso libro nec vola nec vestigium
apparet. cuius rei causa in eo potissimum sita est quod Gronovius, homo omnium optime de hoc poeta meritus, ita in
huius codicis lectione enotanda et promulganda versatus est,
ut tantum non malae fraudis, pessimae utique socordiae in-
cusandus sit. explicari autem plurimi eius errores poterunt
si in excerpendo codice coniecturas quoque quae sibi sub-
venerint margini eum intulisse, postea vero dum editionem
parat, eas in scripturarum numero habuisse sumimus; at ne
sic quidem omnia satis explicantur. deinde novissimi editores
quam nacti sunt conlationem ita ad Gronovianam redegerunt,
ut quidquid ab illo relatum, a Petero non relatum esset,
Peteri neglegentiae imputarent: id quod certe non nimis reprehendendum est in eis qui diversorum testium fide niti debuerint; quamquam Peteri silentium, ut factum est ubicumque
Gronovii quoque testimonium deficiebat (ε), utique enotandum

erat. at quamvis crebro ambiguum esse de Etrusci scripturis in novissima editione iudicium meminerint qui his tragoediis operam impenderint, mirabuntur tamen quam instabili adhuc artis fundamento standum fuerit.

haec idoneis exemplis comprobaturi non graviora primo loco largiemur, sed e singulis tragoediis quaedam suo ordine componemus. itaque ut supra ab Hercule initium capiemus quam cum interpolatore ἐπὶ διακρίσει θατέρου furentem cognominamus.

Hf. 52 *vinctum* E cum A (῾*victum* ε᾽).

277 *fertque quae fieri vetat* [7]) E cum A (῾*ferri* ε᾽).

288 *fulmini quaerens iter* E; *flumini* A recte: Petero, qui *quierens* enotat, *a* litterae *i* similis fraudi fuit. sic Oed. 177 *maiora*, non *maiori* E; Phoen. 276 (*armavit alias*) *arma vitabas* E, non *armavit aliis,* ut rettulit I. Gronovius.

731 *quicquid,* non *quicqui.*

1083 *devictum,* non *devinctum* quod testatur Gronovius.

1204 *quis potuit arcum flectere aut quae dextera*
      sinuare nervum vix recedentem mihi?

sic A. *nervos* E quod recte relatum est. praeterea apud Peiperum legitur: ῾*ui cedente mihi* E᾽. hoc non potest Peteri testimonium esse; est Gronovii qui ita loquitur: ῾sed dein liber optimus *aut quae dextera sinuare nervos vi cedente mihi.* hinc illae varietates apud Delrium: ut enim quisque novus accessit librarius, voluit complere versum᾽; sequitur interpolatarum quarundam scripturarum recensus. dein: ῾vix tamen videtur aliud restitui posse quam quod receptum est᾽. at coniecerunt inde Bothius *iusta cedentem,* Withofius *paene luctantem,* Peiperus *invita cedentem,* denique nuper Madvicus *nervos rite cedentes.* tot vero tantorumque moliminum Etruscus nihil in se culpae recipit. qui totidem litteris exaratum refert *vix recedentem.* ergo quod sincerum est ac vero proximum — nam scribendum videtur *nervos vix recedentes mihi* — coniecturarum nube offuscatum est propter Gronovii commentum, cuius originem equidem hoc loco exputare non possum.

1220 *expriment* E cum A. *exprimunt* videtur Scriverii operarum errori deberi.

1306   *ecce quam miserum metu*
      cor palpitat pectusque sollicitum ferit

sic rectissime Gronovius emendavit; nollem tamen codici con-

---

[7]) Ovid. fast. VI, 762 *propter te fieri quod vetat ipse facit.*

iecturam tribuisset, qui non aliter quam reliqui omnes *corpusque* exhibet.

Tro. 20 *ceu* cum *A.* nescio unde *seu* suum sumpserit Peiperus.

101 *coma demissa est libera nodo:* demissa Scaligeri emendatio est. [8] *E* ut reliqui *dimissa.*

v. 418 *quid maesta Phrygiae turba laceratis comas* sic *A* nec aliter *E* quamvis ex eo *laceratae* testentur.

v. 483 *sed mei fati memor* | *tam magna timeo vota* sic cum reliquis *E* quoque; et videtur Gronovius, qui ex *E fati mei* adfert, calamo errasse.

v. 1146 *Helena E* cum reliquis, non *Helene.*

Phoen. 331 *meorum facinorum exempla appetunt* sic *A; meorum exempla facinorum* e Melisseo Lipsius protulit; nec potest negari numerosiorem sic versum evadere. tamen Etruscus cui idem tribuerunt editores (ε) *fac. exempla* praebet.

v. 402 *et impia arma matris oppositu impedi* sic *A;* interpolati aliquot libri, in quibus etiam *Σ, mater opposita* praebent. quod ab ipso auctore esse Gronovio teste ʿfidem faciunt Florentinae et Vossianae membranaeʾ. inde in editiones receptum est. sed sine litura in Etrusco *matris oppositu* scriptum est, genere loquendi minime a Seneca alieno; cf. de benef. V, 6, 4 (*luna solem*) *obiectu sui abscondit.* consol. ad Polyb. 5, 2 *ut cruciatu tui noceat tibi.* cf. Sil. X, 210 *dum consternata moratur agmina et oppositu membrorum sistere certat.* Pacuv. Atal. frg. X v. 57 *regnum potitur transmissu patris.* similiter Ovid. met. III, 61 *illius impulsu cum turribus ardua celsis moenia mota forent.* IV, 707 *dimotis impulsu pectoris undis.* III, 49 *hos necat afflatu funesti tabe veneni* in Bernensi legitur, varie in reliquis (*afflati* Laur. *funesta* Marc.).

v. 473 *quo vultus refers E* cum *A,* non *vultu:* compendium neglexit Peterus. cf. infra ad Med. 173. 372.

v. 481 minime omittitur Iocastae nomen.

v. 638 *frangenda palma est:* sic *E* cum *A.* falsus est Jacobus Gronovius (*plangenda*).

Med. 173 *forsan inveniam moras:* sic *E* cum *A;* compendium non intellexit Peterus (*moraˢ,* non *morã*).

---

[8] sic Med. 537 scribendum esse *nec deligenti tela librentur manu vel me vel istum* (*diligenti* codd.) vidit Bothius et frustra obloquitur Hennebergerus adnot. ad Sen. Med. et Troad. p. 12. item Phaed. 459 *propria descripsit deus officia et aevum per suos duxit gradus* scribendum est *discripsit.*

Med. 178 in scaenae titulo IDEAI scriptum esse Peterus
refert; sine difficultate IDEM legi ne memorarem quidem, nisi
Peiperus suppl. praef. p. 34 sic ariolaretur: 'praestabit ex Me-
dicei vestigiis IDEAI repetere MEDEA'.
277 *fugam, rapinas adice, desertum patrem*
sic *A*, non aliter *E*. *rapinasque* non videtur in codicibus esse.
372 *quod fuit huius pretium cursus?*
'*hui E*' Richterus. sed qui codicem contulit compendium non
vidit (*hui*').
v. 441 *quippe sequeretur necem | proles parentum.*
sic *A; neci* testatus est ex *E* Gronovius et coniecit: *nece —*
parentem. sed scriptum in illo est *nece*, novissima *e* aliquan-
tulum laesa scholiorum litura. videtur autem lineola quoque
super *e* evanuisse, ut *necem — parentum*, quod optimum est,
in Etrusco quoque extiterit.
584 *taedis* ('*taetlis*' Peterus).
819 *causa vocandi — una atque eadem est semper Iason*
sic cum reliquis *E* ('*est*' om. ε').
655 *Idmonem, quamvis bene fata nosset,*
condidit serpens Libycis harenis.
omnibus verax, sibi falsus uni
concidit Mopsus caruitque Thebis.
sic *A*, '*sepi*' *E* v. 656 pro *serpens.* multa de his versibus ario-
latus est D. Heinsius, qui eos cum aliis multis Senecae omnino
abiudicavit. nam illius aevi homines res fabulosas neglegentius,
ut et hic et alias Senecae placuit, tractatas minime concoquere
potuerunt. confudit scilicet hoc loco Seneca et Mopsi Idmonis-
que moriendi genus et Mopsum argonautam cum Mantus filio
Thebano : id quod vidit Gronovius. idem vero alias dubitationes
movit ad v. 652 suae editionis his verbis: 'neque hic tantum
peccasse auctorem quantum librarios censeo, post tot prodigiosas
corruptelas ex optimo libro detectas. qui tamen utinam sibi
par esset! vestigium certe labis ostendit satis pro *serpens* ex-
hibendo *sepi*; quis hoc ostentum procurabit?' dein 'timide se
coniecisse' ait *condidit Saspir.* denique: 'sed repente, dum
poscunt hanc chartam operae, venit in mentem, totum quod
est in scripto servari posse: *Idmonem, quamvis bene fata nosset,*
condidit; sepi Libycis harenis e. q. s. concidit Mopsus. Mopsus,
inquit, condidit Idmonem; ipse tabifici sepis venenato ictu in
Libya concidit et pro deo habitus'. atque hoc inde Bothii Ba-
deni aliorum editiones insedit. ducentis annis post Hennebergerus (p. 13) omnem difficultatem sustulisse sibi visus est
'levi quadam emendatione sic scribens': *Idmo iam, quamvis bene*

fata nosset, concidit, sepi e. q. s. supervenit Peiperus locumque corrigit scribendo *condidit pestis Libycis harenis.* ac ne satis miseris versiculis inlusum putes, nuper Braunius cumulum facetiis addit hac coniectura: *condidit sedi,* quis condiderit securus (Mus. Rhen. XXXII, p. 79 adn. 1). ego vix confisus sum oculis meis, cum in Etrusco totidem litteris scriptum inveni *condidit serpens Libycis harenis,* quod et verissimum est nec iam ab ullo libro lacessitum. at quid de Gronovio cogites coniecturam suam tantis verborum ambagibus pro codicis scriptura venditante? equidem errasse illum libenter credo, ita nimirum ut, cum Florentiae Lucaneum ʽ*ossaque dissolvens cum corpore tabificus seps*ʾ in mentem venerit, coniecturam margini intulerit, Lugduni postea eandem e codice enotatam esse bona fide opinatus sit. sed tot pravarum coniecturarum quarum et ipse sibi et posteris auctor extitit, poenas illum apud inferos solvere existimamus, sive Sisyphi saxum volvendo sive potius Danaidis quae sororum numero deest vices explendo.

Med. 958 *flentes gementes osculis* ut Melisseus, non *oculis* quod Gronovius testatus est. male J. Gronovius *ocius.* locum commendamus eis qui emendare vel, quod magis optamus, defendere eum valeant.

v. 996 sic *E: quid nunc moraris anime? quid dubitas? potens,* non *p̄otens:* lineola enim ad interrogandi signum quod praecedit pertinet. scribendum: *quid dubitas potens?*

Phaed. 127 *conclusit,* non *condusit.* idem Peteri error Phaed. 417. Ag. 976. HO 1204. 1519.

v. 518 *iuvat aut amnis vagi pressisse ripas:* sic *E* cum reliquis, non *iuvit;* quamquam nescio aliud loco remedium.

v. 627 *regna tutari urbium* recte *E,* non ʽ*tutare*ʾ. (*tutari patris A*).

v. 687 non legitur in *E,* quod Gronovius testatur, *speculere,* sed *speculare* cum *A.*

v. 776 *languescunt folio ut lilia pallido* sic *A* (om. *ut*); nec aliter *E:* nam quod *candido* in *E* scriptum testatur Richterus, id et a Gronovio repetitum et falsum est. sed Gronovius hic saltem calami errore lapsus est. dicit enim Florentinum illud praebere ʽ*ut Lipsianum*ʾ. Lipsius autem tantum *ut* e Melisseo suo testatus est.

v. 898 *ex cuius ortu nostra dependet domus* non *nostrā* (i. e. *nostram*) quod Peterus enotavit, sed solito compendio *E* praebet *n̄ra* (i. e. *nostra*). in eodem vocabulo item lapsus est Peterus Phaed. 935. Ag. 732. HO 1503. 1885.

v. 917 *est prorsus iste E* cum omnibus scriptis et impressis ante Bothium, qui *iste prorsus* propter numeros invexit. [9])

Med. 955 *iratos patri*, et sic testatur Gronovius (non *patris*). v. 1004 *luctifica*, non *luctificam*. scribendum *luctifico* ut edidit Scriverius. v. 1154 *morte relicta E* cum reliquis, non *nocte*. cf. 1229 *mortem relictam*. Hf. 616 *morte contempta redi*. HO 1165 *ego qui relicta morte contempta Styge — redi*. cf. Serv. ad Verg. Aen. IX, 348. v. 1238 *cedite*, non *cedire* (*cedat A*). Oed. 91 *obvias ferrem manus E* cum reliquis, non *obviam*. v. 472 *te sequitur*, non *et*. v. 630 *sequitur et Bacchas lacer Pentheus*, non *Bacchis* quod Gronovius testatur.

v. 858 *nec poenitendi sanguinis quaeram fidem,*
   sed nosse certum est.

sic *A; vel poenitendi E*; 859 haec Gronovius: 'lege igitur cum optimo — *si nosse libeat*. sic —, non *sed nosse certum est'*. inde Bothius coniecit *si nosse liceat* quod Peiperus recepit. Etrusco autem verbum illud plane ignotum est, qui exhibet *si nosse certum est*, et recte quidem: dicit enim vel inhonestam se originem quaesiturum, quandoquidem inquirere in genus suum decreverit. cf. Soph. OR 1058 οὐκ ἂν γένοιτο ˉτοῦϑˀ ὅπως ἐγὼ λαβὼν σημεῖα τοιαῦτˀ οὐ φανῶ τοὐμὸν γένος. 1076 τοὐμὸν δˀ ἐγὼ κεἰ σμικρόν ἐστι, σπέρμˀ ἰδεῖν βουλήσομαι.

v. 991 plusque quam *satis est furit* cum reliquis, non *sat est*.

v. 1069 *pavitante gressu sequere fallaces vias A fallentes vias* ex *E* Gronovius tradidit, *pallantes* Petèrus, inde Peiperus coniecit *pallentes* quod ipsum in *E* scriptum est.

Ag. 5 [10]) *en horret animus E* cum reliquis, non *inhorret* quod est Gronovii commentum.

v. 126 non omittit *et*.

---

[9]) haud raro editores vel ut isto loco vel scribendi erroribus lectorem fallunt. sic Tro. 502 *si quaeret hostis* 634 *quaerenda est mihi* in libris scriptis et impressis legitur. sic Med. 931 *et maius scelus* (*est* ed.) Thy. 975 *celebremus* (*celebramus* ed.) HO v. 1161 in *E* ut omnibus libris post 1164 positus est, recto loco, non inter 1160 et 1162. Peiperi error inde natus est quod in Bothii exemplari versus iste numero 1161 signatur.

[10]) AGAMENNON in titulo (non AGAMEMNO) et item in catalogo tragoediis praefixo (praef. p. XXVIII), non AGAMEMNON.

Ag. 163 *pudet pigetque A* et, si credimus editoribus, *piget doletque E.* sed illi Gronovio crediderunt qui et illos et semet ipse fefellit. nam in Etrusco legitur *pudet doletque.*[11]

v. 239 *iacensque vultu languido obtutus stupet* sic (non *vultus*) *E* cum reliquis praeter *M* (non *Σ*) praebere p. 11 adnotare neglexi.

v. 261 Clytaemnestrae notam, ut refert Peiperus, 'om *E*[1], sed *CL.* addit *E*[3]'; parum recte: nam nomen prima manu minio pictum sed erasum cum scholiis est; dein secunda manus ut videtur *CLI.* atramento repetiit. contra 1055 non additur Clytaemnestrae nomen sed omittitur.

v. 464 *credita est vento rates* Peiperus ex Etrusco scripsit nec mirarer si hoc sequioris originis indicium putaret. sed non favet Etruscus, ut 789; qui hic saltem *ratis* praebet cum reliquis.

v. 622 *pulvereamve,* non *pulveramve.*

v. 655 *quinis bis,* non *bis quinis* quod Ribbeckius testatus est.

v. 774 *alta,* non *alia* quae Italorum correctio est.

v. 1069 *iam iam iuvat vixisse post Troiam, iuvat.* sic ante Gronovium legebatur; ille: 'Florentinus *tantum iuvat v. p. T. i.* Id est hucusque'. quod cum nusquam gentium traditum sit, videtur coniecturae deberi.

Thy. 116 *latuere venae nec suas profert sacras Alpheos undas.* sic cum reliquis omnibus etiam Etruscus, quamvis Gronovius edicat 'scribe cum Florentino *sacer A. u.*' quod cum post illum optimo iure editiones obtinuisse videatur, emendatio est Gronovii, non codicis.

v. 230 *possessor huius regnat, hunc tantae dómus fortuna sequitur* Gronovius: 'lege cum Florentino et Vossiano *hunc cunctae domus f. s.*' paruerunt omnes; sed Vossiani interpolationem minime agnoscit Florentinus.[12]

v. 509 *quidquid irarum fuit,* non *iratum.*

v. 541 *meam relinquam, nisi tuam partem accipis* Gronovius: 'Flor. *ni tuam*'. *nisi E.*

v. 650 *regio secessu,* non *regia.*

---

[11] cf. Acc. Neopt. frg. VII, v. 471 *dolet pudetque Graium me et vero piget.* inc. inc. frg. IX, v. 21 *Hecuba hoc dolet pudet piget.*

[12] *cunctus* singulari numero HO 1079 *pro cuncta tellus;* quod alias non memini in his tragoediis legi. non inusitatum in collectivis vel ut insit notio collectiva: Hor. IV, 11, 9 *cuncta festinat manus.* Stat. Theb. X, 668 *cuncto — pro sanguine.* silv. II, 6, 11 *maior stemmate cuncto.* at idem audacius Theb. V, 202 *cuncto sua regnat Erinys pectore.*

Thy. 831 *percussa metu* cum reliquis, non *perculsa.*

v. 895 non recte de Gronovii adnotatione Richterus rettulit; ille enim *vacat* in *E* scriptum esse recte dicit, non *vocat.*

v. 919 *hoc hoc mensa cludatur scypho,* non *hoc haec.*

HO 70 *ille E* cum reliquis, non *ipse* quod Gronovio debetur.

v. 140 *qua fluit,* non *qua fugit* (v. ad 989).

v. 165 *pro fato potuit,* non *patuit.*

v. 277 *peperi,* non *reperi* quod tamen rectum est.

v. 283 *non flamma,* minime *num.*

v. 287 *est aliquid hydra peius:* sic *E*, non *potius.*

v. 393 nimium diligentiae primae voci impendit qui *Metas* legit: est enim *Aetas.*

v. 562 *tu fulva nigri sceptra gestantem poli,* non *furva* quae Italorum correctio est.

v. 750 non *regna triumpha,* sed *regna triumphi.* expectat locus a peritiore medelam. ceterum Etruscus hunc versum Hyllo tribuit, id quod Lipsius iam e coniectura fecerat vel potius e Melisseo.

v. 785 *dum lassa Titan mergat Oceano iuga* sic *E* cum reliquis. falsum est quod Gronovius dicit et editionibus obtrusit 'Florentinus — *mergit Oceano iubar*',

v. 817 *feram* Peteri est; nam quod Gronovius dicit *ferar* in *E* legi verum est.

v. 989 *trepida quid tremuit manus?* non dixerunt Gronovio deberi quod post illum, qui Etrusco imputavit, omnes receperunt: *trepida quid renuit manus?* quae est proba ipsius emendatio. nam tradita scriptura, quam Etruscus quoque retinet, non defenditur locis in quibus verbum nominis ab eodem verbo derivati casu instrumentali determinatur, ut Thy. 1005 *meumque gemitu non meo pectus gemit.* Hf. 802 *et Cleonaeum caput opponit ac se tegmine ingenti tegit* (ubi interpolavit *A clepit* ex Med. 156). HO 130 *cantu nostra canet tempora flebili.* 140 *qua fluit Ismenos tenui flumine languidus·(fugit A).* elegantia similis est Tib. I, 10, 43 *liceatque caput candescere canis.* Prop. III, 18, 5 *quid si iam canis aetas mea candeat annis?*

v. 999 et 1000 in *E* desiderari verum non est, siquidem v. 1000 nec deficit et sic legitur: *sed mente nostra. natus Alcidae tibi.* 1001 *perages E*, non *peragas.*

v. 1036 *Thressae sub rodope* (i. e. *Rhodopae*) *iugis,* non 'Rodopes'.

v. 1117 *ortus,* non *ortos* (*certos A*).

HO. 1172 *non truci rictu gigans E:* falso *nec* Gronovius refert.
v. 1200 *victus* non *vinctus* quae est Italorum correctio.
v. 1402 *cruentis,* non *cruentos*: correxit Gronovius.
v. 1440 *quis sonus,* non *qui.* cf. Phaed. 1178 *membra qui saevus Sinis aut quis Procrustes sparsit?* (*quis A*). Hf. 262 *qui satis Thebas fleat?* (*quis A*). HO 405 *qui sub hoc mundo mihi dabitur maritus?* (*quis A*). 1369 *qui sat est Ister mihi?* (*quis A*). cf. HO 167 *quis vastus Briareus quis tumidus Gyges* (*qui — qui A*). Oed. 322 *quis desit illi quive sit dubites color* (*quisve A*). Tro. 485 *qui locus?* (*quis A*). 1057 *quis status mentis miseris?* all.

v. 1685 *contemto redit,* non *contemtor* (coniuncte scriptum: *contemtoredit*).

v. 1762 Gronovius 'praeclare veterem' praebere dicit *cineremque iactans squalidum Alcmene gemit;* atque *gemuit* in illo esse recte Peterus rettulit; cineris nec volam nec vestigium esse tacuisse videtur. ut ut est, *E* cum *A* quod verum est praebet: *crinemque iactans squalidum.*

v. 1994 *E* cum *A nec Lethaeos,* non *vos L.,* et 1995 *vos fata trahent,* non *nec f. t.* aliud egisse videtur qui librum contulit. nam et 2003 *quatiens oculos* scriptum est, ubi forsan aliud lateat quam *quatiet populos* (*A*).

in omnibus quae hucusque composuimus Etruscum a vulgata lectione recedere falso relatum erat. iam paucos adiciemus locos in quibus corrupta quidem est Etrusci scriptura, sed aliter corrupta quam in novissima editione narratur. quod primo loco pono vulgatum et rectum est.

Tro. 776 *o decus]* o *decus* o, non o *detus.*

v. 858 *Pylon an senilem]* phylonan. selinen, non *selinem.*

v. 1170 *coetus]* egeus, non *egetus.*

Phoen. 96 *aliquando]* alinquando, non *aliprquando.*

v. 340 *penetrales]* penetries, non *penetriles.*

Med. 873 *gangeticum]* ganticicum, non *gantici cum,* nec *ganticum* (v. Addenda).

Phaed. 30 *Phlyeus]* flius, non *fluis* (Gronovius).

v. 966 *fluctusque ab ipso tumidus Oceano voca]* f. a. *ipsos tumidos O. v.,* non *ab ipsos tumido.*

v. 1127 *quisque* (*quisq.*), non *quisquam* (*quisq*): ut haec elegantia male cesserit Richtero.

Oed. 693 *in utrumque quis est liber etiamnum status]* i. u. *qui se subter e. staͭmus* sic 1 m (non *qui se liber e. staͫntus*).

Oed. 1029 *sensitque]* *censitque,* non *censitve.*   recte Σ *(sensimve A sensitve* Melisseus).

Ag. 782 *ratibus exustis]* *ruptas bustis,* non *rupta;* 784 *lacerto,* non *lacertos.*

HO 31 *noverca]* *coercăm,* non *coerca;* addidit corruptelae signum, quo ter in hac tragoedia voces corruptas notavit: 540 *măs* (recte Gronovius *intimas*) et 608 *auïa (aula).* ceterum 31 corruptus est necdum sanatus.

v. 80 *nondum astra merui]* ʽ*haud* (om. *dum) E*ʼ habet *haud dum a. m. (a.* 1 m. ex *u)* recte.

v. 185 *Sipylum]* si *syphum,* nec *si siphum* nec *sipylum* quod Gronovius cum ipse emendarit codici tribuit.

v. 217 *Toxeu]* *textum,* non *toxtum.*

v. 382 *famulamne et hostis praeferet natam tibi?]* *famulam nec hostis p. galatam t.,* non *ne et h.*

v. 566 *colu]* *colis.*

v. 588 *veneranda]* *venerande;* idem accidit quod 185.

v. 1265 non *timeris* sed *timeri.*

v. 1562 *Aeacumque inter geminosque Cretas.* sic *A. Aeacosque* ex *E* Gronovius protulit et scribendum coniecit *Aeaconque.* sed *E* habet *Aeacos inter;* satis mirum vero quod *Aeacosque* in Σ legitur. de hac fabula finem faciam in loco conclamato quem certa ratione emendasse mihi videor. v. 1463 ita *A:*

    caeci dolores. manibus irati Herculis
    occidere meruit: perdidit comitem Lichas.

ex Etrusco testantur *recti dolor es;* varia viri docti coniecerunt: *cassi dolores* Grotius et N. Heinsius, *recte dolori est* Bothius, *aucti dolores* Muellerus, *rati dolores* Peiperus. Hercules dirum se de Deianira supplicium sumpturum pronuntiaverat; quem monet Hyllus iram comprimat: graves illam sceleris poenas dedisse utpote propria manu peremptam. iam Hercules respondere debet id quod viri docti partim tantum et procul attigere: hoc non satiat iram meam, quae meae ipsius illam dexterae deposcit. itaque, cum in Etrusco non *recti* legatur, sed *recte dolor es,* scribendum duco:

    relicte dolor es: manibus irati Herculis
    occidere meruit

loquendi usu neque aliis poetis nec Senecae ignoto, cf. Med. 608 *rumpe nec sacro violente sancta foedera mundi.* HO 3 *secure regna.* Oed. 1033 *invite loquere nate.* cf. Oct. 31 *coniugis heu me, pater, insidiis oppresse iaces.* quod dolorem suum Hercules adloquitur optime huic stilo convenit. cf. Med. 139 *melius a melius dolor furiose loquere.*

denique quem supra omisi locum inspice qui est Phoen.
550. ibi ante Gronovium legebatur:

totus hoc exercitus
et populus omnis et utraque hoc vidit soror.

malum versum non Senecam procudisse Gronovius docuit cum
hanc Etrusci scripturam protulit:

hoc utrimque populus omnis,˙ hoc vidit soror.

qui tamen non melior versus est. atque aliud quiddam in
Etrusco legi fidem fecit N. Heinsius (Adv. p. 58), nimirum:

hoc populus omnis utrimque, hoc vidit soror.

quorum utrumque errasse ex Richteri editione didicimus. quippe
tertiam scripturam testatus est qui eius in usum codicem ex-
cussit:

et populus omnis utramque hoc vidit soror.

scripsit autem Richterus ex Muelleri coniectura:

hoc populus utrimque omnis, hoc vidit soror.

iam quid tribus testibus facias quorum nullus cum reliquorum
alterutro consentit et unus quisque lectorem proprio marte
fallit? nimirum quartum aliquid re vera in Etrusco legitur
quod est:

hoc populus omnis. utramque hoc vidit soror.

unde quod verum est statim elucet. nempe Argivi spectatores
minime tangunt Iocastam; quae dixit:

hoc populus omnis, utraque hoc vidit soror.

quod dum codicem tracto inveni, hanc gloriolam occupatam
esse tunc ignorans: magnopere utique laudandus est hoc loco
Peiperus qui verum vidit (suppl. praef. p. 33) antequam de
vera Etrusci scriptura edoctus esset.

his locis cum adhuc inscius fallatur criticus, omnium certe
aegerrime ei feruntur loci, in quibus inter plura de codice
testimonia optio data est. quales cum frequenter in novissima
editione inveniantur, non ubique accidit quod in loco quem
modo tractavimus scilicet ut testes falsi sint omnes; quamquam
extant similia, ut HO 1791 *petet* N. Heinsius, *peti* Peterus
testatur, *petit* in Etrusco legitur, ut ibid. 1403 *aliquid* Gronovius, *aliqui* Peterus, *aliquod* Etruscus praebet. at saepius accidisse consentaneum est ut alteruter testium fidem non fefellerit.
et, quoniam inter Gronovium plerumque et Peterum res est,
plura quidem sunt in quibus Gronovius falsum tradidit, haud
raro tamen de Petero eiusve silentio superior discedit. quare
primo loco ea ponemus in quibus Gronovii fidem Etruscus
probat.

Hf. 527 *est est sonitus Herculei gradus* (*id est* Pet.)

Hf. 1182 *differte fletus*] *defer tellus* (*deferte fletus* Peterus, et sic *M*).

Tro. 832 *an frequens rivis levibus Mothone* (*rusus* Pet.).

Med. 226 *gloriae florem inclitum* (*Graeciae* ε).

Phaed. 213 *non tecta sani moris aut ullus cibus* (*ullis* Peterus).

v. 1217 *morte facili dignus haud sum* (*cum* Peterus).

Ag. 449 *et clara lentum remigem monuit tuba* (*movit* Peterus). ceterum ineptum est hoc versu lentum dici remigem cui omnem nimium longam properanti moram fuisse modo audiverimus. scribendum videlicet *laetum*.

v. 727 *Attin* (*atin* Pet.).

v. 971 sic *A: quis iste celeres concitus currus agit.* iniuriam faciunt Gronovio editores. ille enim hoc adnotavit: ʻFlor. *hospes quis iste concitus.* recte, modo iuves legendo *concitos*ʼ. quod et relatum fideliter et optime emendatum est. prorsus ignotum Etrusco quod Peiperus ei imputat *quis iste hospes.*

Thy. 26 *stringatur ensis* (*eses* Pet.).

v. 1035 *quodcumque* (*quodque* ε).

HO 184 *fatis* (*satis* Pet.).

524 *insertum* (*insertam* ε).

732 N. Heinsius recte tradit *vix quoque est* (*est* om. Pet.). subiciam locos in quibus Gronovius et interdum filius eius vel N. Heinsius minus recte quam Peterus codicis scripturas enotarunt.

Tro. 393 *bis veniens et fugiens* (*vel fugiens* I. Gron.).

v. 499. 500 personarum notae non recte a Gronovio, recte a Petero indicatae.

v. 942 *sinum* (*sinus* Gronov.) versus nondum sanatus.

v. 1153 *et effert* (*et fere* Gronov. ut *A*). scribendum: *stupet omne vulgus utque fit cuncti magis peritura laudant.*

Phoen. 320 *regia stirpe editum* (*edite* Gronov.).

v. 459 *cui nunc sollicita* (*s. n. c.* Gronov. *s. c. n. A*).

Med. 373 *muros terra posuere nova* (*novos* Gronov.).

v. 695 *iam tempus est* (*iam iam t. e.* Gronov. *iam nunc t. e. A*).

Phaed. 153 *ferri* (*ferre* Gr.).

v. 227 *clauserit* (*cluserit* Gr.).

v. 420 *aenades* i. e. *en ades* (*anades* N. Heinsius).

Ag. 242 *sed nunc* (*vel n.* Gr.).

v. 1028 *atiratae* (*auratae* Gr.).

Thy. 616 *nemo desperet meliora lassis* (*laesis* Gr.) idem accidit 658 *lassis rebus* (*laesis* Gr.).

v. 1019 *valle* (*valles* Gr.).

Thy. 1109 *nec quod (non quod* Gr.).
HO 168 *stetit (stitit* Gr.).
v. 622 *clarus totas ire per urbes (latas* Gr.).
v. 1350 *umbram et vile (umbret vile* Gr.).
v. 1396 *solum quoque urgeat hinc et illinc nemus (solum*
q. *magis urgent h. e. i. n.* Gronov. *surgat hinc illinc fremens A).*
scribendum:

> *et quidquid fuit*
> *solum quoque ingens: surgat hinc illinc nemus*
> *artusque nostros durus inmittat Sinis:*
> *sparsus silebo.*

v. 1540 *vetustas (vetustis* Gr.).
v. 1719 *inveniet aut damnabit (an* testantur Gronovius et
N. Heinsius; Gronovius autem deinde conicit scribendum esse
aut damnabit).
v. 1799 *expetet (expetat* Gr. et N. Heins.).
cui florilegio cumulum addit quod ex vv. 1442 et 1473 ab
Etrusci librario omissis singulas Gronovius scripturas diserto
testimonio profert.

Tandem e saxis dumetisque in amoeniora loca deferimur.
nempe quoniam in arguendis virorum doctorum erroribus satis
temporis spatiique consumpsimus, iam proponere quaedam in
animo est, quae cum nequaquam sine lectionis emolumento
pridem nota esse potuerint, adhuc in optimis membranis latuere.
videbis autem, quamquam ea tantum recensebimus quibus poetae
verba emendari possint, non corruptelarum adhuc ignotarum
molem congeremus, messem priores non prorsus exilem reliquisse. ordinem in his quoque ipsius codicis tenebimus.

Hf. 852 *tanta per campos agitur silentes*
> *turba; pars tarda graditur senecta,*

> *pars adhuc currit melioris aevi,*

> *ceteri vadunt per opaca tristes,*
862 *qualis est nobis animus, remota*
> *luce cum maestus sibi quisque sensit*
> *obrutum tota caput esse terra.*

hoc intellexerunt viri docti ut potuerunt: nimirum defunctos
et ad inferorum sedem delatos similiter affectos esse animis
atque nos cum forte in speluncam subterraneam nos abdide-
rimus. ʿallusit scilicet poeta ad loca subterranea similia cryptae
Neapolitanae quam ipsemet nobis descripsit epistola 57 —, quae

consulatur. ex ea enim lux petenda isti loco, quem nescio an
aliquis hactenus intellexerit' ut ait Gruterus.   atque est haec
interpolatio ex earum genere quibus librariorum errores in saecula sanciri solent et in aeternum quidem nisi forte lux protinus
emergat e fumo. quod hic una littera mutata fieri potuit et si
Etruscum legeris factum erit: etenim 862 *vobis* ille praebet et
hac scriptura versus istos sic distinguendos esse praecipit:
ceteri vadunt per opaca tristes.
dein novo spiritu:
qualis est vobis animus, remota
luce cum maestus sibi quisque sensit
obrutum tota caput esse terra?
i. e. quanta vos putandum est affici tristitia, cum primum sen-
seritis in interna terrae vos reclusos esse? nota figura et Senecae usurpata e. g. Tro. 1057
quis status mentis miseris, ubi omnis
terra decrescet pelagusque crescet,
celsa cum longe latitabit Ide?
ex aliis poetis exempla cuivis in promptu sunt: Verg. Aen. IV,
408 *quis tibi tum Dido cernenti talia sensus?* (Ovid.) nuc. 167
quid mihi tunc animi est ubi sumit tela viator? cf. Stat. Theb. I,
165 *quis tum tibi, saeve, quis fuit ille dies, vacua cum solus*
in aula respiceres ius omne tuum e. q. s.? VIII, 109 *quae mihi*
mens, cum per cava viscera terrae vado diu pendens et in aere
volvor operto? Manil. V, 589 all.
   Hf. 924 *utinam cruorem capitis invisi deis*
libare possem.
ubi *cruore* scribendum esse iam Vindobonensis Etrusco in hac
fabula cognatus docere potuit.
   v. 1238 *tibi tela frangam nostra, tibi nostros, puer,*
rumpemus arcus ac tuis stipes gravis
ardebit umbris.
ad diversos ordine pueros se convertit; quod non satis exprimi-
tur copulatis per *ac* sententiae membris. recte Etruscus *at tuis.*
   Tro. 57 *dominum ecce Priami nuribus et natis legens*
sortitur urna. praeda quem vilis sequar?
hic Hectoris coniugia despondet sibi,
hic optat Heleni coniugem, hic Antenoris,
nec dest tuos, Cassandra, qui thalamos petat:
mea sors timetur, sola sum Danais metus.
58 *praeda quem vilis sequar* sententiae progressum turbat. nempe
non in eo Hecubae oratio versatur ut sciscitetur qualis sibi
dominus eventurus sit, sed ut queratur quod sola ut anus de-

fecta ne cui contingat a victoribus timeatur: sensu nec Euripidi
(Troad. 190 sq.) nec Ovidio (met. XIII, 484) ignoto. verum
est quod Etruscus praebet:

> *dominum ecce Priami nuribus et natis legens*
> *sortitur urna praedaque en vilis sequar.*

Tro. 280 sq. hic est in libris interpolatis versuum ordo:

> *ego esse quicquam sceptra nisi vano putem*
> *fulgore tectum nomen et falso comam*
> *vinclo decentem? casus haec rapiet brevis,*
> *nec mille forsan ratibus aut annis decem.*
> *non omnibus fortuna tam lenta imminet.*

> 285 *equidem fatebor* e. q. s.

vv. 283 et 284 *E* inverso ordine praebet; ac videndum est
annon 284 interpolatori debeatur. certe languet sententiae modo
succincte et cum colore poetico expressae subdita eiusdem rei
pedestris explanatio.

> v. 749 *an has ruinas urbis in cinerem datas*
> *hic excitabit?*

has has Etruscum praebere verum est; sed idem corrigit quod
pridem viris doctis faciendum erat *urbis in cinerem datae.*

> v. 797 *lacrimis, Ulixe, parva quam petimus mora est:*
> *concede parvos ut mea condam manu*
> *viventis oculos.*

in locum epitheti quod nihili esse facile intellegebatur Etruscum
paucos substituere Peterus enotavit. inde *opacos* Peiperus, *glau-
cos* Madvicus (adv. II, 120). at in Etrusco legitur:

> *concede paucas* (sc. *lacrimas*) *ut mea condam manu*
> *viventis oculos.*

> v. 889 *te magna Tethys teque tot pelagi deae*
> *placidumque numen aequoris tumidi Thetis*
> *suam vocabunt, te datam Pyrrho socer*
> *Peleus nurum vocabit et Nereus nurum.*

889 non *thetis*, sed *thethis* in *E* scriptum est, 890 vero nec
thetis (ε) nec *Tethys* nec quicquam eius generis. nam totum
versum omittit. quem ab interpolatore profectum esse veri
quidem simillimum esset, ab eo nimirum qui desiderasset The-
tidis mentionem: et post tot pelagi deas male claudicat Thetis
superingesta; sed nimium quantum versus isti admonent Catulli (64, 28)

> *tene Thetis tenuit pulcherrima Nereine?*
> *tene suam Tethys concessit ducere neptem*
> *Oceanusque mari totum qui amplectitur orbem?*

nec negari potest, ut hi quidem versus inter dulcissimos omnium

sunt, ita Senecae quoque locum sono non ingrato aures tangere. hoc igitur quibus certius iudicium est diiudicandum in
se recipiant. interim cf. Stat. Achill. II, 224 *te Peleus nato
socerum et Thetis hospita iungunt allegantque suos utroque a
sanguine divos.* I, 655 *quid defles magno nurus addita ponto?*
Claud. IV Hon. 647 *quaenam tot divis veniet nurus?*
    Med. 127 *si quod Pelasgae, si quod urbes barbarae
            novere facinus quod tuae ignorant manus
            nunc est parandum*
128 *ignorent E* quod cum non necessarium tum rectum est.
      v. 170 Nutrix. *moriere.* Medea. *cupio.* N. *profuge.* M. *pae-
              nituit fugae.*
      Medea *fugiam?* N. *mater es.* M. *cui sim vides.*
fiam quod 171 pro *fugiam E* praebet reponendum esse Herm.
X, p. 425 monui; sed cum ibidem locum mala coniectura ten-
tarim, nunc quod verum est Etruscus praebuit. in quo haec
est versuum istorum inde a v. 168 imago (initiis versuum
plerumque minio pictis):
168 NVT *Rex est timendus.*

MED *Rex meus fuerat pater.*		NV	*non metuis arma?*
MED *Sint licet terra edita.*		NV	*Moriere.*
MED *Cupio.*		NV	*Profuge.*
MED *penituit fugae.*		NV	*Medea.*
MED *Fiam.*		NV	*Mater es.*
MED *Cui sim vides.*		NVT	*Profugere dubitas?*
MED *Fugiam sed ulciscar prius.*			
NVT *Vindex sequetur.*		MED	*Forsan inveniam moras.*

iam quod verum est cognoscitur, nec mutandum quicquam sed
versus recte discribendi sunt hoc modo:
    N. *rex est timendus.* M. *rex meus fuerat pater.*
    N. *non metuis arma?* M. *sint licet terra edita.*
    N. *moriere.* M. *cupio.* N. *profuge.* M. *paenituit fugae.*
    N. *Medea* — M. *fiam.* N. *mater es.* M. *cui sim vides.*
    N. *profugere dubitas?* M. *fugiam, at ulciscar prius.*
    N. *vindex sequetur.* M. *forsan inveniam moras.*
sic restitutus est Senecae sensus qui nescio an inter probatis-
simos fuerit et ab istius aevi elegantioribus ingenti clamore
exceptus.
    v. 190   *vade veloci via
        monstrumque saevum horribile iamdudum avehe.*
sic Medeam Creo adloquitur. quam quod veloci via vadere iubet
uni Bothio offensionem praebuit; sed non ex coniectura scripsit
vade veloci fuga, ut legitur apud Richterum, sed Etruscum,

I. Gronovio videlicet auctore, praetendens; et iure quidem. cf. Thy. 1046, ubi *E et quaerit fugam, A. e. q. viam.* denique omisit Peterus quod in fine Medeae post subscriptionem extat: LEGE · INNOCENTI · FELICITER. addo quod Phaed. 330 margini hoc signum adpictum est: Rᵉ[13]).

Phaed. 440   *turbidam frontem gerens*
        et maesta vultus.
quod stare quidem potest; sed *E maesta vultu.*

v. 876 ubi in codicibus reliquis cum versus defectu legitur *heu per tui sceptrum imperi*, in Etrusco id ipsum extat quod pridem editiones obtinuit donec Bothius repetito *heu* mutavit: *eheu* nempe ita scriptum: *PHAEDRAE heu*, ut facile praeteriri posset. sed de hac voce infra fusius agemus.

v. 1039 *fluctus refundens ore physeter capax: fluctum refundens E.*

Oed. 95 sic in *A* legitur:
    cumque e superba rupe iam praedae imminens
    aptaret ales verbera et caudam movens
    saevi leonis more concuteret (sive *conciperet*) *minas*
quae viri docti partim emendarunt: 95 *superna* e Melisseo Lipsius, quod Etruscus confirmat. 96 *alas verbere et caudam movens* Scaliger scripsit; et *alas* quidem in Etrusco legitur, non *ales* quod Richterus testatur, inepta ipse molitus. iam locus nulla labe adfectus ex Etrusco prodit:
    cumque e superna rupe iam praedae imminens
    aptaret alas verbera et caudae movens
    saevi leonis more conciperet minas,
    carmen poposci.
verbera caudae solemniter coniungi vel Davus Horatii docebit (serm. II, 7, 49), cf. Lucan. I, 208
    mox ubi se saevae stimulavit verbere caudae.
Stat. Theb. V, 538 *destrictus verbere caudae*, et versum qui Senecae loco simillimus est Silii XIII, 330 de Pane:
    verbera laeta movens festa per compita cauda,
qui versus multum sollicitatus nescio an emendetur scribendo:
    verbera laeta movens festae per compita caudae.[14])

---

[13]) vide de hoc signo in Mus. Rhen. t. XXIV, p. 391 Useneri coniecturam, qui me conferre iussit Hagenum in Fleckeis. ann. 1869, p. 735 et certum de hoc usu testimonium codicis S. Gallensis, in Sitzungsber. der Wiener Akad. 1873 t. 74, p. 276.

[14]) Silius poetarum pessimus, cum quo comparatus magnus vates Seneca est, praeter Vergilium Statium quoque subinde compilavit (cf. interprr. ad XVI, 518 sq. et 546 sq.) et Lucanum saltem ultimo carminis versu (XVII,

Ag. 130 *proin quidquid est da tempus ac spatium tibi.*
sic post Lipsium legitur qui ex Melisseo sumpsisse videtur quo
expelleret Avantii remedium morbo gravius *proin quid est;* codices enim omnes *proinde quidquid.* sed emendate versus in Etrusco
legitur, in quo super ultimam litteram vocis *proin* eadem manus
quam in Phaedra et raro alias, ut sequenti Agamemnonis versu,
scholia inter lineas adscripsisse supra memoravi (p. 16), lineolam duxit effecitque ut Petero *proinde (proiñ)* a prima manu esse
videretur.

  v. 733 *agrestis ille alumnus evertet. domum: agrestis iste E.*
  Thy. 48   *non sit a vestris malis*
    immune caelum. cum micant stellae polo
    flammaeque servant debitum mundo decus,
    nox alta fiat, excidat caelo dies.
multa hic viri docti moliti sunt; temeraria Gronovii coniectura
Richtero placuit. ipse cum verum dudum invenissem gavisus
sum in Etrusco idem deprehendens; quod nunc video a Grotio
pridem occupatum esse. nimirum pro *cum* Etrusco auctore
scɪibendum est *cur:*

    non sit a vestris malis
    immune caelum; cur micant stellae polo
    flammaeque servant debitum mundo decus?
    nox alta fiat, excidat caelo dies.

  v. 51 *alia E* quod vix defendi potest. cf. 120 sq.
  v. 53 non *arcesse* sed *accerse E,* ut Oed. 844 *acersite (ac-*
cersite A) et ubique nisi fallor in pedestribus codices.
  v. 155 *hinc illinc gravidis frondibus incubat*
gravibus frondibus E. poetam correxit interpolator.
  v. 219 *nefas nocere vel malo fratri puta:*
puto E: idem dixerim de interpolatore quod ad 155.

---

654 = Luc. VIII, 872); Senecam certo tantum in inferorum descriptione,
XIII, 595, ubi *taxum* ab illo recepit pro Vergilii *ulmo* et ibid. 603 loco
de tyrannorum poena. quae praeterea afferri possint fallacia sunt; serio
in duobus tantum de imitatione cogites: HO 1063 *et serpens latebras*
fugit | tunc oblita veneni = III, 301 *ad quorum cantus serpens oblita*
veneni (quod suum in usum vertit Peiperus) et Phaed. 557 *tela faciebat*
dolor = VI, 46 *tamen certamine nudo invenit Marti telum dolor* (ubi
utriusque idem auctor Vergilius, Aen. VII, 507 *quod cuique repertum*
rimanti, telum ira facit; et idem Lucano III, 670 *nudato milite telis*
invenit arma furor). reliqua nulli imponent, ut Oed. 631 (*tenetque*
saevus etiam nunc minas) et V, 673 (*fronte minae durant et stant in*
vultibus irae) vel adeo HO 574 (*cape hos amictus nostra quos nevit*
manus) et VII, 81 (*quod nostrae nevere manus venerabile donum*). atque in eorum numero hunc quoque a quo initium cepimus locum habeo.

Thy. 241 sic secum Atreus loquitur:

quid stupes? *tandem incipe*
animoque sume Tantalum et Pelopem aspice:
ad haec manus exempla poscuntur meae.

quod ut animo Tantalum sumat semet exhortatur figura utitur
poetis latinis frequentata. sic Seneca ipse Thy. 941 *veterem*
ex animo mitte Thyestem. Med. 43 *et inhospitalem Caucasum*
mente indue (cf. Claud. III Hon. 157 *indue mente patrem*).
Tro. 810 *et plenus mei occurre patri.* similiter Thy. 53 *et*
imple Tantalo totam domum. cf. epist. 64, 10 *quid ergo?*
M. Catonem utrumque et Laelium Sapientem et Socratem cum
Platone et Zenonem Cleanthemque in animum meum sine digna-
tione summa recipiam? Lucan. VIII, 285 *multusque in pec-*
tore vano est Hannibal. Stat. Theb. II, 417 *torvus et illum*
mente gerens (Tydeus Polynicen). X, 670 *rape mente deos, rape*
nobile fatum. Achill. II, 182 *totoque in pectore Troia est.*
multus in hac figura Silius: I, 345 *haustusque medullis Han-*
nibal. II, 352 *atque animo patria arma movebat* (i. e. bella).
VII, 495 *iam monita et Fabium — exuerat mentem.* VIII, 33
excute sollicito Fabium. X, 14 *plenus Gradivo mentem* (ex
N. Heinsii emendatione). X, 81 *revocate in pectora Cannas* (i. e.
praebete vos quales tunc). sed de hoc loco plura dicendi infra
occasio erit; videndum potius an Thyestae versus eundem colorem patiatur. quod propterea praefracte negandum videtur,
quia vividissime dictum *animo sume Tantalum* aut nihil excipere potest aut, si quid excipiat, id fortius etiam proferri
necesse est. iam considera quam claudo pede sequatur *et*
Pelopem aspice. omnes scrupulos Etruscus eximit hoc praebens:

tandem incipe
animosque sume: Tantalum et Pelopem aspice.

atque idem Georgius Fabricius pridem, e coniectura ut videtur,
ediderat.

    v. 322 *quid enim necesse est liberos sceleri meo*
         inserere?

liberos sceleri meos E.

    v. 469   *tuta sine telo est domus*
         rebusque parvis alta praestatur quies

alta solemne quietis pacisque epitheton ab interpolatore est;
Seneca vili orationem antithesi ornaverat: *rebusque parvis magna*
praestatur quies.

    v. 521 *a genibus manus* | *aufer: manum E.*

Thy. 623 *quis me per auras turbo praecipitem vehet*
atraque nube involvit ut tantum nefas
eripiat oculis?
in *A* etiam *volvet* scriptum est vel *involvet;* atque id sane
reciperes si verum esset v. 623 *vehet* in *E* extare. sed ibi
vehit legitur. cf. Phoen. 430 *quis me procellae turbine insano
vehens volucer per auras ventus aetherias aget?*
Thyestes Iovem his verbis imprecatur 1083 sq.

         bella ventorum undique
committe et omni parte violentum intona
1085 *manuque non qua tecta et immeritas domos*
telo petis minore, sed qua montium
tergemina moles cecidit et qui montibus
stabant pares gigantes, haec arma expedi
ignesque torque.

orationem vitiosam esse cum videret Scaliger 1088 correxit
hac arma expedi; quod sane necessarium est, si 1085 *manuque*
antecedit. sed aliter, quamquam duriuscule, sententiam a poeta
constructam esse Etruscus docet, qui 1085 *manumque* exhibet,
ut, cum quattuor versuum spatio interiecto verbum sequatur,
obiectum repeti quidem debuerit, sed circumscripto vocabulo
ipsa repetitio vitata sit: *manumque non qua —, sed qua —,
haec arma expedi.*

HO 558   *si quas decor*
Ioles inussit pectori Herculeo faces,
extingue totas, perbibat flammas mei.

primum 560 *totas,* non *totus* (testatur N. Heinsius) in *E* scriptum est. deinde in eodem versu quod iam e Melisseo Lipsius
protulerat Etruscus praebet: *perbibat formam mei.* quod sine
dubio rectum est.

    v. 585 *Calydoniae deflete lugendam vicem*
cum l. s. p. 433 narrarem in *Σ* legi *Calydoniae lugete deflen-
dam vicem* scire non potui fore ut idem in Etrusco mox invenirem.

    v. 681 *dum petit unum praebere diem*
patrioque puer constitit axe
nec per solitum decurrit iter,
sed Phoebeis ignota secat
685 *sidera flammis errante rota,*
secum pariter perdidit orbem.

ita ex Etrusco locum Peiperus dedit. sed *secat* v. 684 ab
interpolatore est qui corruptelam oblimare voluit; Etruscus

enim habet *sed Phoebeis ignota petens.* fortasse post 685 intercidit versiculus qui hanc fere sententiam continuerit:
    [praeceps missis fertur habenis].
HO 750 Hyllo in *E* dari, quod pridem Lipsio auctore factum est supra monui. item 752 Deianirae rursum adsignatur.
v. 973 *cariturae Hercule | lux vilis ista est.* corruptelam quidem qua 974 laborat (*lux illa sistat*) attulit Peterus, prioris emendationem neglexit: *caritura Hercule.* quod habet iam ex coniectura, ut videtur, Avantius.
v. 1361 *ubinam ipsa palla est?* *membra nudata intuor.* Bothius correxit *ista* merito adsentiente Etrusco.
v. 1629 *ultraque totos porrigit ramos nemus* sic *A.* Raphelengius: *totum — nemus.* sed *E: ultraque totos porrigit ramos manus.*
v. 1780 *quid misera duras vita?* *quid lucem hanc tenes?* sic *A;* Etruscus *quid lucem tenes?*

haec fere sunt quae de optimo codice praemonenda putavi. quibus expositis id certe consecutus ero ut in editione adornanda ea tantummodo proferre debeam quae ad recensionem re vera attinent, fidei quam viri docti schedis meis habituri sint securus.

III.[1]

Exemplaria interpolatae editionis quae in Italiae bibliothecis
asservantur fere omnia — omnes codices Romanos Florentinos
Mediolanenses Neapolitanos Venetos Caesenates Mutinenses Par-
mensem Bononiensem Ravennatem alios — inspexi et quaedam
excerpsi. de quibus cum scitu digna haud pauca proferre
possem, pleraque tamen paucissimis tantum accepta forent:
ipsis scilicet poetae verbis nec quaesivi inde auxilium nec inveni. id unum memoro, antiquissimum codicum illorum, qui
quidem temporis notam ferant, esse Laurentianum 37, 6 scriptum a. 1368; e quo transscriptus est cod. Vaticanus 1647 scriptus
annis 1391 et 1392. contuli cum Laur. 37, 6 Herculem
Oetaeum; sed illum quoque librum ut in Italia plerosque tam
infectum inveni interpolationibus et correcturis ex Etrusco
oriundis, ut totum excutere operae pretium non ducerem. ac
dolendum est quod illa de causa uno ex volgarium librorum
secta duce uti non licet. missis autem ceteris praeterire non
debeo codicem Laurentianum 37, 11 membranaceum saeculi XV
qui fuit liber Poggii ut ipse in libri calce testatus est. nam
quod ibi legitur LIBER. POGGII ipsius manu scriptum esse
libri ab ipso exarati qui in bibliotheca Laurentiana inveniuntur
docent (e. g. codicis 98, 22 subscriptio). illud igitur tragoediarum exemplar, quod transscriptum est ex Laurentiano 37, 1
vel eius simillimo, a viro docto s. XV correcturis frequentibus
adornatum est, quae maximam partem non e codice fluxerunt
sed ipsius coniecturae sunt: in quibus quod nova emendatio
fortasse nulla est, id exemplaris natura satis explicatur, cuius
menda ad versuum normas quodammodo revocasse contentus
si optime rem gessit vulgarem lectionem restituit, si minus
plerumque tolerabilem, et subinde quidem eam quam Aldina
Avantii editio primum refert: quo comprobatur, quod per se
veri fuit simile, non omnia quae in illa novata sunt ab Avantio
ipso inventa esse. atque libri correctorem ipsum Poggium
fuisse maxime probabile est; quod extra dubitationem poni non

---

[1] abhinc rursum usque ad finem libri Gronovii in notandis versibus
utemur numeris.

potuit quoniam quaecumque eius manu scripta in bibliothecae
thesauris extant calligraphice exarata sunt, cursiva scriptura ut
notulae istae nihil. ut ut est satis eae momenti habent ut
paucas saltem proposuisse operae pretium fuerit. ac ne omnem
tragoediarum campum rursus pervagari debeamus, adferam quae
ad priorem Herculem et Agamemnonem ille adnotavit, praemissa codicis (Laur. 37, 11) scriptura, subiecto correctoris
invento, vulgata denique lectione uncis inclusa.

Hf. 76 *congredere, manibus iam lacera tuis]* m. *Herculem
lacera* (c. m. ipsa iam l. t.).

v. 77 *quid tanta mandas odia?]* tacita (recte cod.).

v. 96 *quidquid relictum est. uel ueniet ultro et invisum
scelus]* [2] induxit uel et ultro et (sic recte).

v. 213 *sequitur et prima statim]* al' primum vel prior sic
(a primo).

v. 227 *quisque regem pabulum armentis datum]* suisque (recte).

v. 285 *quondam fecisti]* fuisti (stetisti).

v. 286 *paruere Tempe]* patuere (recte).

v. 298 *reditus lentos nec mei memores querar]* reditusque
l. et mei immemores q. (cod. recte).

v. 323 *Syrtium brevibus undis]* vadis (recte).

v. 333 *ubere cingit solo]* includit (uberi).

v. 344 *strictus tenetur ensis]* tuetur (recte).

v. 397 *agedum effrenatas]* efferatas (recte).

v. 430 *sceptro quoque nostro]* sceptrone (recte).

v. 440 *partes meae hae sunt]* induxit hae (sic E).

v. 453 *quem profuga mater tellus errantem dedit]* tellus
mater (terra mater errante edidit).

v. 463 *quemcumque miserum videris hominem scias]* hoc
adscripsit: hoc convenit soli Christo, versum igitur Senecae
fidei documentum habuit.

v. 501 om. *quoniam]* ante 505 cruce addito scripsit: deficit unus versus.

v. 506 *congerite silvas templa ut supplicibus suis ut victa
flagrent]* c. s. t. supplicibus suis ut iuncta f. (t. s. s. iniecta f.).

v. 546 *victorem suspiciens* (sic cum Aldina) *genu posito]*
v. p. s. g. (v. p. suscipiens g.).

v. 840 *currit]* ruit (recte).

v. 922 *victima haud ulla gratior]* v. ulla aut gratior (v. h.
u. amplior).

_____
[2] idem Rehdigeranus 10 et Lobcoviciensis de quo proprio libello
Pauly rettulit: quos vides Laurentiani 37, 11 aut gemellos aut alio cogna-
tionis vinculo aequales esse.

Hf. 1014 *amplecte ipsum potius e. b. p.*] *amplecte potius et virum blanda prece* (*amplectere*).

v. 1191 *cladisne pars ista quam nosti quota est*] adscripsit *va — cat* i. e. delevit versum (*c. tuae*).

v. 1194 om. *illa*] supplet *haec*.

v. 1198 *vix cedentem mihi*] *pene c.* sine dubio ex codice aliquo. (*vix reced.*)

Ag. 113 *et qui redire nescit cum perit pudor*] *nescit ut perit* (*r. cum perit n. p.*).

v. 453 *anteire rates*] *naves* (recte).

v. 457 *et dubia patent montis Idaei iuga*] *pereunt* quae est inter coniecturas illas optima et fortasse emendatio (*parent* codd.).

v. 503 *haec lacera et omni decore populata levis*] *populata et levis* (*populato*).

v. 701 *turba fratrum gregis*] *t. tot fratrum g.* (*t. fraterni g.*).

v. 934 *fidem secunda poscunt adversa exigunt*] *poscunt fidem secunda et a.* e. ut in Aldina legitur nisi quod illa *at* praebet.

v. 957 *eia tandem doces*] *me t. d.* (*pietatem d.*)

v. 961 *et esse parem nobis demens te putas*] *e. e. nobis te parem d. p.* (*e. e. d. te parem nobis p.*).

v. 965 *mitius interea mihi*] *mitius tandem m.* (*citius*).

v. 970 inter *satis* et *at* inseruit *Ele.* (voluisse videtur *Cly.*, quae est Bothii emendatio).

subiciam quae ad Octaviam adnotavit et pauca et quae nescio an reliquis magis cognoscere cupias.

Oct. 50 *quam secreta*] *quam* delet.

v. 152 *idemque natus et iuvenis nefandi ingeni*] induxit *iuvenis* (*i. n. iuvenis infandi i.*).

v. 173 *fervens flamma*] *flamma fervens* (idem adhuc tantum ex Aldina notum praebet Laur. 37, 6 (et Vat. 1647 de quo v. s.) correxit Buechelerus: *funebris flamma*).

v. 181 *expectes aliam*] *expectet* (sic Mutin. GG 2; alii *expectas, expectat*).

v. 391 *qui sese nescit tantum i. c. ch.*] crucem addidit (*qui si s. tantus*).

v. 731 *pristinus intermissa*] *p. et i.* (*Crispinus*).

v. 785 *quis furor iste mentes attonitus agitat*] *q. i. m. agitat attonitas f.* (sic Riccard. 526, Rehdig. 13, Lobcovic. *attonitus A*).

v. 850 *cecidere metus impio ferro duces*] ad *metus* crucem addit (*motus* 2 m. in cod. Regin. 1874; in cod. Laur. 37, 8 per *seditionis* explicatum; impressum *motus* in Aldina; ceterum legendum *impii* ex Buecheleri emendatione).

ita ad Octaviam ultro delati sumus. et sane iniquum
foret, si ne dimissa quidem genuina prole nothae paulisper
vacaremus. atque cum uno de fonte manaverint libri quibus
utimur omnes, ut si qui praeter corruptelas tempori adscri-
bendas propria multa prae se ferant, ea interpolationis suspecta
sint, tamen certum habui Octaviae codices non satis multos conferri posse; in fabulam nimirum cuius non extat codex ante
XIV saeculum scriptus bonae frugis aliquid undecumque re-
dundare poterit. itaque cum maxime in Italia undeviginti libros
totos contulerim, ex aliis quae e re visa sint excerpserim, in-
gentem variarum lectionum copiam congessi; quam tantum non
omnem in scriniis meis sepultum iri persuasum habeas. at
certe nunc quid antiquitus traditum quid interpolatum sit vix
usquam poterit dubium esse. interim ne credas prorsus inutili
me operae tot horas impendisse, in uno alterove loco ostendam
potuisse adhuc de praetextatae illius lectione novi aliquid disci.
ad Oct. v. 173 G. Fabricius hoc adnotavit: 'in libro Regio-
montani post hunc versum haec verba ad marginem adscripta
erant: *hic desunt triginta versus, secundum aliquos; sed nihil
deesse credo'*. in ceteris libris adhuc notis omnibus conloquium
sine lacunae vestigio decurrit:

    Nutrix — *membraque* (Britannici) *et vultus deo*
173 *similes volanti funebris flamma abstulit*
    Oct. *extinguat et me, se manu nostra cadat.*
    N. *natura non vires dedit tantas tibi* e. q. s.

tamen codicibus non paucis iacturae memoria inest. sic in
cod. Ambros. H 77 inf. (4⁰ m. 1380) post v. 173 vacuum
relictum est spatium XXXI versuum et cursivis litteris (scholia
et variam lectionem per totum librum prima manus addidisse
videtur) adnotatum: *hic deficiunt XXX versus secundum aliquos
et ideo intermisi spatium.* item in Laur. 37, 9 vacuos librarius
XXXI versus reliquit, sed nihil adnotavit. contra in codice
S. Crucis 24. sin. 4 post v. 178 non expletis XXX versibus
secunda manus in margine adscripsit: *nihil deficit secundum
scriptum Nicholay de traguet.* quo indicantur commentarii in
Senecae tragoedias Nicolai fratris Anglici [3], modo Traveth, modo
Altraveth i. e. ab Traveth (Neap. IV D 47), modo Travetta
(Goth. 51 cf. RP praef. p. XXXV adn.), modo Creueth (Vatic.
1650) nuncupati, qui in multis libris servati sunt et in verbo-
sissimo paraphraseon ambitu memorabile nihil continent. illius
enim codicem lacunae non tulisse vestigium codex Reginae

---

[3] de quo cf. Bursiani praef. in Senecam patrem p. VIII.

1952 docet qui item post 178 vacuas XXXI lineas reliquit, in paraphrasi autem nullam eius rei memoriam refert. denique in cod. Neapolit. IV D 47 (chart. a. 1376 Lucae scripto) ad v. 178 prima manus hoc adnotavit: *hic desunt XXX versus qui non erant in exemplo.*
totiens moniti acriter nobiscum exigemus sitne inter v. 173 et 174 revera sententiae rerumve defectus, quo comprobetur non in errorem nos si librariis credamus induci. et fuit quidem cum propter conloquii materiam subito mutatam vel potius deflexam de versuum istorum iactura serio cogitarem. sed apte Octavia, postquam nutrix in Agrippina et Britannico a Nerone interfectis orationem finivit, exclamat *extinguat et me,* subito ira ac dolore stimulata addit: *ne manu nostra cadat;* quo fit ut scelerum Neronis oblitae mulieres novam materiam persequantur. itaque memoriam istam triginta sive triginta unius versuum amissorum errori qualicumque deberi censendum est. nec destituimur testimonio quo illum quoque detegere possimus. scilicet in cod. Reginae 1500 (f. m. 1389) versus 174—199 more solito, i. e. adscripto ante 174 *va,* post˙ 199 *cat,* deleti sunt; et eam quidem ob causam quod versus isti bis scripti rursus post v. 199 leguntur. qui versus cum sint numero XXVI, spatium triginta versuum explent, quia 185—188 inter binas personas divisi octo versibus continentur. iam puto rumoris patet origo. scilicet in vetustiore aliquo libro v. 174—199 bis scripti erant: quem cum describerent, alii religiose quae invenerunt in exemplar suum transtulerunt, alii cum errorem deprehendissent spatium vacuum reliquerunt: unde sequentes conlegerunt spatium istud olim versibus iam amissis expletum fuisse; alii denique nec bis eadem scripserunt nec spatium reliquerunt, quod docet e. g. codex Riccardianus 526 lat. (4⁰ m. XIV) qui est Ambrosiani H 77 inf. gemellus.
praeterea pauca referam de loco corrupto qui sic vulgo scribitur:

409   *mox inquietum* (genus) *quod sequi cursu feras*
         auderet acres, fluctibus tectos graves
         extrahere pisces rete vel calamo levi
         decipere volucres, crate vel calamo aut levi
413   *tenere laqueo, premere subiectos iugo*
         tauros feroces

v. 410 in propatulo est cum Buechelero scribendum *gravi.*
v. 412 in Rehdigerano 13 sic scribi Peiperus rettulit:
         decipere volucres crate
quo sibi permissum putavit temeraria interpolatione locum cor-

rumpere. quem sanum non esse et manifestum et maiore
codicum parte traditum est. primum enim v. 412 in librorum
quos inspexi quattuordecim omittitur: cuius rei causam patet
homoeoteleuton esse. praeterea in Reg. 1500. Laur. 37, 10.
Leop. Strozz. 134. Ven. Marc. 450 sic scribitur v. 412:

> *decipere uolucres crate aut levi*

denique in cod. Mutin. XVII GG 2 sic:

> *extrahere pisces reti vel calamo levi dec. volucres ꝷ cala-*
> *mo aut levi*
> *tenere laqueo* e. q. s.

quod eis quae adhuc recensuimus integriorem loci imaginem
repraesentat; nam non solum *vel calamo aut levi* in priore
versu repetitum, sed etiam *crate* variam lectionem ad *rete.* esse
sponte intellegitur. itaque vere tradita est haec versuum 411.
412 forma:

> *extrahere pisces rete vel calamo levi*
> *decipere volucres*
> *tenere laqueo, premere subiectos iugo* e. q. s.

atque ita plane versus scripti sunt in cod. Malatestiano fil. XI
plut. XX, 1 (f. m. XV). iam si cum versus 412 altera parte
eicimus sequentis priorem *tenere laqueo* (quae est Buecheleri
coniectura), optime quidem oratio procedit, sed non intellegitur
quid sibi voluerit qui haec verba interpolasse credatur; nam
in his: *crate vel calamo aut levi tenere laqueo* nihil est quo ipsum
verbum referatur. itaque ultimis v. 411 vocibus paullum im-
mutatis et in v. 412 errore insertis genuinam eius alteram
partem loco pulsam et amissam esse iudicandum est. apte
autem *tenere laqueo* de canibus possit dictum esse, ita fere:

> *extrahere pisces rete vel calamo levi*
> *decipere volucres, [turbidos forti canes]*
> *tenere laqueo, premere subiectos iugo*
> *tauros feroces.*

itaque de recensendarum decem tragoediarum subsidiis quae
extra ipsius editionis fines proferenda videbantur protulimus.

IV.

Priorum temporum philologi non unum esse tragoediarum Senecae nomine inscriptarum omnium auctorem persuasum sibi habuerunt cum propter solemnem fere in praenomine poetae efferendo librariorum errorem locumque Octaviae praetextatae in librorum turba inter novem tragoedias concessum, tum obscurum quoddam nec munitum satis et circumscriptum de moribus poetae et ingenio iudicium praetendentes. quo factum est ut multa et arbitraria viri docti, in primis D. Heinsius, de diversis tragoediarum auctoribus comminiscerentur. iam vero inter prudentissimos quosque dudum constat vindicari has tragoedias Senecae codicum titulis, veterum testimoniis paucis quidem sed indubitatis, artis aequabilitate, cognata operum pedestri sermone scriptorum indole; abiudicari singulas philosopho non posse nisi plena argumentatione omnique nomine absoluta.

unam vero fabulam praeter ceteras, H e r c u l e m cui O e t a e i nomen interpolator indidit, quominus Senecae imputarent iure et veteres et recentes haesitarunt. quod si Richterus qui nuper eam Senecae abrogare studuit (de Seneca tragg. auctore Bonnae 1862) non eo pervenit ut viris doctis sententiam suam probaret, fatendum est illum, quamquam argumenta satis curiose congessit, non prorsus ad persuadendum apposite disputasse. quo magis optandum videtur ut ex integro haec quaestio instituatur, ne ad certiora perveniri non posse perperam credatur.

habet autem haec fabula quibus vel obiter intuenti a reliquis differre videatur: titulum antiquitus praefert cum prima fabula communem; agitur primum ad Oechaliam dein Trachine; chori audiuntur duo; spatium complet reliquis fere duplo ampliorem; et cum bona inter has tragoedias nulla sit, probabilem quandam mediocritatem tribuere non nullis possimus, Herculem Oetaeum nimium quantum puerilem esse et contemnendam omnes concessere. cuius iudicii severitas num possit circumscribi quodammodo et extenuari id postea videbimus. ante omnia concedendum est eius generis argumentis manus non temere dandas esse si intellexeris in rebus metricis plane

hanc fabulam cum reliquis consentire. quod docuere Schmidtius Muellerus Richterus alii.
viam munitiorem forsan indicaverit Richterus cum (de Seneca tragg. auct. p. 30) contendit Herculis Oetaei poetam 'multa ex aliis fabulis, inprimis ex Hercule priore, in usum suum convertisse'. attulit nec multa nec gravia nec quibus imitator coargueretur. ac iure optimo obiecere viri docti solere et in reliquis fabulis, praesertim ubi de rebus similibus agatur, semet ipsum exscribere Senecam. at ne ab ulla parte deterreamur qua adgredienti boni eventus spes qualiscumque detur, videndum est an certioribus indiciis imitatoris operam, si qua est, deprehendere possimus.

ergo quo minus affabre exemplari suo usus erit eo facilius imitatoris manum cognoscas: semper nimirum eius generis locis duriusculi quiddam vel obscuri et contorti inhaerebit. qualibus si ea verba adhibere potueris e quibus expressi sint, inde lucem accipientes fatebuntur originem. id quomodo intellectum velim inlustrari non aptius poterit quam exemplis ex Hercule Oetaeo sumptis. v. 1048:

> abrupit scopulos Athos
> Centauros obiter ferens.

accurrit Athos ut inter auditores Orphei considat. editiones diu occupavit quod Avantius coniecerat Centauris obitum ferens. ille si meminisset loci qui est Hf. 968

> saxa cum silvis feram
> rapiamque dextra plena Centauris iuga

vidisset quo loco orti essent Centauri cum rupibus ad vatem ambulantibus commode eodem deducti.

> 1293   inter infernos lacus
> possessus atra nocte cum fato steti.

D. Heinsius scribere voluit obsessus, recto iudicio. nam de homine male dici sensit quod apte de rebus dicitur Hf. 282 et quidquid atra nocte possessum latet. aliter e. g. Sil. III, 423 (Hercules) possessus Baccho.

> 1347 agnosce mater; ora quid flectis retro
> vultumque mergis?

tentavit locum N. Heinsius scribendo vergis (vultumque maerens A). at quod sane non apte dictum est mergis (recte Statius dixit silv. II, 1, 209 et tollis mersum luctu caput) elegit sibi ut variaret quodammodo quod legitur Hf. 1173 cur meos Theseus fugit paterque vultus? ora cur condunt suos?

> 1392   surgat hinc illinc nemus
> artusque nostros durus inmittat Sinis:
> sparsus silebo.

Leo de Senecae tragoediis.   4

locum inde ab interpolatore *A* misere a viris doctis laceratum sic recte traditum esse supra monui (p. 33). sed quod et ineptum et duriusculum est *sparsus silebo* (debuit saltem *spargendus*) inlustratur Phaedrae versu 1169 *membra quis saevus Sinis aut quis Procrustes sparsit?* 1556 *teque non solum feret illa puppis.* versum post hunc intercidisse persuasum habeo talem: *[quae tulit solum metuitque mergi].*[1]) ut ut est non prorsus haec intellegentur nisi in memoriam revocaris Hf. 775 *cumba populorum capax succubuit uni.* paullo post item ex Hercule sensum et ibi male conlocatum peius translatum esse apparet. nempe Hf. 745 sq. de iudicibus infernis locutus reges hortatur Theseus ne crudelitati adsuescant. eandem hortationem prorsus inepte et *κακοζήλως* HO 1560—1563 insertam legimus postquam vix tetigit chorus iudices et in transcursu tantum poenarum memoriam iniecit.

1721 plane rustico obiurgio in Philoctetem invehitur his verbis: *ignave iners inermis* ceterum compositus et mansuetus. sed transtulit hoc ex Thy. 176 *ignave iners enervis.*

haec versantur in verbis et sententiis exprimendis[2]). aliud imitationis genus est quo solidae fabularum partes scaenae sermones descriptiones exprimuntur vel saltem respiciuntur. legas Alcmenae querelas 1402—1418 easque compares cum Hercule in cognomine fabula furente dormiente surgente. ubi satis apte rem ita instituit ut furore et vaecordia labefactatum corpus somno tandem victum corruat. pater arma removeri iubet ne quid experrectus mali rursum audeat, chorus Somni laudes canit flebilemque rerum statum deplorat. denique expergiscitnr Hercules miraturque ubi gentium versetur. in Hercule Oetaeo similia inepto loco accidunt. de calamitate sua multum multumque declamavit et decantavit, de furore nihil audivimus; nec quae novissimo loco dicit magis sunt reliquis insana. subito docemur Alcmenae verbis furorem instare cum dicit:

1402   *ei mihi, sensum quoque*
         excussit iste nimius impulsu dolor

statim pergit: *removete quaeso tela et infestas precor rapite hinc sagittas* (Hf. 1053 *removete famuli tela ne repetat furens), ignę*

---

[1]) alius sed similis est Lucani sensus V, 585 *hanc* (puppim) *Caesare pressam a fluctu defendet onus.* de Hercule in Argo nave Stat. Theb. V, 401 *puppimque alternus utrimque ingravat.*

[2]) alia D. Heinsius ad HO., praecipue v. 661 *nec gemmiferos detrahit aures lapis Eoa lectus in unda* optime ad Phaed. 391 referens: *nec niveus lapis deducat aures Indici donum maris.*

suffuso genae scelus minantur (Hf. 953 *quo nate vultus huc et huc acres refers?* 1022 *pavefactus infans igneo vultu patris*); *quas petam latebras anus?* (Hf. 1009 *Megara — e latebris fugit*) *dolor iste furor est: Herculem solus domat;* huius enim coloris gratia omnis de furore scaena inserta est; sed occupavit illum Hf. 85 *nemo est nisi ipse* (par Herculi): *bella iam secum gerat.* 99 *hoc hoc ministro* (Furore) *noster utatur dolor.* pergit Alcmene: *cur deinde latebras aut fugam vaecors petam?* (Hf. 1012 *quo misera pergis? quam fugam aut latebram petis?*). nato adeo se occidendam praebet, eo ineptius quo aptius idem Amphitruo facit Hf. 1029. 1039. deinde: *ecce lassatus malis sopore fessas adligat venas dolor* (Hf. 1044 *vultus in somnum cadit.* 1078 *preme devinctum torpore gravi) gravique anhelum pectus impulsu quatit* (Hf. 1050 *sopor est, reciprocos spiritus motus agit*). nunc cum choro locus fuerit quocum ad nauseam usque Hercules modo alterna cecinit, Alcmena ipsa cantici quod est Hf. 1054— 1137 summam his verbis reddit: *favete superi — abeat excussus dolor corpusque vires reparet Herculeum suas* (Hf. 1063 *solvite tantis animum monstris, solvite superi.* 1080 *nec torva prius pectora linguas quam mens repetat pristina cursum*). venit Hyllus occinitque dormienti. quem tacere iubet Alcmena: *longus dolorem forsitan vincet sopor* (Hf. 1051 *detur quieti tempus ut somno gravi vis victa morbi pectus oppressum levet*). tandem expergefactus Hercules quaerit: *quid hoc? rigenti cernitur Trachin iugo?* (Hf. 1138 *quis hic locus? quae regio?* e. q. s.). nec miramur illum statim Megarae suae memorem: *o clara Megara, tune cum furerem mihi coniunx fuisti?*

hunc locum paene centonem esse ex Hercule furente decerptum et inepto loco insertum postquam fusius demonstravi, iam ipse alia inter se compares quaeso, ut v. 845 sq. cum Iocastae mori volentis sermone (Oed. 1024 sq.), 1377 sq. cum Hf. 1206 sq., 1652 sq. cum Phaed. 812—819, 1027 sq. cum Phoen. 380 sq., 1290 sq. cum Phaed. 951 sq. et alia quae si equidem persequi vellem finem non invenirem. iam vero pauca saltem adscribere licet quae cum similia inter se et fere paria sint nunc facilius concedemus non uni eidemque auctori originem debere.

HO 484 *en locus ab omni liber arbitrio vacat*
    Phaed. 601 *en locus ab omni tutus arbitrio vacat*
HO 745 *nescio quod animus grande praesagit malum*
    Hf. 1148 *nescio quod animus grande praesagit malum*
HO 863 *et partem mei ferat omne saxum*
    Phaed. 1104 *omnisque truncus corporis partem tulit*

HO 911 == Hf. 642 *si novi Herculem*
HO 1065 *et tristes Erebi deos* == Oed. 410 *et tristes Erebi minas.*
     vicit nec timuit Stygis == Hf. 611 *et tristes deos et fata vici.*
     iuratos superis lacus == Tro. 391 *iuratos superis qui te-*
                                     tigit lacus.]
HO 1135   *hinc et hinc compagibus*
     ruptis uterque debuit frangi polus
Thy. 1011   *stare circa Tantalum*
     uterque iam debuimus: hinc compagibus
     et hinc revulsis e. q. s.
HO 1237 *astris ab ipsis depulit Stymphalidas*
     Hf. 244 *petit ab ipsis nubibus Stymphalidas*
HO 1305 *commoda nato manum*
     Oed. 1059 *commoda matri manum* (ad necem utrobique).
HO 1308 *emitte Siculo vertice ardentes, pater,*
           Titanas in me
     Hf. 78 *Titanas ausos rumpere imperium Iovis*
           emitte, Siculi verticis laxa specum
HO 1679   *et dirum fremens,*
     qualis per urbes duxit Argolicas canem,
     cum victor Erebi Dite contempto redit
     tremente fato, talis incubuit rogo.
     quis sic triumphans laetus in curru stetit
     victor? quis illo gentibus vultu dedit
     leges tyrannus?
     Hf. 59 *atrum per urbes duxit Argolicas canem*
     Hf. 611   *et tristes deos*
     et fata vici, morte contempta redi.
     Tro. 188 *aut cum superbo victor in curru stetit.*
HO 1797 *quis me locus, quae regio, quae mundi plaga*
     defendet?
     Hf. 1138 *quis hic locus, quae regio, quae mundi plaga?*

exemplorum quae attuli magnam partem ex Hercule furente sumptam esse neminem fugerit. atque alia extant quibus
aperte ad res in cognomine fabula gestas respicitur. sic 267 sq.
quid excutis telluris extremae sinus orbemque versas? quid rogas
Ditem mala? aperte adluditur ad Iunonis sermonem Hf. 1 sq.
(91 *hic tibi ostendam inferos. revocabo in alta conditam caligine*
— discordem deam — et imo Ditis e regno extraham e. q. s.);
v. 1162 *cum spolio redi, quo paene lapsis excidit Titan equis*
ad Hf. 60 *viso labantem Cerbero vidi diem*, nam haec apud
Euripidem non invenit. alia supra tetigi.
     haec omnia non propterea proposui quia talibus rem con-

fici posse existimarem. nempe eius generis quaecumque adferri possunt neminem cogunt ut a diversis auctoribus locos inter se comparatos provenisse concedat. nec mihi videor tale quicquam comprobasse: comprobavi, id quod nemo concedere non potest, Herculem Oetaeum, si a Seneca scripta sit, post reliquas tragoedias, saltem post Herculem furentem, scriptam esse.

quo constituto ultra progredi licet; scilicet bonam frugem iam ex eo disputandi genere capiemus quo plerumque omnino nihil efficitur. demonstrabimus autem huius tragoediae scriptorem hominem ineptum esse et stolidum totoque caelo ab Herculis furentis auctore, tumido quidem et efflato, sed acuto eodem nec perverse cogitante remotum. poterat extare aliquis ac dicere iuveni poetae nondum in hoc genere exercitato condonanda esse quae vituperari debeant: id quod cadere in eum nequit qui iam priorem Herculem composuerit.

atque perlegas si placet canticum quod est inde a v. 1031 et praecipue de Orpheo narrationem 1036—1099, de qua quamquam non omnia recte disputavit Goebelius (Muetzel. annal. XVI, 738 sq.), sufficit tamen semel demonstratum esse quantopere carminis auctor ineptiat. eadem censura Deianirae Herculis mortem sibi exprobrantis morique destinantis lamenta persequaris. pauca tangam.

v. 842   factum est scelus.

> *natum reposcit Iuppiter, Iuno aemulum;*
> *reddendus orbi est: quod potes, redde exhibe,*
> *eat per artus ensis exactus meos.*

si superi Herculem reposcunt, non est Deianirae scelus quo occidit; quod orbi illum reddendum putat non est cur se ipsa interficiat: eo aut poenam solvat aut dolori satisfaciat ut quae sine illo vivere nequeat. sed dixit potius quod dixit quia putido cacozeliae genere abstinere non potuit: Herculem reddere nequis; redde igitur quod potes: poenam. [3] sed audiamus quae secuntur: 'ense me trucidabo; at nimis haec poena levis est; an Iovis fulmine occidam? quin ipsa potius, ne dis molesta fiam, ferrum occupabo; sed cur ferrum? de rupe prosiliam et multiplici morte peribo'. 'levis una mors est — levis? at extendi potest'. (Oed. 948 *quod saepe fieri non potest fiat diu*). pergit sensu plane ab re alieno: *eligere nescis anime cui telo incubes* (Oed. 1038 *eligere nescis vulnus*); dein:

---

[3] *nec piget a Parthis a quibus nondum poenas repetiimus aves petere* non hercle venuste at concinnius suoque loco dixit Seneca cons. Helv. 10. 3.

utinam esset utinam fixus in thalamis meis
Herculeus ensis.   huic decet ferro inmori.

ferrum iam bis sibi elegerat bisque improbarat (845. 858).
nunc Herculis potissimum ense sibi pereundum putat. at quis
poetarum post Pisandrum et Stesichorum de Herculis ense locutus est? minime Sophocles cum Deianiram ferro mori faciat
et in thalamo quidem coniugis. poeta Romanus a Vergilio excusationem paratam habebat; nam cur Deianira eius ut Althaeam
et Phaethontem non Didonem quoque exemplum sumat? cuius
sic meminerat loquentis (IV, 494):

tu secreta pyram tecto interiore sub auras
erige et arma viri thalamo quae fixa reliquit
impius exuviasque omnis —
— super imponas. [4])

mortis consilium his verbis confirmat (922):

frustra tenetur ille qui statuit mori:
proinde lucem fugere decretum est mihi.

debuit: proinde frustra me tenetis. dixit: frustra tenetur qui
mori decrevit, proinde mori decrevi; frustra tenetur qui statuit
mori, proinde mori statui. qui Senecam legit talia illum non
committere haud ignorat.

pudet Herculem lacrimarum (1268):

quis dies fletum Herculis,
quae terra vidit? siccus aerumnas tuli.
tibi (i. e. pesti qua consumitur) *illa virtus quae*

tot elisit mala,
tibi cessit uni. prima et ante omnes mihi
fletum abstulisti. durior saxo horrido
et chalybe vultus et vaga Symplegade
rictus meos infregit et lacrimam expulit.

suum scilicet vultum superari non potuisse nisi alio vultu etiam
duriore putidus sensus est; quo quantopere ineptiat scies si
praecedentem sermonis partem perlegeris. nempe iterum iterumque questus est quod pestem quae fixa medullis lateat
corpusque intus depopuletur videre nequeat multumque divi-
navit serpensne sit an malum aliquod et Herculi ignotum. iam
eius *vultu* rictus suos infractos esse nuntiat.

---

4) quo Silius quoque respicit et VIII, 52 (ibid. 148 loco interpolato)
et I, 93 *ante pedes ensis Phrygius iacet.* Senecae loco iam Farnabius
Vergilium adhibuit.

v. 1302 sic patrem compellat:

> Giganta crede; non minus caelum mihi
> asserere potui: dum patrem verum puto,
> caelo peperci. sive crudelis pater
> sive es misericors, commoda nato manum
> properante morte.

hoc dicit: caelo peperci quia verum te patrem habui. subaudimus ultro: iam cognovi te verum patrem non esse, quem colorem antea iam pluribus persecutus est (1248 *iam iam meus credetur Amphitryon pater*). sed pergit: *sive crudelis pater sive es misericors*, quasi de vero patre neutiquam dubitet. debuit utique: sive verus pater es sive falso creditus (sic fere: *sive tu verus pater seu fama falsa est, commoda dextram mihi*).

Hercules postquam audivit se Nessi fraude occidere iam fata expleri sentit (1473):

> quercus hanc sortem mihi
> fatidica quondam dederat et Parnassio
> Cirrhaea quatiens templa mugitu nemus [5]

quis haec intellegat? unumne idemque oraculum illi Delphis ac Dodonae evenisse? legerat nimirum qui haec scripsit Herculem Sophoclium ita loquentem (1159):

> ἐμοὶ γὰρ ἦν πρόφαντον ἐκ πατρὸς πάλαι
> ἀνδρῶν πνεόντων μηδενὸς θανεῖν ὕπο,
> ἀλλ' ὅστις Ἅιδου φθίμενος οἰκήτωρ πέλοι.

tenemus unam sortem quae iam ratum habuit eventum:

> ὅδ' οὖν ὁ θὴρ Κένταυρος, ὡς τὸ θεῖον ἦν
> πρόφαντον, οὕτω ζῶντά μ' ἔκτεινεν θανών.

sed pergit:

> φανῶ δ' ἐγὼ τούτοισι συμβαίνοντ' ἴσα
> μαντεῖα καινὰ τοῖς πάλαι ξυνήγορα,
> ἃ τῶν ὀρείων καὶ χαμαικοίτων ἐγὼ
> Σελλῶν ἐσελθὼν ἄλσος εἰσεγραψάμην
> πρὸς τῆς πατρῴας καὶ πολυγλώσσου δρυός.

habes alterum oraculum; quod cum Dodonae datum esse disertis verbis dicatur, quidni prius illud Delphici Apollinis ore ab Iove acceperit? tam claude autem et oblique poeta Romanus haec inter se coniunxit, ut de una tantum sorte loqui videatur. cuius verba et ipsa originem satis luculenter testantur, quippe quae ex Sophoclis gemino carmine item in unum conflata sint:

---

[5] pro *nemus* scribendum esse *specus* recte coniecisse credo Wilamowitzium. ipse volueram *tripus* (ἴαχεν ἐξ ἀδύτοιο διὰ τριπόδων ἐριτίμων), sed mugitus est terrae fragor.

1476 *dextra peremti victor Alcide viri olim iacebis* (1160 ἀνδρῶν πνεόντων μηδενὸς θανεῖν ὕπο). *hic tibi emenso freta
terrasque et urbes finis extremus datur.* (1169 ἥ μοι χρόνῳ
τῷ ζῶντι καὶ παρόντι νῦν ἔφασκε μόχθων τῶν ἐφεστώ-
των ἐμοὶ λύσιν τελεῖσθαι.)
iam promisso me stetisse arbitror; sed pro corollario
addam 1595 sq.

> *heu quid hoc? mundus sonat. ecce maeret,*
> *maeret Alciden pater; an deorum*
> *clamor an vox est timidae novercae?*
> *Hercule an viso fugit astro Juno?*
> *passus an pondus titubavit Atlas?*

haec proposito conveniunt. sed audi quae secuntur:

> *an magis diri tremuere manes*
> *Herculem et visum canis inferorum*
> *fugit abruptis trepidus catenis?*

ubi *magis* pro *potius* dictum esse in transcursu moneo; nec
attinet singula in hoc loco reprehendere. mundus sonuit: inde
coniecturas capit chorus; at ut conicere possit manes trepi-
dare Cerberoque aufugiente tumultum exoriri, fragorem imo
de fundo audisse debet, ut Hf. 521

> *cur mugit solum?*
> *infernus imo sonuit e fundo fragor.* [6]

hoc non eius est qui usque ad vitium accedat — necesse est

---

[6] minime excusatur poeta Statii loco Theb. X, 913
> *ipsa dato nondum caelestis regia signo*
> *sponte tonat, coeunt ipsae sine flamine nubes*
> *accurruntque imbres; Stygias rupisse catenas*
> *Iapetum aut victam supera ad convexa levari*
> *Inarimen Aetnamve putes,*
nam caelum peti ab inferis tonitrua indicare possunt. — in cantico de
quo agimus v. 1564 sq. valde admonent Lucani I, 50 sq. inprimis con-
feratur 1572 sq.:
> *horrido tantum procul a leone*
> *det pater sedes calidoque cancro*
cum I, 53 *sed neque in Arctoo sedem tibi legeris orbe*
> *nec polus eversi calidus qua vergitur austri* e. q. s.
Claudianus III cons. Honor. 170 sq. non Senecam expressit ut alias, sed
Lucanum. cf. HO 1599 et Luc. I, 56 *aetheris immensi partem si pres-
seris imam, sentiet axis onus.* — ceterum Lucanum tragoedias patrui
lectitasse et ultro credimus nec desunt vestigia. confer si tanti est Hf. 67
cum Luc. I, 150; Hf. 251 — Luc. I, 667 (cf. 175); Oed. 967 — II, 184;
Phaed. 32 sq. — IV, 439 sq.; Tro. 152 — VII, 612 (cf. Sil. II, 366; XIII,
271); HO 359 — VIII, 77; Thy. 317 — VIII, 282 (cf. Claud. III. Hon.
v. 85) alia.

enim hoc facere aliquid grande temptanti —, sed qui ipsum vitium amet, ut Senecae verbis utar (ep. 114) qui ipse ex priore genere fuit.

Deinceps vero non tantum prave cogitantem ex acuto scriptore et sententiarum vibrantium quidem et subinde putidarum, at ingeniosarum plerumque artifice factum esse Senecam, ut qui Herculem Oetaeum post reliquarum unam alteramque scripserit, sed et linguae inopem ex copioso, scribendi socordem ex subtili nec nimis indiligenti ut probem sequitur.

atque Senecam in tragoediis curiosissimum semper variandi sermonis fuisse, abstinentissimum repetendi similia minime dixerim. raro quidem, sed offendunt qualia in nutrice Phaedrae statum enarrante ter repetita incerti gradus mentio (367 *nunc ut soluto labitur moriens gradu* 374 *vadit incerto pede iam viribus defecta* 377 *iam gressus tremunt)* .vel vox *gena* brevi intervallo bis diverso significatu usurpata (364. 381). exempla volenti dabit praecipue Thyestae media pars: quae tragoedia cum e deterioribus sit, optime docebit quanto ab ea quoque intervallo Hercules Oetaeus distet. cuius quamcumque partem inspexeris, in molesta elocutionis inopia offendes. sume de morte Herculis narrationem in qua et alia notes et haec: 1656. 58 *fallet. fallunt.* 1655. 57 *certa. certam.* 1671. 72 *vocibus. voce.* 1672. 75 *feminea. femineus.* 1686. 89 *haesere. haesit.* 1713. 14 *hic dies. hic dies.* 1743. 44 *ardens. ardentem;* vel Deianirae cum Hyllo conloquium v. 742 sq. in quo e. g. viciens bis terve vocem *manus* in fine versus positam deprehendas; vel canticum de Orpheo supra satis notatum in quo, ut alia mittam, haec largitus est: 1031 *cecinit* 1046 *cantibus* 1051 *cantibus* 1054 *cantus* 1071 *cantu* 1088 *cantus* 1090 *cantibus* (cf. Goebelius l. s.). [7]

alia conquirant quibus haec non sufficiunt. taedet enim rei exempla cumulare quae posteriorem fabulae partem vel somnolente percurrenti nauseam movet.

neque vero repetitis tantum dictionibus incuriosa elocutio offendit, sed magis etiam sententiis neglegenter constructis sive vitiose pronuntiatis. ut 915 *teque languenti manu non audit arcus.* 1511 *suum dici esse voluit.* 1604 *quem tulit Poeans.* 1854 *cessate matres, pertinax si quas dolor adhuc iubet lugere quas luctus gravis in saxa vertit.* 1925 *et Centauris Thessala motis ferit attonitos ungula manes,* et alia multa quae bono illius aevi scriptore indigna videntur. sed erunt qui male de-

---

[7]) plura eius generis D. Heinsius adfert p. 347 ed. Scriver.

cantatum illud de bono Homero praetendant et Senecam medio-
crem certe poetam quandoque dormitantem non mirentur. demonstrandum igitur quod unum adhuc restat, haud pauca
scilicet ferri in hac fabula quae a Senecae usu aliena sint.
atque metricas quidem rationes inter hanc ceterasque fabulas ita aequales esse, ut haud magno temporis spatio sine
dubio omnes distineantur, primo loco diximus. quo certe non
levamur officio quae forte Hercules Oetaeus diversa habeat
examinandi. primum vero quomodo aequalitatem istam intel-
lectam velim exemplis uno alterove exponam e quibus quan-
tulumcumque hanc quoque in quaestionem lucri fiat.

creticos in trimetri fine positos cum antecedente vocabulo
coalescere fere legitimum est in Senecae tragoediis (cf. B.
Schmidt de emend. Sen. trag. p. 37 sq.); quod tragicorum
Graecorum usu et auctoritate factum esse et Schmidtius vidit
et confirmatur comparata versuum latino ritu compositorum
arte: Terentii enim ut exemplo utar, in Hautontimorumeno
489 trimetros complexa 174 cretici in fine versus extant quorum 27 (i. e. 7 inter centenos) cum voce antecedente coalescunt, 147 (i. e. 30 inter centenos) non coalescunt; item in Phae-
dri versibus 7 inter 100 coalescunt, 20 non coalescunt. inter
Senecae vero trimetros centenos clauduntur creticis cum antecedente voce coalescentibus in Hf. 11, 6, non coalescentibus
2, 1; Thy. 9, 8: 2, 05; Phoen. 10, 2: 1, 5; Phaed. 10: 1;
Oed. 8, 4: 0, 5; Tro. 10: 1; Med. 11, 2: 1, 9; Ag. 7, 3: 1, 1;
HO 9, 4: 0, 8. in quibus nullam fere differentiam esse vides;
in Octavia vero et creticorum usus rarior et non coalescentes
prorsus evitati sunt, si recte nuper v. 457 eieci (Herm. X,
p. 439). contra invenitur in Octavia bisyllabum bibreve non
coalescens cum cretico (393 *genus impium*); cuius rei exemplum cum praeterea in his tragoediis non extet, ter in Hercule
de qua agimus occurrit: *caret Hercule; feror obruta; daret Hercules* (406. 757. 1847). cf. Schmidt p. 53.

alterum si iam ab alio occupatum sit me certe fugit.
nempe synaloephae usum quem fere nullum esse in personis
mutandis Schmidtius (l. s. p. 20) rectissime observavit, artiore
etiam lege vel in lenissima sententiarum distinctione adstrinxit.
admittitur autem omnium facillime in gravibus monosyllabis:
et ac persaepe, *hic hinc* etc. unde viciens, *in ab ad ex* octiens,
ut deciens, *aut an* sexiens, in interiectionibus (*o a*) ter quaterve, *haud* Phoen. 377 *en* Oed. 1053. voces plus quam
bisyllabae non coalescunt nisi in secunda syllaba acutae ut syna-
loepha in arsi fiat: quod ter deciens accidit; in thesi tantum

Med. 679 Phaed. 1185 Thy. 208 Hf. 707 Oed. 275 Tro. 671
Phoen. 231; nam Tro. 788 id falso inlatum esse supra docui
et HO 1794 non cum Peipero *supersum*, *antiqua* scribendum
videtur sed *supersum*, *a quanta supplicia expetet (a qua E)*.
nusquam vero plus quam bisyllabum in prima syllaba acutum
in arsi coalescit; quod inferre voluit HO 1330 Madvicus scribendo *nascatur otium. undique infestum caput* e. q. s.: nusquam dico praeter Phoen. 149 *tela quae ferant letum auferes*,
ubi et pausa fere nulla est et in versus exitu excusatio. denique bisyllabae tantum *ubi* Phoen. 17 Hf. 1153 *ego* Phoen.
222. 224 (cf. Lehrs in Fleckeiseni annal. 89 p. 187), quae
graves sunt, et, si quidem Tro. 346 cum *A aequor* scribendum
est, non *aequora (Thetide aequor, umbras Aeaco, caelum Iove)*,
in Hercule Oetaeo *ipsas* v. 768 et *inquit* v. 823. Octaviae
autem scriptor synaloepham in interpunctione nusquam sibi
concessit, ne in monosyllabis quidem. [8])

itaque in summa aequalitate modo neglectam modo du-
riorem in Hercule Oetaeo synaloepham deprehendimus. alia
perpauca sunt. nam 981: *et quidquid aliud restitit: ab illis
tamen coniunx redisti* quamquam sententiae optime convenit
et quidquid tentatum est pingui Minerva tentatum est, tamen
cum in *E* legatur *quidquid aliud cessit*, de vera lectione iure
dubitatur. v. 906:

> *ter parricida factus ignovit tamen*
> *sibi: nam furoris fonte Cinyphio scelus*
> *sub axe Libyco tersit.*

durior quidem esset v. 907 quam ullus Senecae versus si recte
ita scriberetur: nam post anapaesti primum pedem obtinentis
thesin gravi interpunctione posita versus corruit. sed verum
est quod in *E* legitur:

> *ignovit tamen*
> *sibi, non furori: fonte Cinyphio* e. q. s.

paullo longius a Senecae usu recedit v. 939:

> *scelera quae quisquam ausus est*
> *hic vincet error*

siquidem monosyllabum in fine versus non fertur nisi antecedente monosyllabo (Schmidt p. 39: omisit Oed. 1016 *sub
hoc*, 938 *sat est*) nec venia posita est in verbo substantivo non

---

[8]) novum hoc argumentum accedit quo v. 457 spurium esse comprobetur. at quem item l. s. eicere volui Agamemnonis versum (794),
eum iniuria tentavi. etenim neglexi acumen in eo situm esse quod Agamemnonem Cassandra cum Priamo comparat. praeterea huic versui a
graeco nomine excusatio parata est, Octaviae loco a latino non item.

coalescente. etiam 1354 reprehendendus scriptor est quod *iratae sat est* scribere maluit quam *iratae est satis*; id quod in v. 1858 non cadit si recte Peiperus scripsit *sat es.* sed prava quoque invicem se tuentur. pessimus est v. 1298

       votum spopondit. nulla propter me sacro

quod ut vidit Bothius temere correxit. similis non similis extat 302

       pro me gerebas bella, propter me vagas,

qui ut multo minus offendat caesura semiseptenaria efficit; et eius gemellus est Phoen. 336

       superate et aliquid facite, propter quod patrem.

haec fere sunt quae de trimetris post alios observanda videantur. nam 1861

       defessa quamquam bracchia, ut invidiam deis

trecentis abhinc annis correctum est: nec certe Bentlei aures habuit N. Heinsius qui 1652 (*virtute felix iuvenis has numquam inritas* e. q. s.) coniecit *his utere felix.* at si Peiperi aetate vixisset res metricas melius edidicisset.

     in canticis aeque perpauca a communi tragoediarum more recedunt. synaloepham longarum vocalium in Hercule Oetaeo magis etiam quam in reliquis vitatam esse ea docent quae B. Schmidtius p. 25 sq. composuit. tamen unum inter omnes illa quamquam lenissimi generis exemplum habet longae vocalis cum brevi in canticis coalescentis: 1956 *certe ego te vidi.* tetrametri dactylici in quibus illud invenitur uno tenore decurrunt, ut Phaed. 761—63 : Oed. 449 sq. non item (B. Schmidt. p. 59). de anapaesticorum arte non habeo quod a Schmidtio observatis addam (p. 67 sq.): quod praeter Octaviam semel in Hercule priore factum est (1064 *solvite superi*), bis in HO. invenimus: 185 *fingite superi* (*figat A*) et 1883 *Arcades obitus.* nam 1887 quem huc trahebant viri docti Gronovii testimonio decepti non *poscite* in *E* legitur sed *poscit,* ut cum 1888 coniungendus sit et sic legendus:

       magno Alcidae poscit gemitum
       stratus vestris saetiger agris.

de aliis metris adferre tantum possum quod 151

       nullis vulneribus pervia membra sunt

in asclepiadeis dodecasyllabis unicus est monosyllabo terminatus (v. s. de v. 939); contra 1543

       iusserint nasci iacet omnibus par

non unicus e sapphicis. quamquam praeter Tro. 858 (*quod manet fatum dominusve quis te?*) et 1018 (*nemo se credet miserum licet sit*) nullus extat. praeterea dudum observatum est has voces: *Hebrus Cyclas hydra fibra* in Oetaei trimetris corripi praeter reliquarum usum (B. Schmidt. p. 34). item Schmidtius vidit formas contractas *perit* etc. nusquam in canticis extare nisi ter in HO 1863 sq. (p. 10).

his omnibus ne coniunctis quidem multum probari libenter concessi et concedo. iam in eis paululum immorabimur quae ad elocutionem spectant. de qua Richterus p. 24 sq. nonnulla congessit quorum aliis utemur alia merito neglegemus.

atque ut primum orthographica quaedam tangam, recte observatum est in Peiperi et Richteri indice formae quae est *quom* tantum in hac fabula certa vestigia comparere: nam in *E* scriptum est 587 596 *quum*, 607 *quem*, 610 *quom;* praeterea 301 *qum*, 208 *quin* i. e. *qum;* deinde fere ubique *volgus voltus* et *inclutus* quo epitheto frequenter utitur: in reliquis ubique *cum vultus inclitus.* item ad verborum formas attinet quod in illa *colus* et *domus* plurali numero quartam declinationem secuntur: *domus* quidem quarto casu tantum 1917 servatum est; sed 1633 latere videtur in *nemus:* recta enim praeter vocalem coniectura in Moguntino scriptum est *domos.* item *colus* (Richter. p. 26) sic legitur 218. 768. 1084. 1097; *colus* 1. m. ex *colos* 668; *colos* 372. et *colus* poetam scripsisse efficitur versu 1180 (*perque tam turpes colus mea mors cucurrit*), ubi in *E* extat *tam turpe scelus.* in reliquis ubique et *domos* et *colos.*

758 *non sola maeres Herculem: toto iacet mundo gemendus*

omnes codices habent, forma non inaudita (cf. Prop. IV, 11, 57 *urbs — toto quae praesidet orbi*), sed a Seneca aliena et fortasse librariis imputanda. [9]

de usu loquendi quaestionem qui profligare velit ei colligenda et proponenda esse omnia non sine ratione contendunt; sed ubi de scriptoribus agitur fere aequalibus et eadem disciplina penitus imbutis, melius singulis quibusdam locis res inlustrabitur. initium a levioribus faciamus.

genus pro genere humano quater positum attulit D. Hein-

---

[9] *tabe* semper sexto casu ut Phoen. 164. Med. 641. cf. Charis. p. 93, 24 *alia nominativum et ablativum habent ut tabes pluris sireps. faciunt enim ab hac tabe plure siremse. Cinna autem in Zmyrna huius tabis dixit nullo auctore.* cf. p. 145, 31. accusativum interpolator *A* invexit v. 520, ubi *tabum fluentem E* habet et spretis aliorum coniecturis legendum est *tabum fluente volneris dextra excipit.* item *rursumque* v. 1768 *A* (*rursusque E*): Seneca semper *rursus.* cf. Charis. p. 216, 31.

62   DE HEKCVLE OETAEO.

sius p. 345 ed. Scriver. qui quae non inutiliter congessit maximam partem huc pertinent; item Richterus p. 26 *quamquam* non ad verbum finitum accedens (1861 *defessa quamquam bracchia;* addere potuit 1506 *quin ipse*, *quamquam Iuppiter*, *credi meus pater esse gaudet*). de particulae *sive* usu alio loco agemus. hic memorandum est tantum secundo loco diiunctis sententiae membris non apparere eam nisi 1652

> *virtute felix iuvenis has numquam inritas*
> *mittes in hostem; sive de media voles*
> *auferre volucres nube, descendent aves* e. q. s.

cf. CFW Müller über den gebrauch von *sive* p. 11. proprius est huic scriptori ablativus absolutus substantivo obnoxius, v. 1500 *sive nascente Hercule nox illa certa est* et 1884 *nondum Phoebe nascente genus.* idem posuit *quiescere* ut verbum agens: 1586 *quam tuas laudes populi quiescant* quod attulit Heinsius. de v. 1830 *sunt haec satis praesidia* cf. Burmann. ad Ovid. met. III, 149. item de v. 1592 *semper impensum tenuisse ferrum* Lachmann. ad Lucr. p. 374.

> v. 1243 *haecne illa cervix? hasne ego opposui manus* [10]
> *caelo ruenti? quis mea custos manu*
> *trahetur ultra Stygius?*

hic *ultra* significat *praeterea, posthac,* praeter canem semel tractum. reliquis locis proprio sensu hoc adverbium usurpatur [11]): Thy. 745 *an ultra maius aut atrocius natura potuit?* 747 *quid ultra potuit?* Tro. 287 *exactum satis poenarum et ultra est.* Oed. 860 *quid quaeris ultra?* et sic HO 1320 *quid quaeris ultra?* 1479 *nil querimur ultra.*

> v. 796   *gemitus in medias preces*
> *stupente et ipso cecidit; hinc caelum horrido*
> *clamore complet*

ut hoc loco *hinc* (*hic A*) idem significat quod *tum*, sic 1155 *inde* idem quod *deinde*:

> et 1157   *vincet scopulos inde Typhoeus*
> *feret Aetnaeos inde caminos,*

utrumque Senecae quantum sciam nusquam usurpatum (paulum aliter Phaed. 551 *hinc terras cruor infecit omnes*). addi licet

---

[10]) Gronovius *moras* scripsit quod placuit Peipero. deterrere potuit Hf. 528 *caeliferam manum.* iam efficacior erit metopa Olympiae recens effossa, in qua re vera manus Herculis caeliferae sunt.
[11]) Phoen. 366 *misera non ultra suo sceleri occucurrit* correxit N. Heinsius scribendo *ultro.* item Oct. 462 scribendum est: *an patiar ultro sanguinem nostrum peti?* (sic Richteri Lugdunens. et ex meis Lugd. 101 et 372; Ambr. H 77 inf.; Ricc. 526).

usum adverbii *deinde* Senecae non magis notum, quo non
temporis progressum indicat sed quod ante dictum est cum vi
quadam ad particulam interrogativam accedens repetit: sic 859
cur deinde ferrum? cum praecesserit *occupa ferrum ocius;* et
1408 *cur deinde latebras aut fugam vaecors petam?* cum praecesserit *quas petam latebras anus?*
v. 1760. *o quanta Titan ad nihil moles abit*
sic *E, in nihil A:* noverat enim interpolator constantem Senecae
aliorumque usum; praecipue ex Ovidii transformationibus no-
tissimum est abeundi verbum translato sensu, quo idem significat quod *mutari*, cum *in* praepositione coniunctum (cf. II,
674 *crines — in densas abiere iubas.* III, 397 *et in aera sucus
corporis omnis abit.* IV, 396 all. IX, 152 Laurentianum praebere *incursus animus varios habet* (*abit M*) testari possum);
item Seneca Thy. 772 *piceos ignis in fumos abit.* Oed. 67
pars quota in cineres abit? Oed. 320 *ultima in tenebras abit.*
sic Sen. ep. 23, 6 (*voluptates*) *in contrarium abituras.*

forsitan vel *forsan* cum indicativo futuri poetis non inusitatum esse, multo rarius cum indicativo praesentis vel prae-
teriti coniungi notum est. Vergilii locum non habeo nisi quem
Priscianus adfert II, p. 248, 91 (aen. IV, 19 *huic uni forsan
potui succumbere culpae*). Ovidius am. I, 6, 45 *forsitan et tecum
tua nunc requiescit amica.* her. II, 14 *nec tenuit cursus forsitan ille tuos.* 103 *te iam tenet altera coniunx forsitan.* trist.
I, 1, 69 *forsitan expectas.* V, 10, 40 *forsitan obiciunt.* 50 *non
merui tali forsitan esse loco.* fast. II, 93 *forsitan infelix ventos
undasque timebas?* ex Pont. III, 4, 12 *aut etiam nullum forsitan ante fuit* (cf. 3, 33). IV, 1, 27 *rogas forsan.* 13, 13
potest — forsitan (III, 9, 10 legendum videtur *dixerat;* ʿme-
lioresʾ Heinsii *dixerit*). iuvenis igitur et senex illud sibi indulsit. quibus adde her. 19, 136 *forsitan alter adest.* 141 *et
forsitan oscula iungit.* 20, 103 *forsitan haec spectans a te
spectabar Aconti* (pudet enim haec post Diltheium in editionibus
desiderari). cf. Burmann. ad her. 4, 53. Propertii duos locos
novi: II, 9, 22 *forsitan et de me verba fuere mala* et IV, 23, 11
forsitan haec illis fuerant mandata tabellis (ubi *fuerint* Heinsius). Tibullus I, 10, 13 *et iam quis forsitan hostis — tela
gerit.* Horatius Catullus Manilius Persius Silius nusquam nec
Petronius in versibus (sed p. 96, 17 Buech. ed. mai.) Lucanus
quinquiens, e quibus quattuor noni libri versus sunt (V, 93.
IX, 63. 474. 865. 877), Statius in Thebaide quater (I, 554.
X, 335. 702. XII, 398), in Achilleide nusquam, in silvis
bis (II, 6, 101; V, 3, 185); Valerius ter (I, 170. 712.

VII, 129). Seneca in pedestribus et praecipue in epistolis haud raro idem admittit: epist. 22, 7 *expectas forsitan.* 26, 9 *supervacuum forsitan putas.* 87, 14 *ubi forsitan non potest arte.* 92, 18 *nobis forsitan non aeque adparet.* NQ II, 32, 7 *submissiora forsitan propius in nos vim suam dirigunt.* nec omnino vitavit in tragoediis; sed ut in omnibus praeter HO. bis inveniatur: Phaed. 238 *tibi ponet odium, cuius odio forsitan persequitur omnes?* et Thy 747 *obiecit feris lanianda forsan corpora?* in Hercule Oetaeo quater:

361 *ipsas misericors forsan aerumnas amat.*

768 *ipsas forsitan trepida colus Clotho manu proiecit*

1780 *teque venientem inferi timuere forsan*

1791 *forsitan poenas petit (petet A)*

quo accedit quod v. 574 *fors* positum est pro *forsan:*

        sed iecur fors horridum

flectam merendo (forsan E)

id quod apud Senecam nusquam invenitur, sed apud Vergilium e. g. aen. II, 139. V, 232. Horatius tantum I, 28, 31 *fors et debita iura vicesque superbae te maneant ipsum.* ex epicis post Vergilium frequentius unus Statius: Theb. II, 361. IV, 204. VII, 365. X, 324. silv. III, 1, 162; 4, 4; V, 3, 62; V, 4, 14 ex coniectura Marklandi. bis Valerius Flaccus (III, 665. IV, 620), nusquam Lucanus et Silius.[12])

pronominis personalis casus genetivus interdum ad substantivum ita accedit ut ultro cum pronomine possessivo mutari

---

[12]) nusquam, si quidem Sil. VIII, 146 (*me quoque fors quondam dulci vir notus amore expectat*) interpolatus est ut totus locus 145—225. qua de re si quis adhuc dubitet et illud possit argumento esse et alia quaedam quae indicasse satis erit. v. 199 *et placido Teucros adfarier ore:* infinitivi formas in *ier* Vergilius quidem has admisit *accingier* IV, 493 *dominarier* VII, 70 *defendier* VIII, 493 *admittier* IX, 231 *farier* XI, 242 *inmiscerier* georg. I, 454 et paulo plures Horatius in sermonibus et epistulis (*laudarier sectarier avellier mercarier torquerier labier faterier curarier*), uno tantum loco in carminibus (IV, 11, 8 *spargier agno*); quem secutus est Persius (I, 28. 50 *dicier. fallier*); Ovidius etiam et Propertius (*scitarier* met. II, 741 *torquerier* Pr. IV, 6, 39) nisi quid me fugit singula, nullum Tibullus exemplum praebet. ex epicis post Vergilium tantum Valerius II, 421 *adiungier;* sed nec Lucanus nec Statius nec Silius nisi hoc ipso versu VIII, 199. — v. 218 *cumque alio tibi Flaminio sunt bella gerenda* colore non inepto quidem dicit sed, si haec genuina sunt, centum versuum spatio bis usurpato: v. 309 *expectaturque sub ictu alter Flaminius;* ubi *alter* rectius dictum est quam *alius* v. 218. addere plura possem, sed quae maiorem quam par est sermonis ambitum sibi postularent. ceterum non una haec in Silii carminibus lacuna est; multa, quidquid oblocuti sunt viri docti, inter XVII, 290 et 292 intercidere; cui iacturae sarciendae v. 291 interpolatus est.

possit. quod cum mediae latinitatis scriptoribus frequentatum sit, certe plerumque librariorum culpa factum erit. sic
in uno Ovidii loco quem huc referre possis (nam VII, 745
offensaque mei genus omne perosa virorum aliquantum differt
ab illo) met. I, 30 *et pressa est gravitate sui* dubitamus utrum
bonos libros Marcianum et Laurentianum an Bernensem VIII.
saeculo exeunte scriptum (cf. Riese Ovid. II praef. p. 8)
sequendum iudicemus, quem *sua* praebere Hageni beneficio
nuper comperimus; non dubitaremus nisi et ille, optimum
licet ad Ovidii recensionem tandem aliquando cum ratione in-
stituendam adiumentum, tamen interpolatoris manum prae se
ferret: ut de Ovidii transformationum codice non interpolato
usquam inveniendo desperandum sit. Vergilii locus qui proxime
accedit, aen. IV, 654 *et nunc magna mei sub terras ibit imago,*
valde tamen ab Ovidiano distat et item Catulli versus 63, 50 *patria o mei creatrix* ubi cum Guarino *mea* scribere inutile est. in
tragoediis praeter HO. nihil eius generis invenitur; in illa v. 557
perbibat formam mei (*flammas mei A* minus dure) 954 *nunc
veram tui agnosce prolem* (*tuam A*) 1217 *nam quis dignus necis
Herculeae superest auctor nisi dextra tui?* ubi *tua* ab Ascensio
est. accedunt 949 *recipe me comitem tui A tibi E.* 1242 *haec
moles mei est A mea est E.* 1502 *licet sit falsa progenies mei
E mihi A.* prope accedit 1966 *quidquid in nobis tui mortale
fuerat, ignis evictus tulit* locus sine dubio corruptus; nam cum
dicere velit: quidquid tui habui mortale erat (v. 1968 *paterna
caelo, pars data est flammis tua*), nunc dicit: quidquid corum
quae ex te habui mortale fuerat ignis tulit. fortasse: *quidquid
in nobis tui, mortale fuerat: ignis haec victus tulit.* denique
cf. Sen. contr. II, 2, 9 *ecce obiurgator nostri quam effrenato
amore fertur.* exc. III, 7 *ipse sui et alimentum erat et damnum.*
decent haec rhetorem.

    Haasius in praef. Sen. III p. XIII observavit particulam
haud in pedestribus a Seneca nusquam usurpari. eam in tragoediis minus etiam vitavit quam *etsi* coniunctionem (cf. Haas.
ibid.) quae legitur Ag. 932 (403 *iniuria infertur*), Oed. 509,
Med. 294. 442 (Tro. 245 *et si* scribendum est ut 534 scribitur. [13]) *haud* cum in tragoediis omnibus inveniatur, *haud
dum* pro *nondum* tantum HO 80 (cf. p. 30).

    praeter ea quae iam attulimus Richterus l. s. complures
proposuit particulas verborumque formas quae tantum in Her-

---

[13]) *etsi* Tibullus quoque vitasse videtur, non vitavit Lygdamus
(III, 6, 47).

66   DE HERCVLE OETAEO.

cule inveniantur, in reliquis desiderentur; non omnia recte:
nam *propter* extat Phoen. 336; *aliqua* 1849 valde ex Senecae
more dictum; v. 821 cum Gronovio et Heinsio legendum est:

> truncus in pontum cadit,
> in saxa vertex: unus ambobus iacet.

denique *nempe* noviens quidem in hac tragoedia legimus, in
reliquis raro; sed v. 351—379 quinquiens quasi in una periodo
ut membra argumentationis conectat. nos quo huic disputandi
generi finem faciamus, exemplo adhuc uno demonstrabimus
non inutiliter in talibus indagandis operam consumi.

interiectionum usus apud poetas multo artioribus finibus
circumscriptus est quam vulgo credunt. sic in HO 1402 quod
Richterus inferre voluit *vae mihi*, ego aliter sentio; nam *vae*
in his tragoediis nusquam invenitur et omnino raro: Verg. ecl.
9, 28. Ovid. am. III, 6, 101. Ibid. 203. her. 3, 82 (21,
169). Tib. I, 8, 53. Pers. 6, 50, plerumque adiecto *misero
miserae*. Catullus praeter 64, 196 ex proba coniectura 8, 15
scelesta vae te. Prop. V, 4, 68 *nescia vae e. q. s.* Hor. I, 13, 3
vae meum fervens — iecur. cf. Bentl. ad serm. I, 2, 129.

pro Seneca saepius ita adhibuit ut ad numen testemve
qui invocatur proxime accedat: *summe pro rector poli*; *pro
sancta pietas, pro gubernator poli,* similia. Hercules Oetaeus
eo a reliquis recedit, ut *pro* non invocandis tantum numinibus
addat, ut 1531 *pro Titan,* sed subinde idem non arte cum alia
voce conexum ut *o* aliasque exclamandi particulas ponat: 210
pro si tumulum fata dedissent. 1231 *pro quantum est malum,*
alia e quibus optime rem inlustrat

> 1778 *o nimis felix nimis*
> 1803 *pro nimis felix nimis.*

heu me coniuncte positum Senecae usitatum est: Tro. 476.
681. Phaed. 898. 997. 1173. item HO 1761. Oct. 32. 169.
cf. Bentl. ad Hor. epod. 11, 7.[14]

eheu Catullus et Horatius haud raro usurpant: Cat. 30, 6
eheu quid faciant dic homines (*oheu* Veron.) 64, 61 *prospicit
eheu* Bergkius (*heue* V *euhoe* Lachm.) 77, 5 *eripuisti eheu
nostrae crudele venenum vitae, eheu nostrae pestis amicitiae* (utroque loco *he heu* G *heu* O, correxisse videtur qui nuper Catulli

---

[14] Enn. Hec. III v. 164 *heu me miseram* (*eheu* Nonii Leidensis.
hei Hermann.). Pacuv. Niptr. frg. IX v. 264 *heu miserum me: heu me
miserum* cum codd. aliquot Bentleius recte. Eurys. frg. VIII v. 346 *heu
me miserum.* e comicis Handius plurima congessit.

carmina edidit; Itali *heu heu* more elegiarum: Tib. I, 4, 81;
6, 10; II, 3, 2; 3, 49; 5, 108. IV, 13, 17. cf. Burmann. ad
Prop. II, 19, 23). Hor. I, 15, 9; 35, 33 (*heu* Blandin., *heu*
heu alii) II, 14, 1; III, 2, 9; 11, 42. epod. 9, 11; 15, 23.
serm. I, 3, 66; II, 3, 156 (ubi variant codd.). eum secutus
Persius 5, 137: nam Neronis aevo nescio an rustici quiddam huic voci inesse visum sit. Trimalchio saltem in ore
illam gerit:

eheu nos miseros, ut totus homuncio nil est,

et paullo ante: *eheu, inquit, ergo diutius vivit vinum quam*
homuncio (p. 36, 11), ubi Tragur. *heheu,* Scaligeranus *heu* (ut
Cat. 77, 5). item Seleucus (p. 46, 8) *heu eheu, utres inflati*
ambulamus, ut Buechelerus recte interpretatus est Traguriensis
scripturam *hey est hey.* Ovidius quater: art. am. I, 166. met.
III, 495. fast. IV, 406. Pont. II, 10, 30; singulis locis Statius
(Ach. I, 68) et Silius (XI, 212 ubi *heu heu* legebatur, *eheu*
Colon.). nusquam Vergilius Propertius Tibullus Manilius Valerius Lucanus [15]); hac igitur interiectione Senecam non abs-
tinuisse demonstravi p. 37 ubi Phaed. 868 *eheu per tui sceptrum*
imperi e. q. s. in *E* scriptum esse rettuli. item Ag. 868 *eheu*
quid hoc est? (Cassandrae verba, ut in Ennii Alexandro). sed et
Oct. 290 et HO 1218 male coniecerunt *eheu;* hic saltem in *E*
legitur: *heu qualis intus scorpios* e. q. s. (*heu quis A ehu* Ald.)

maioris momenti sunt quae de particula *ei* exponemus. atque ut *heu mihi* nusquam arte coniungitur (nam Hor. epod. 11,
21 (*ad non amicos, heu, mihi postis et heu limina dura) mihi* ad
amicos spectat; item 5, 101 (*neque hoc parentes heu mihi super-*
stites effugerit) aut *mihi* si fieri potest ad *superstites* referendum
aut *ei mihi* scribendum est, quod in epodis non recusandum),
ita *ei* perraro invenitur non arte cum dativo pronominis personalis, atque eius quidem ubique primae personae, conexum.
Verg. catal. 3, 3 *tuone nunc puella talis ei tuo stupore pressa*
rus abibit? Catull. 68, 92 *ei misero frater adempte mihi, ei*

---

[15]) Enn. Alex. frg. VII v. 54 *eheu videte* (sic Cassandra). Thy. IX
v. 307 *eheu mea Fortuna* (sic Lachm. ad Lucr. p. 36. *heu* vel *eu* codd.
heu heu Vossius). frg. inc. LV v. 402 (*heu mea puella spe quidem id*
succensit tibi), ubi *eheu* vulgo legebatur, corrigunt *e spe* et *successit.*
trag. inc. inc. frg. X v. 22 Ribbeckius scripsit *heu heu* ut grammaticorum
normae de *heu* et *heus* satisfaceret. sed recte Charisius (p. 242, 6) *heus*
heus pater heus Hector (quae sunt Cassandrae verba ut Ribbeckius voluit, non Astyanactis ut Naekius opusc. I, 350): *heus* doloris nota est
e. g. Ovid. her. 6, 41. Stat. Theb. IX, 385. — *ei mihi* Pacuv. Eurys. frg.
XII v. 351.

misero fratri iucundum lumen ademptum. 77, 4 Lachmannus
emendavit: *ei misero eripuisti omnia nostra bona (si V)*, item
101, 6 nunc legitur: *ei misero indigne frater adempte mihi
(heu miser V)*. sed sine dubio pessime HO 1321 Gruterus
coniecit *ei nulla tellus.*

ei mihi igitur apud Catullum praeter locos modo laudatos
semel extat ex Lachmanni emendatione 76, 21

> *ei mihi, subrepens imos ut torpor in artus
> expulit ex omni pectore laetitias (seu V)*

Vergilius ter idem posuit. aen. II, 274 *ei mihi qualis erat.*
XI, 57 *ei mihi quantum praesidium — perdis (et R* ut saepissime codices pro *ei)* XII, 620 *ei mihi quid tanto turbantur
moenia luctu?* et e Scaligeri emendatione catal. 3, 4 *ei mihi,
ut iste versus usquequaque pertinet.* non plus quattuor locis
Propertius (I, 3, 38. II, 4, 1. V, 1, 58; 8, 48), tribus Tibullus
(II, 1, 70; 6, 28. III, 6, 33). inter epicos poetas post Vergilium Valerius quinquiens (I, 327. VI, 624. VII, 236. 284.
483), Silius semel bisve (XIII, 655 et XV, 732, ubi in codd.
aliquot verba ista omittuntur) et omnibus quos adhuc recensuimus frequentius Statius scilicet in Thebaide undeciens
(III, 6. 710. IV, 644. VI, 156. VIII, 111. IX, 629. XI, 285.
624. XII, 99. 340. 379), in Achilleide I, 535, in silvis ter
(II, 6. 14. V, 2, 160; 3, 225). nusquam Lucanus Horatius
Manilius alii quibus nec suspirandi nec eiulandi occasionem
carminum materia dabat. sed loci isti cuncti si computentur
non aequabunt unum Ovidium qui *ei mihi* quadragiens fere
posuit, et, si epistolas Deianirae Paridis Helenae Leandri Acontii
Cydippae Ovidii nomine paulisper uti non vetes, quinquagiens.
quorum locorum in eroticis decem, in transformationibus quinque, in fastis duo, in tristibus et ex Ponto epistolis quattuordecim inveniuntur. memorandum autem est *ei mihi* praeter
Vergil. XI, 57. Prop. I, 3, 38. II, 4, 1. V, 8, 48. Petron.
p. 132, 9 (ubi Buechelerus *et* solemnem errorem emendavit).
Val. Fl. I, 327. Stat. Theb. IV, 644. VI, 156. silv. II, 6, 14.
Sil. XIII, 655. XV, 732 ubique, et apud Ovidium sine exceptione, in versus initio conlocari, ut et hoc possit indicio esse
Helenae epistolam non scripsisse Ovidium. cf. v. 246

> *ibit per gladios ei mihi noster amor.*

iam ut ad Senecam nos convertamus, ille hac interiectione
omnino nusquam usus est. usus est Octaviae scriptor v. 150

> *intravit hostis ei mihi captam domum*

et Herculis Oetaei his locis:

1024 *fugit attonita ei mihi.*
1172   *impendo, ei mihi,*
    in nulla vitam facta (impendo male A).
1181   *cadere potuissem, ei mihi,*
    Iunonis odio (potuisset mihi E potuissem m. A, cor-
                                                rexit Lipsius).
1205   *perdidi mortem, ei mihi,*
    totiens honestam (perdidi et mortem mihi E).
1402 *ei mihi, sensum quoque | excussit* e. q. s.
1783   *si quis tamen*
    rex est relictus saevus. ei miserae mihi.

et hoc nescio an eos quoque qui adhuc restiterint invitos meam
in partem tracturum sit.

sed ipse iam deprecor ne plaudatur praepostere. tantum
enim abest ut omnes mihi scrupuli exemti sint, ut facere non
possim quin gravem ipse dubitationem moveam. etenim ani-
madverterit forsan lector attentus argumenta quibus ad tragoediam Senecae abiudicandam usus sum fere omnia ex posteriore
fabulae parte sumpta esse, ex actibus, ut cum editoribus qui
ante novissimos fuere loquar, tertio quarto quinto. neque id
casu factum est, sed quae praecedunt re vera paucissima praebent suspicioni merito obnoxia. itaque ut nullus dubito quin a
v. 706 quae secuntur ad finem usque fabulae a Seneca scripta
non sint, priore fabulae parte denuo examinanda supersedere
non possumus.

incipit autem tragoedia in declamatione Herculis qua caelum sibi deberi multis argumentis evincit et si quae adhuc
perpetranda restent quibus ad dignitatem istam consequendam
opus videatur, ea se libenter aggressurum profitetur; at in-
iustum esse quod ferae quas devicerit astris insertae sint victore
in terris relicto quodque Apollo Bacchus Perseus Pythone
oriente Gorgone victis caelum obtineant: multo se maiora per-
petrasse. divisio haud inepta est et declamatio ad artis leges
composita. multa quaesite, multa turgide dicta sunt, pauca
putide. sententias aperte male conexas, perverse pronuntiatas,
inter se pugnantes, quale ineptiarum genus supra tractavimus,
in hac oratione non deprehendas. versus verbaque permulta
inesse quorum similia ex Hercule priore novimus verum est:
sed certa imitationis indicia, quorum naturam explanavi, non
inveniuntur. et omnino nullus locorum de quibus adhuc disputavimus ad hos versus pertinet, nisi quod v. 80 *haud dum,*
alias *nondum* dixit.

sequitur chorus cum lamentatione Iolae. canticum sine

offensione decurrit nec habendum est inter deteriora. beati
praedicantur quibus cum fortuna secunda et vitae finem ponere
facile sit. se patriae superstites in servitutem duci, Trachina
alias, alias Argos Thebasve natale Herculis oppidum. inde
occasio data est horribilem Herculis imaginem depingendi:
quem cum iratum viderint, tutas se a fortunae iniuriis esse,
amplius scilicet mali nihil restare. Iole non commune tantum
sed et privatum sibi infortunium modum excedere queritur:
non sufficere se tantis cladibus plangendis, nisi querulae avis
specie induatur. chorus denique ad sententiam primo loco a
se prolatam respiciens casus animo aequo ferre secundum bonum esse indicat. quod in hoc carmine reprehendam non
habeo: singulare esse vidimus 151 monosyllabum in fine positum; anapaestum v. 185 similem in Hf. haberi diximus. v. 213
pro in Etrusco omitti moneo: quamquam facile illud ferimus.

     vv. 1—235 igitur si ipsos tantum spectes non est cur
Senecae abiudicentur. sed rei cardo in scaena sequenti vertitur
quae continet nutricem inter et Deianiram de Herculis infide-
litate uxoris ira amoris remedio conloquium. haec scaena,
totius tragoediae sine dubio gravissima et quasi caput, quantopere a sequentibus omnibus differat quod adhuc nulli apparuit
non valde miror; scilicet per versuum duo milia ista eluctantis
iudicium horrida in infinitis ambagibus sterilitate obtundi necesse est. at Senecae boni rhetoris virtutes, quae in posteriore fabulae parte desiderantur, in priore omnes reperiuntur.
furit quidem Deianira et insanit; sed si quis conloquium pan-
gere sibi proposuit inter uxorem paelice domum invecta furentem nutricemque obloquentem, melius ista aetate rem instituere non potuit. omnino, si quid in his rebus iudicii
sensusve habeo, qui alteram partem conscripsit stilo utitur a
Seneca diversissimo, qui priorem gemino plane et cognato:
rhetorum ludos uterque sapiunt, sed ut alter ex Arelli, ex
Murredi ludo alter provenisse videatur.

     id singillatim persequi lectori relinquendum est; meum
est affirmare eorum quae de comprobanda huius tragoediae
diversa origine et attulimus et adferre possimus perpauca nec
e gravioribus illa ad hanc partem pertinere. atque *caret Her-*
cule v. 406 a nomine graeco excusationem habet (*ferar obruta*
v. 757 non item). restat *perbibat formam mei* v. 557 et *fors*
pro *forsan* v. 574; omnino autem eius generis argumentis non
alio consilio usus sum nisi ut graviora, quae scilicet ipsum
scriptoris ingenium et carminis naturam tangerent, supplerentur
et fulcirentur. haec si deficiunt illa nihil valent. atqui sto-

lidae imitationis nullum in hac scaena vestigium deprehendi
neque istam in sententiis inveniendis et eloquendis verbisve
deligendis imbecillitatem. ergo quod singulare unum alterumve
loquendi genus offendit, id eo libentius patiemur quo certius
in quavis tragoedia eius modi quaedam indagare possis. sic
in Phaedra legitur *nullus his auri fuit caecus cupido* more Horatiano (528), ibidem 862 *properato est opus;* in Medea *sanguis*
producta ultima (775); in Hercule priore trimeter cum anapaesticis in fine cantici coniunctus (204) et quae eius generis sunt.

non primus sum qui suspicer plus unam manum in Hercule Oetaeo componenda occupatam fuisse. quippe Habruckerus
quaest. Annaean. p. 47 sq. coniecit fabulae initium (1—232)
et finem (1691 sq.) ab alio quodam solido Senecae operi ad-
suta esse. honoris causa illum nomino et ut hanc laudem
incolumen habeat. namque argumenta quae protulit non multum valent nec difficultatum quas et alii et nos cognovimus ulla
coniectura ista eliminatur; finem vero tragoediae ponit quo terminari omnino nequit, id quod et ipsum iam concessurum puto;
denique, quod summum est, pessimam partem vitiisque refer-
tam Senecae relinquit, quo digna habet Herculis lamenta, in-
dignam Alcmenae de nati reliquiis declamationem: quae ab uno
eodemque profecta esse quovis pignore adfirmarim.

nobis si certius aliquid constituere volumus ante omnia
videndum erit sitne tragoedia quae in codicibus fertur ita partibus suis inter se cohaerens ac tam constanti consilio elaborata
ut ab uno poeta uno tenore composita esse merito credatur.

atque de oeconomia quidem tragoediae omnes consentiunt;
de moribus nemo disputavit. nec mirum est, quod ne in
optimis quidem poetis vulgo fieri solet in eo neglegi qui quod
Graeci ἦϑος vocant paene ignorat. describit Seneca iram ti-
morem amorem luctum et ita quidem provecta et exaggerata
ut augeri nequeant. quod ad mores attinet personae illius aut
malae aut bonae sunt: nec medios mores novit nec inmutatos
sensim et eventuum necessitate quadam inter patiendum et
agendum conformatos. at crudelem Atrea dolosum Ulixen in-
fidum Iasona castum Hippolytum ne apud illum quidem protinus evadere videas mansuetos simplices constantes libidinosos.

in Hercule Oetaeo primas dum vivit Deianira partes agit.
per nutricem comperimus domum intrasse cum captivis Iolen;
ilico Deianiram dolore plane furioso correptam esse. inrumpit
domina et quidquid irata mulier effundere potest confuso ore
declamat; pessima quaeque coniugi imprecatur, Iovis et Iunonis

manus implorat, denique sua ipsius dextera utendum profitetur
(295):

> *o nulla dolor*
> *contente poena, quaere supplicia horrida*
> *incogitata infanda* e. q. s.

dehortatur nutrix: Herculis mortem omnes gentes vindicaturas.
respondet (330):

> *maximum fieri scelus*
> *et ipsa fateor, sed dolor fieri iubet.*

aut Herculi aut ipsi et utique Iolae pereundum esse. nutrici
illam, ut plerumque captivas, non diuturno amore fructuram
esse monenti hanc virginem esse respondet, se matronam annis iam provectam, certe inferiorem se hoc certamine exitu-
ram. olim se invidendam omnibus fuisse coniuge nunc terras
pererrante ac virgines sibi in amorem expetente; ergo ne cesset
furor, perimatur infidus. iam ut transitum sibi ad Nessi donum
paret, quo carere nimirum poeta in hoc argumento non potuit,
nutricem facit medicamentum amatorium magica arte parandum
pollicentem: id ex Hippolyto coronifero sumpsit, in Phaedra
neglexit. respondet Deianira herbis et cantibus flecti illum non
posse sed esse sibi aliud languentis amoris incitamentum. narrat
Nessi mortem hydraeque virus dono sibi datum. nutricem comparare iubet vestem quam Herculi mittat; interim Amorem de-
precatur. adfertur vestis quae texenda 'omnem famularum
manum lassavit'; virus infunditur, opportune Lichas accurrit
cui pallam Deianira tradit his verbis (571):

> *cape hos amictus nostra quos nevit manus,*
> *dum vagus in orbe fertur et victus mero*
> *tenet feroci Lydiam gremio nurum,*
> *dum poscit Iolen* e. q. s.

haec Deianira mendax est et dolosa, non ut apud Sophoclem candida, Nessi fraude decepta, dulcem spem fovens
in anxiis rerum angustiis: probe ista scit quid coniugi mittat;
quo scriptor sibi constitit et necis consilium firmum tenere
illam voluit. nec quod nutrice absente Amori preces fundit,
id ex animi illam sententia facere credas: adstant enim mulieres
quas sibi ex patria comites duxerat (581).

mulieres dominae suae, deinde regum divitumque omnium
tristem sortem describunt, auream mediocritatem laudant. redit
Deianira territa et perturbata (v. 706). nam cum lanae glomus
Nessi sanguine tinctum prorsus evanuerit solis radiis tepefac-
tum, quam maxime veretur ne coniugi malam pestem miserit.
venit Hyllus et quae acciderunt narrat; iam doloris ut antea

irae omnem modum egreditur, innocentem sibi animum, scelestam manum esse praedicat (964), denique moritura excedit. si quaeras qui factum sit ut tam aperte poeta tam brevi intervallo a se deficiat, ut eandem quae sciens coniugi venenum miserit eadem re dolore insanientem faciat, responsum fortasse dabit Sophoclis tragoedia. cuius Deianira et moribus et affectu summum exemplar est: volens sciensque, ut saepe, contrariam effecit Seneca. cf. v. 543

> ἐγὼ δὲ θυμοῦσθαι μὲν οὐκ ἐπίσταμαι
> νοσοῦντι κείνῳ πολλὰ τῇδε τῇ νόσῳ.

582 κακὰς δὲ τόλμας μήτ' ἐπισταίμην ἐγὼ
μήτ' ἐκμάθοιμι. τὰς δὲ τολμώσας στυγῶ.

in conloquio illo Sophoclem ne respicit quidem, donec in scaenae fine Lichae vestis ut apud illum traditur. contra Deianirae de lana sanguine consumpta narratio omnis expressa est e Sophocle, quamvis ad priorem scaenam parum quadret. et sic in sequentibus Sophoclis exemplum ubique poetae ante oculos versatum est, inepte amplificatum Philoctetae Alcmenaeque personis. conferas 831 cum Trach. 1053 sq.; 1424 sq. — Tr. 941; 1448 sq. — Tr. 1036 sq. 1130 sq.; de 1473 sq. supra disputavimus; 1485 sq. — Tr. 1193 sq. alia.

non contendimus hac argumentatione comprobatum esse ab ipso v. 706 continuatoris operam incipere; immo sunt quae inducere quempiam possint ut iam scaenae quam tractavimus finem alia manu adsutum putet. sed post illam scaenam non eandem comparere Deianiram quae cum nutrice conloquium habuit demonstrasse nobis videmur. iam si priorem disputationem in mentem revocaveris, eodem fere loco, in quo nunc haesimus, partem aliis de causis nobis suspectam incohari memineris. itaque hoc loco desiisse Senecam, incepisse conicimus continuatorem qui artius se ad Sophoclis exemplar applicuerit, Senecae lectione valde imbutus ille et scholasticorum doctrina refertissimus.

ita explicatur qui factum sit ut inter Senecae tragoedias huic fabulae locus contigerit. at quaeri possit cur imperfectam eam Seneca reliquerit et qualem ipse finem in mente habuerit. quas quaestiones non dixerim prorsus otiosas esse. primum enim duas scaenas habemus inter se vix cohaerentes: siquidem unam fabulam duobus locis agi a Senecae arte ceterum constanter observata alienum est (v. p. 81). deinde captivas quae v. 135 sq. nondum sciant Trachina an Thebas abducantur, v. 233 dudum intrasse Deianirae domum a probabilitate nimium abhorret; denique, quod tantum non singulare est, in secunda scaena

alius chorus inducitur.   noli tamen putare his quoque rebus
continuatoris manum indicari; quippe cuius generis homines
consentaneum sit in talibus auctorum suorum et exemplarium
vestigia premere, non audaciam ab illis alienam sibi indulgere.
dicam quod sentio.   integram de Herculis morte tragoediam scribere Seneca in mente non habuit; singulas scaenas
scripsit, alteram de virginibus ex Oechalia abductis [16]), alteram
de Deianirae zelotypia.   quam opinionem eo stabilire conabor
ut praeter Herculem scaenas quasdam nec integrum opus
efficientes nec umquam ad perficiendum destinatas in manibus
nos tenere ostendam.   id quod propriam sibi disputationem
requirit.

---

[16]) similis scaena forsan extiterit in ea tragoedia quam Ovidius in
animo habet trist. II, 405 *huc Iole Pyrrhique parens*, *huc Herculis
uxor;* cuius argumentum idem fuerit quod Ionis Eurytidarum.   coniecturae auspicem et auctorem proferam ex bibliothecae Bonnensis exemplari
libri Welckeriani de tragoediis graecis.   cuius p. 1432 orae inferiori ad
haec Welckeri verba: '*Deianira unterschieden von Iole, was nicht klar
ist*' adscriptam invenio, nisi vehementer fallor, egregii amici mei et iam
de Graecorum tragoedia bene meriti manu fere puerili rectissimam adnotationem: '*wahrscheinlich die Iole in verbindung mit der einnahme
von Oichalia wie in den Eurytiden*'.

V.

Scaenas sub Phoenissarum nomine in Etrusco, Thebaidis in interpolatis libris coniunctas nec unam tragoediam nec unius tragoediae fragmenta esse dudum intellectum est et comprobatum a Schmidtio Richtero Habruckero. iam omnibus persuasum est — non persuasum Braunio Mus. Rhen. XX p. 271 sq. — haec duarum esse tragoediarum initia, Oedipi cuiusdam et Phoenissarum, aut perfectarum olim quae Habruckeri opinio est, aut perficiendarum quae Peiperi.

atque diversorum illa esse argumentorum praeter rationes a viris doctis adlatas eo docemur quod in secundo fragmento non Antigonam tantum et Ismenen, sed et ipsum Oedipum Thebis occaecatum vivere non aliter quam in Phoenissis Euripidia et Statii Thebaide praesumitur. vide 550

> *totus hoc exercitus,*
> *hoc populus omnis, utraque hoc vidit soror*
> *genetrixque vidit: nam pater debet sibi*
> *quod ista non spectavit.*

ergo si non caecum se reddidisset spectaret ista.

v. 622   *vade et id bellum gere*
> *in quo pater materque pugnanti tibi*
> *favere possint*

quod dicere Iocastam memineris postquam tres annos iam exulavit Polynices (370 sq.). itaque vv. 1 — 362 et 363 — 664 nullo vinculo inter se conexas esse non minus certum est quam ab ipso Seneca et hos et illos originem habere.[1]

coniunxit scaenas illas et Phoenissarum nomine inscripsit qui primus novem Senecae tragoediarum corpus composuit. quod nec ab ipso Seneca nec vivo Seneca factum esse id ipsum argumento est. supervenit interpolator et tragoediam choro carentem et in priore parte ab Euripidis Phoenissis prorsus

---

[1] qua de re cum aliis sui aevi viris eruditis Bentleium quoque dubitasse adnotatio ad Hor. serm. II, 3, 303 docet ' *Seneca, sive alius potius, in Phoenissis* '. nimirum solida adhuc habebatur tragoedia. pernovit autem Senecae tragoedias Bentleius, quod inde conligas quod omnia fere quae ille ex Horatio sumpsit ipse attulit; nempe emendavit paene nihil: unde conligas in contemptu illas apud Bentleium fuisse.

alienam Phoenissas inscribi aegre ferens Thebaida in eliminati
tituli locum succedere iussit, Statium secutus.   inter Italos
qui subtiliores essent — sive errore haud infrequenti accidisse
illud statuis — ne eo quidem contenti Oedipum ut primas ab
initio' partes agentem substituerunt, quidam post vel ante alteram Oedipum conlocavere.²)
  quibus veterum et recentium erroribus cognitis qui accuratius in harum scaenarum naturam inquirat, de poetae consilio nondum prolata esse intelleget in quibus adquiesci possit.
etenim sive solidarum eas tragoediarum reliquias sive incoha-
tarum primordia dixeris, aeque difficile erit ita eas vel cogi-
tando supplere ut tragoediae Senecae saltem similes evadant.
  in tragoedia primum est ut de externis rebus quae quidem
ad intellegendum argumentum necessariae sint, spectatori inde
ab initio nihil possit dubium esse.   haec lex Romanis non minus
scripta est quam Graecis, quorum in personis indicandis consuetudinem Seneca fere tenet; ut hac saltem ex parte nihil
obstet quominus eius fabulas in pulpitis apparuisse credamus,
qua de re omnino non iure dubitatur.   eodem spectat, id quod
magis etiam e natura rei consequens est, ut de loco in quo
fabula agatur statim ab initio constet.   et apud Graecos quidem omnium primum illud est: χθονὸς μὲν ἐς τηλουρὸν
ἥκομεν πέδον, Σκύθην ἐς οἶμον.   τίνας χώρους ἀφίγ-
μεθ᾽ ἢ τίνων ἀνδρῶν πόλιν; Φθίας δὲ τῆσδε καὶ πόλεως
Φαρσαλίας ξύγχορτα ναίω πεδία, et quae eius generis ex
cuiusvis tragoediae graecae exordio in mente habes.   non aeque
viguit Senecae aevo necessarii et decori sensus; quo fit ut non
ubique disertis verbis locum actionis ille statim in initio indicet; sed prima scaena nusquam peragitur quin de loco certiores facti simus: Hf. 20. Thy. 24. Phaed. 4. Oed. 42. Tro. 4.
Med. 35. Ag. 6. in Octavia quoque 38 sq. scaena describitur.
  frustra vero, si Phoenissarum primam scaenam inspicias,
de loco edoceri cupies in quo conloquium Oedipum inter et
filiam habeatur.   Athenis dixeris? sed de eis ne verbum quidem;
an Thebis? sed exulant; in Cithaerone igitur? sed eo tendunt.
ergo ipsi, quoniam poeta dicere oblitus est, locum indagabi-
mus; nec difficile est ad intellegendum qualis illi ante animum
regio versata sit.   inspice v. 5:

---

²) cf. Herm. X p. 436 adn. praeter libros ibi adlatos 'Oedipus' inscribitur in cod. Neap. IV D 42 (f. m. XV. Iannelli 192; IV D 43 non
deest 'Thebais' ut ait Iannellius 193). Oedipus in Thebaidis locum concessit, Thebais in Oedipi in cod. Vaticano 1647 (f. m. 1390—1392) transcripto ex cod. Laur. 37, 6 (v. p. 42). alia sciens omitto.

melius inveniam viam,
  quam quaero, solus.

v. 12 *ibo ibo quae praerupta protendit iuga*
  meus Cithaeron.

v. 64   *quo vis utere*
  duce me: duobus omnis eligitur via

nempe in via sunt: Thebas modo reliquerunt; non pridem
acciderunt quae in Oedipi fine leguntur; deliberant adhuc quo
gressus suos dirigant, Cithaeronem sibi suum pater eligit. itaque scaena est in tramite quo Thebis Athenas commeatur.

subrisissent non Graeci tantum sed et Romani et Seneca
si tragoediam publica in via agendam poeta tragicus proposu-
isset. qualem ibi, ut cetera sileam, actioni chorum interesse
iubeas nisi negotiatorum forte et lixarum? respondeat Peiperus
qui in scaenarum confiniis cantica intercidisse putat et adeo
habet quae ex aliis tragoediis huc inferat.

istam igitur scaenam tragoediae partem nec esse nec fieri
poeta voluit. scripserat Oedipum (quam ante hanc scaenam
scriptam esse v. 176 sq. docent), legerat utramque Sophoclis
Oedipum, Euripidis Phoenissas; in ipsius Oedipo senex cum
filia urbe excessit ut in Euripidis fabula; argumentum per
Sophoclem nobilissimum erat. ut Cithaeronem peterent ex Sophocle sumpsit: OR 1451 sq.[3]) cf. 420 βοῆς δὲ τῆς σῆς ποῖος
οὐκ ἔσται λιμήν, ποῖος Κιθαιρὼν οὐχὶ σύμφωνος τάχα; et
potuit etiam Euripidis reminisci Phoen. 1752 ἴϑ᾽ ἀλλὰ Βρό-
μιος ἵνα τε σηκὸς ἄβατος ὄρεσι μαινάδων.

omnibus istis in usum suum conversis adaptabat suasoriam
qua quaereretur an peractis omnibus illis ab insciente sceleribus
et poena iam data etiam moriendum esset Oedipo. locuntur
in utramque partem pater et filia; vincit filia illique persuadet
ut iter persequatur. his addi nihil potest nec fingi argumentum quod fabulae ita incohatae conveniat: nam qualis debuit
Oedipi finis esse aut ubi? certe non potuit in Cithaerone mori:
nam, ut alia plurima praetermittam, qui de Oedipi morte tragoediam scribere voluit, ab Sophocle recedere inter antiquos
non potuit.

Seneca autem in scaena illa argumentum tractavit quod
illi maxime cordi fuisse nemo moralium operum lector nescit.
quo factum est ut in nulla tragoedia saepius praescripta et

---

[3]) inde 12 sq. expressa esse vidit Nauckius, item 226 sq. ex Soph.
OR 1386 sq. cf. 134 sq. et OR 457 sq. 1250, sed et Ovid. met. X, 347
et Hf. 398. Phaed. 176.

sententiae iterum iterumque in epistolis decantata redeant,
cf. 151

> optime hoc cavit deus:
> eripere vitam nemo non homini potest,
> at nemo mortem

v. 99   qui cogit mori
> nolentem in aequo est quique properantem impedit

cf. epist. 12, 10; 66, 13; 66, 29; 70, 14 all.

v. 188 at hoc decebat roboris tanti virum
> non esse sub dolore nec victum malis
> dare terga e. q. s.

cf. ep. 59, 8; 104, 22. d. ira III, 16, 1.

v. 197 nemo contempsit mori | qui concupivit

cf. ep. 24, 25; 98, 16; 117, 22, et quae eius generis sunt
multa. cf. Richter. l. s. p. 35. 36.

at obiciet aliquis inritum esse quod diximus ex hac scaena
tragoediam non posse incrementum capere; quippe in eodem
argumento persequendo proximam scaenam versari. in ea nuntius inducitur qui ab Oedipo petit ut domum revertatur et
fratrum animos conciliando a patria perniciem avertat. pro
responsis ille diras natis patriaeque imprecatur. Antigona miti-
gare patrem conatur, sed vehementer ille filiam increpat: animum ira tumere, civile bellum non satis esse: fratri in fratrem
ruendum; ne hoc quidem sufficere:

> quod debet ut fiat nefas
> de more nostro, quod meos deceat toros,
> date arma patri. nemo me ex his eruat
> silvis: latebo rupis exesae cavo
> aut sepe densa corpus abstrusum tegam e. q. s.

Habruckerus (l. s. p. 22 sq.) haec ita accepisse videtur
quasi silvis et rupe Cithaeron significetur in quem Oedipus
concesserit ʿut expiret senex ubi debuerit infans ̓. et recte
quidem ille; vide v. 27 est alius istis noster in silvis locus.
v. 12 ibo ibo qua praerupta protendit iuga meus Cithaeron.
itaque alium iam in locum transferimur: iter confectum est,
latet in Cithaerone cum filia Oedipus, supervenit nuntius The-
banus. hocine in tragoedia veterum quisquam sibi indulserit?
ut initium tragoediae incerta inter Thebas Cithaeronemque re-
gione, finem in praerupto aliquo montis iugo vel antro ex-
eso proposuerit? et qualem ibi chorum sibi sumat? certe
quem praeter satyros bacchasve Euripidias invenire potuerit
nullum scio.

sed nuntium istum paullo intentius examinemus. sic ille loquitur:

> *exemplum in ingens regia stirpe editum*
> *Thebae paventes arma fraterna invocant*
> *rogantque tectis arceas patriis faces.*
> *non sunt minae, iam propius accessit malum.*

hic arma fraterna potest Eteoclis Polynicisque copias appellare. sed pergit:

> *nam regna repetens frater et pactas vices*
> *in bella cunctos Graeciae populos agit.*

cuius ille fratrem dicit? certe nec nuntii neque Oedipodis. ergo Eteoclis? at eius nomen nondum nuncupavit. neutraliter autem et absolute fratrem alterutrum appellare non potest.

facile hic nodus solvitur: quippe nuntius ille insiticius est, ab interpolatore *A* subpositus. in Etrusco haec omnia Antigonae sunt nec potest alia persona versum illum pronuntiare. eadem loquitur v. 247 — 49, ut et hoc conloquium totum sit inter Oedipum et Antigonam. illa iam in priore scaena de fratrum bello monuerat 288 sq.:

> *si nulla, genitor, causa vivendi tibi est,*
> *haec una abunde est, ut pater natos regas.*

pater responderat illos tam patris similes esse ut nullo modo a scelere revocari queant

> *certant in omne facinus et pensi nihil*
> *ducunt ubi ipsos* [4]) *ira praecipites agit*
> *nefasque nullum per nefas nati putant.*

scire se quo ferantur ideoque leti quaerere maturam viam. hic igitur multo placidiorem se gerit et quasi oblitum gravioris imprecationis qua gladium illis commisit (v. 108 sq.). contra v. 320 Antigona Thebis advenit; nova enim nuntiat:

> *non sunt minae, iam propius accessit malum.*

nihil igitur Seneca respexit quae in priore scaena aguntur. fingit Oedipum aliquo in saltu morantem et de imminente fratrum bello nuntium per Antigonam accipientem ut apud Sophoclem per Ismenen αὐτὸν μόλις εὑροῦσαν, eaque de causa perquam animose disputantem.

hanc scaenam cum nimis brevem et exilem esse primo obtutu intellegatur, eam non integram nobis servatam esse demonstrari potest. iterum adscribam Antigonae exordium:

> *exemplum in ingens regia stirpe editum*
> *Thebae paventes arma fraterna invocant*

---

4) sic legendum. *illos* codd.

ita hunc versum Lipsius emendavit qui in Melisseo invenerat
exemplum ingens, quae verba in *A* desiderantur sic altera versus
parte scripta:

regia stirpe edite.

in Etrusco autem item legitur:

exemplum ingens regia stirpe editum,

non, ut Gronovius duplici errore narrat:

exemplum in ingens regia stirpe edite.

at Lipsius quin versum recte emendarit minime dubitandum
est. cf. Sen. ep. 66, 4 *Claranus mihi videtur in exemplar
editus*. de provid. 6, 3 *nati sunt in exemplar*. Ovid. fast. IV,
243 *venit in exemplum furor hic*, et similia permulta. cf.
HO 1854 *exemplar ingens*. de vit. beat. 24, 4 *ad exemplar
ingens (me) attollo*; quamquam id ipsum in hunc versum inferre perperam conatur Peiperus praef. p. XLVI. sed ne sic
omnia plana putes esse, obscurum est quid haec sibi velit
adlocutio: ʿregia stirpe in exemplum editum Thebae invocantʾ.
certe dicendum erat quis esset ille regia stirpe editus. nec
removeri difficultatem recipienda scriptura vulgari ʿ*regia stirpe
edite*ʾ, immo augeri clarum est; nam sic *invocant* omnino non
habet quo referatur. ergo pro certo haberi potest unum saltem
versum ante 320 intercidisse in quo pronomen personale locum
habuerit fere hoc modo: *[parumper aures commoda: te iam, pater,]
exemplum in ingens regia stirpe editum Thebae paventes arma
fraterna invocant*. potuerunt plura praecedere de quibus ario-
lari inutile est. num et sequi alia quaestio est quam movere
forte non utilius sit. monere tamen debeo, quamquam maiora
inde quemquam moliri nolo, hanc scaenam 43 versus con-
tinere, quot in singulis paginis eius libri a quo Etruscus pendet
extitisse Herm. X p. 431 adn. 2 ex lacunis in Hercule Oetaeo
bis eundem versuum numerum complexis (v. 182 — 224 et
1564—1606) conlegi. accedit ut scaena sequens 302 versus
contineat qui sunt septiens quadrageni terni uno superante
cui locum in paginarum extremis non difficili negotio pares.
sed haec fallacia sunt. locos enim in Etrusco omissos intercidisse oportet postquam interpolator *A* novam editionem confecit. in Phoenissis autem iam pridem tunc iactura debuisset
facta esse. ut si quicquam ex computatione ista conligere
velis, ad vetustiorum librariorum in exprimendis exemplarium
suorum paginis anxiam quandam constantiam referre illud debebis, qua de re Mommsenus locutus est in act. acad. Berolin.
1868 p. 160. —

In sequente scaena argumentum tractat ex Euripidis Phoe-

nissis sumptum. ex more Euripidio alias sibi non familiari
quasi *προλογίζουσαν* Iocastam inducit: exordium quidem a
sensu facit Horatiano (II, 3, 303 *quid? caput abscissum manibus
cum portat Agave náti infelicis, sibi tum furiosa videtur?* cf.
Val. Fl. III, 264 sq. Oed. 1005 sq.); sed secuntur prologi
more et consilio prolata. cf. Eur. Phoen. 77

> ὁ δ' Ἄργος ἐλθών, κῆδος Ἀδράστου λαβών,
> πολλὴν ἀθροίσας ἀσπίδ' Ἀργείων ἄγει·
> ἐπ' αὐτὰ δ' ἐλθὼν ἑπτάπυλα τείχη τάδε
> πατρῷ' ἀπαιτεῖ σκῆπτρα καὶ μέρη χθονός

satelles reginam monet ut ad pacem fratres reducat: iam utrimque in pugnam acies parari.

> *infesta fulgent signa, subrectis adest
> frons prima telis, aurea clarum nota
> nomen ducum vexilla praescriptum ferunt.*

hoc transcripsi ut intellegas poetam ocius ad conloquium pro-
perare. hic enim locus erat de ducibus pauca saltem de more
exponendi. quod fecisset si tragoediam scribere voluisset, non
declamationem. quae secuntur secundum Eur. Phoen. 1264—
1282 composita sunt (1280 *ἔπειγ' ἔπειγε θύγατερ*), quamquam illa non conloquium sed pugnam inter fratres praecedunt. Antigona matrem instigat: signa iam conferri proelium-
que instare. in campum Iocasta devolat: cf. Phoen. 163 *ἀνε-
μώκεος εἴθε δρόμον νεφέλας ποσὶν ἐξανύσαιμι δι' αἰθέρος
πρὸς ἐμὸν ὁμογενέτορα.* [5]) satelles e muro prospiciens describit reginam acies diducentem et fratres invitos ab instante
proelio retinentem.

quae secuntur aperte docent haec non eo consilio scripta
esse ut scaenae traderentur. ultima enim satellitis verba continuo excipit Iocastae sermo in mediis agminibus inter fratres
habitus:

> *in me arma et ignes vertite* e. q. s.

scaena apud Senecam omnino non mutatur nisi in Hercule
Oetaeo, ibi vero chorus intercedit. sed fac chorum hoc Phoenissarum loco intercidisse, quod viri docti pridem suspicati
sunt: tamen nullo modo haec scaenae mutatio excusari poterit.
in Hercule primo ad Oechaliam, secundo actu Trachine ver-

---

[5]) 420 *quis me procellae turbine insano vehens* e. q. s. cf. Thy. 623.
HO 202 sq. Soph. Trach. 953 sq. (*εἴθ' ἀνεμόεσσά τις κτέ*). notum est
et alas et alitis auxilium et ipsam alitis formam saepe in summis animi
adfectibus apud tragicos Graecos exoptari, cf. Welcker. tr. gr. p. 295
adn. 11. p. 406, et praeter locos ab illo adlatos Eur. Hec. 1100 Herc. 1158.
frg. 781, 57. Soph. OR 914. frg. 423 alia multa.

samur, tempore quod ad captivas illuc ducendas necessarium
sit interiecto; in Phoenissis modo Iocasta cum satellite et
Antigona in turre steterat aciesque eminus adpropinquantes
prospexerat; citatis gradibus decurrit in campum: statim campus ipse ante oculos ponitur, agmina fratres mater utrumque deprecans. iam si quis contendat ut scaenae traderentur
has tragoedias scriptas non esse, ita tamen eas compositas
esse concedet ut possint in scaena agi, et trium actorum et
temporis locique legibus ubique observatis. itaque hanc scaenam non scripsit Seneca eo consilio ut solidam inde tragoediam faceret nec populo spectandam nec amicis audiendam,
verum ut aptum declamationi suasoriae argumentum, Iocastam
scilicet filios suos ab ultimo discidio dehortantem, versibus
tractaret. externa autem, ut in prioribus fragmentis ex Sophocle, in hoc ex Euripide sumpsit.

simili consilio priores Herculis Oetaei, qualis nunc fertur,
scaenas originem debere credo. mera declamatio est conloquium inter Deianiram et nutricem, item Herculis sermo; adiecit Oechalidum et Ioles lamenta lyricis numeris tractata. et
illic diversi sunt actionum loci et in indicando loco per Herculis sermonem similis neglegentia. Seneca igitur ne has quidem scaenas ad perficiendum destinavit. sed successit cui ad
ingenium exercendum eaedem viderentur appositae. contra
scaenae Phoenissarum nomine coniunctae cum plus difficultatis
continuatori praeberent, integrae relictae sunt uniusque tituli
praesidio munitae.

Hic subsistere possem nisi difficultas in altera scaena relicta esset quae nec praetereunda videretur et paullum maiore
disputationis ambitu tractanda. nempe, quod in priore quoque
acciderat, valde in hac declamatione differunt *E* et *A* in scaenis
discribendis et inscribendis personisque notandis. in *A* haec
scaena cum Oedipodis in filios imprecatione cohaeret (quod
Italis quibusdam displicuit, qui novam incohavere: *N* sec. manu,
Rehdigeran. 11); a v. 403 nova scaena incipit inscripta *Ant.
Ioc. Nunt.* (id quoque mutatum in quibusdam: *MN* — i. e.
Melisseo — Rehdig. 11 Gothano 256); item nova a v. 443 cui
in omnibus inscribitur *Ioc. Pol.* omisso Eteocle. in *E* vero
363—664 una scaena est inscripta *Ioc. Sat. Pol. Eteocl.*: addito
Eteocle omissa Antigona mutato nuntio in satellitem. eius
generis discrepantiae his in tragoediis saepenumero inveni-
untur, ut de singulis iudicium ferri nequeat antequam uni-

versam in causam·inquisitum sit. quod quo brevius eo fruc-
tuosius fiet. quaerendum autem ante omnia est quatenus personarum notae scaenarumque tituli quales nunc feruntur antiquitus traditi sint.

atque falso quidem adscriptae vel confusae personarum
notae ut in fabulis Graecis Romanisque omnibus, sic in his
quoque frequenter offendunt. sed subinde etiam accidit ut
eaedem partes in *E* et *A* diversis personis tribuantur. sic
Med. 879 ubi nuntius narravit regiam reginam regem perisse,
891 nutrix clamat:

> *effer citatum sede Pelopea gradum,*
> *Medea, praeceps quaslibet terras pete.*

in *E* id quoque nuntio continuatur (ut nuntius Euripidius
v. 1122 Μήδεια φεῦγε φεῦγε), perverse quia famulus qui
regiae domus cladem ita nuntiavit: *periere cuncta,* non potest
Medeae fugam suadere. sed ne temere nomen omissum putes,
scaena sic inscripta est in *E: Nunt. Chor. Med. Ias.* omissa
nutrice.

Ag. 288 Clytaemnestra vehementer in Aegisthum invehi
coepit, antea modestius locuta; sic pergit 293 et 295 sq.;
placidiora rursum fatur 306 sq. omnia ista (288, 293, 295)
nutrici dantur in *E,* quam in scaenae titulum ille recepit, non
recepit *A.* mirum vero est quod v. 300 *nostrae domus,* quo
efficitur omnia illa Clytaemnestrae matronam paulisper severam
fingenti danda esse, in *E* legitur, *clarae domus,* quod possit a
nutrice proferri, in *A* interpolatum est. personarum notas qui
in *E* mutavit versum 301 respexit, in quo de se ipsa regina
dicit: *haec vacat regi ac viro.* sic Thy. 920 sq. inter Thyestem
et chorum perperam in *E* discripta sunt quia Thyestem identidem, a semet ipso scilicet, compellari librarius vidit.

HO 706 sq. nutricis partes choro dantur in *A,* 884—924
Hylli partes nutrici. in eadem tragoedia Philoctetam novam
personam *A* inducit (1607 sq.), quae muta est in *E.* substituit vero illum nuntio et, ne quid in ipsa scaena contrarium
resisteret, v. 1727, ubi de Philocteta sermo est, verbum *impulit* mutavit in *impuli,* utrumque perverse; item sequenti
scaena Hyllum exulare, Philoctetam in partes eius succedere
iussit, scaenarum titulis ubique ad interlocutores accommodatis.
scaenam aliter inscribi aliter partes discribi duobus tantum
locis memini. primum in Hf. 895 sq.; qua in scaena quod
1032 sq. Theseus Amphitruonem furenti Herculi se obicientem
retinet, ne parricida quoque Hercules fiat, optima ratione hos
versus Weilius (rév. archéol. 1865 p. 25 sq.) Theseo abiudi-

cavit et Amphitruoni dedit. ac priorem quidem coniecturam
aliqua ex parte Etruscus probat, qui cum Theseo versus istos
relinquat, nomen eius in scaenae titulo omittit. Amphitruoni
vero modo Herculem sic adfato:

> *falsum ac nomini turpem tuo*
> *remove parentem ne tuae laudi obstrepat*

si statim haec cum Weilio continuantur:

> *quo te ipse senior obvium morti ingeris?*
> *quo pergis amens?* e. q. s.

duriuscule certe apostropha mutatur. atque aliud quiddam
Etruscus suadet qui scaenae inscribit *Herc. Amph. Meg. Chor.*
omisso Theseo addito choro. et verum casu apparet in *M*, qui
his versibus chori notam praefigit, quamquam et *M* et *N* in
inscribenda scaena cum *A* consentit.

alterum exemplum haec ipsa Phoenissarum scaena praebet,
in qua de Antigona quidem indiculo ipsique scaenae convenit,
de Eteocle non convenit. is enim in indice Etrusci locum
tenet sed verbum non profert: proinde in *A* omissus est.
mutas autem personas cum omittat *A*, inscribit quidem scaenis
E, sed item epitheton *tacitus: Thy.* 404 *Plisthenes tacitus;*
Ag. 910 *Orestes tacitus;* HO 233 *Lichas,* 1419 *Philoctetes,*
Phaed. 864 *nutrix:* omissum epitheton [6]) Hf. 618 ubi Megarae nomini adici debuit: omnino omissum tacitae personae
nomen tantum Tro. 861, ubi Polyxenam et praesentem esse
et mira de causa tacere Weilius l. s. p. 23 sq. exposuit, et
Ag. 782 nomen Clytemnestrae. Eteoclis autem nomen a partibus eius errore remotum esse et Grotius ad v. 654 et 661
docuit et Schmidtius v. 652 poetae verbis egregie restitutis.
v. 653 autem recte in *E* Iocastae datur, 660 fortasse recte,
vv. 662—664 Eteocli continuandi sunt.

turbatae totiens personarum notae suspicionem movent an
olim alius mos nomina indicandi in his tragoediis obtinuerit.
et in Graecorum quidem dramatum et dialogorum codicibus ad
personarum vices notandas grammatici vel δύο στιγμάς (cf.
Cobet N. L. p. 17) vel παράγραφον posuerunt (Hephaest.
p. 76, 7 Westph.: τῇ δὲ παραγράφῳ (χρώμεθα) — κατὰ
πρόσωπα ἀμοιβαῖα e. q. s.). cf. Bekker Aristoph. praef. p. VI.
de Wilamowitz. Anal. Eurip. p. 38. Thiemann scholl. in Aristoph. metr. p. 128. sic e. g. in Phaethontis fragmento Euripidio.

---

[6]) more in Terentii Bembino observato, in quo ponitur quidem
mutae personae nomen sed mutam esse non additur (Ad. II, 1. III, 1.
Hec. V, 2. cf. Umpffenb. praef. p. IX).

quae consuetudo ad Romanos non transiisse videtur, quamquam in recentioribus libris haud raro personas mutari signo
adposito indicatur. diversi enim moris certa vestigia apud
comicos servata sunt. exiliora quidem in Plauto, cuius e codicibus tantum Camerarii vetus vetustiorem consuetudinem tenuit (Ritschl. proll. in Trin. p. LV sq.). at plenam et in-
corruptam vetusti moris imaginem Terentii codices praebent
Bembinus et qui genuinae recensionis Calliopianae exemplar
est Victorianus bibl. Laurent. 38, 24 (cf. de Parisin. 7903 a:
Philol. XXXII p. 446 sq.). hanc enim illi in personis notandis
legem secuntur ut in singulis scaenis personae singulae graecis
litteris repraesententur quas scaenae index nominibus adscriptas
refert verbisque singulorum ubique librarius praefigit.

id memorasse satis esset nisi de litteris illis doctrinam
quandam speciosiorem viri docti protulissent quae iam nisi
fallor a plerisque pro certa habetur et explorata. coniecit enim
Ritschelius (proll. Trin. l. s.) ʽgraecas litteras illas non distin-
guendis tantum aliquo scribendi compendio personis inservire, sed
ad actarum agendarumque fabularum consilium atque apparatum
spectare: ita quidem ut quae partes quot et quorum histrionum
fuerint, totidem litterarum notis declaretur². quam coniecturam
via ac ratione persecuti Steffenus (Act. Lips. II p. 109 sq.)
et ab eo in singulis tantum dissentiens Wagnerus (in Bursiani
actis I p. 445 sq.) incredibilia prorsus et inrita protulere quae
et ipsos puto improbaturos fuisse si codices inspicere licuisset.
quae refelli melius non poterunt quam re ipsa breviter ex-
posita.

in Terenti igitur Bembino et Victoriano (Plauti Veterem
hac de re consulere neglexi) librarius nomina scaenis inscripsit,
sed in mutandis personis spatia tantum singularum litterarum
vacua reliquit. dein rubricator nominibus adpinxit litteras
graecas, subpinxit characteras, explevit spatia a priore relicta
graecis eisdem litteris: eadem igitur vice fungebatur qua in
plerisque scaenicorum libris is qui personarum notas scriptis
iam fabulis adiecit. consuetudo autem ea fere in usurpandis
graecis litteris obtinet ut suam litteram persona servet dum
per plures scaenas continuo in pulpito moratur; quod ubi
reliquit, littera cuivis supervenienti vacat; si redit, aut priore,
si forte librario placet nec alii iam eandem dedit, aut diversa
littera notatur. sic in Eunucho, quo exemplo defungar, Phaedriae praefigitur A (I, 1—II, 1; IV, 2—4) et Є (V, 8),
Gnathoni A (II, 2. III, 1. 2. IV, 7) et Γ (V, 7. 8), Thrasoni Γ
(III, 1—2) et Δ (IV, 7. V, 7. 8), Thaidi Є (I, 2. III, 2.

IV, 7—V, 2) et Z (IV, 6), Pythiae Z (III, 2) $\in$ (III, 3. IV, 3—6.
V, 4. 5) et Θ (V, 1—4), Chremeti B (III, 3) et Γ (IV, 5—7;
V, 3). eandem semper litteram, praeter eas personas quae
semel tantum comparent, Chaerea habet, A (II, 3. III, 5. V,
2. 8), Dorias Θ (IV, 1. 3. 4) et Parmeno B (I, 1—III, 2.
V, 4—8), sed B praeter illum etiam Chremeti datur (III, 3)
et Antiphonti (III, 4. 5), A et Phaedriae et Gnathoni, Θ Pythiae. incipiunt A Phaedria B Parmeno. accedit $\in$ Thais;
exit Phaedria, succedit A Gnatho; exit Gnatho, apparet A
Chaerea; quem rursum excipit A Gnatho accedente Γ Thra-
sone; redit $\in$ Thais cum Z Pythia; Thaidis notam $\in$ Pythias
cum B Chremete relicta in se recipit; Antiphonti B datur,
Chaereae rursum A; Θ in quarto actu Doriae et A Doro,
deinde Thrasoni. $\in$ Pythias cum Γ Chremete conloquitur;
Thais superveniens iam Z accipit; suam $\in$ ab exeunte Pythia
reciperat, quae mox non Z sed Θ gerit, Z Sophrona, Pythias
vero postquam Thais exiit rursum $\in$. interea Chremes Demea
Gnatho omnes eandem Γ praeferentes se exceperunt et finiunt
fabulam $ABГ\varDelta\in$ Chaerea Parmeno Gnatho Thraso Phaedria.
qui in his rationem regnare aut olim regnasse credere potest,
ei nos nihil credemus.

immo haec tantum ad librariorum commodum instituta
esse, ut nihil curetur quot personis eadem littera, quot litteris
eadem persona donetur, apparet. idem codex Victorianus ostendit, qui in hac fabula initialibus latinis litteris personas notat;
in Andria illi et Hautontimorumeno cum Bembino plerumque
convenit, in Adelphis perraro et ut casu factum videatur, in
Phormione nusquam nisi de Antiphonte I, 4 de Geta III, 1
(nam quod V, 5 Phormionem ita significat: I, id non ex Y
quae Bembini littera est natum, sed pro Z positum est qua
deinceps utitur); in $B\Gamma$ Bembinus incipit, in AB Victorianus,
et sic deinceps. litterarum igitur delectus in librariorum arbitrio positus erat: usu perantiquo et fortasse a primis inde
comoediarum exemplaribus solemni, donec ab eo eliminaretur
qui Calliopii recensionem retractando Parisini codicis et simi-
lium archetypon composuit.

ultro autem, ut revertamur unde profecti sumus, suspicio
oritur in tragoediis quoque ut in comoediis et perinde in Senecae quoque tragoediis illam consuetudinem olim obtinuisse,
dein evanuisse. quod certa ratione redargui potest. indices
enim scaenarum quos ad personas graecis litteris notandas
necessarios esse apparet, non ab ipsius poetae manu sunt,
sed a recentiore quadam nec nimis accurata admodum infabre

adsuti. ita enim in universum res instituta est ut personae
scaenis inscribantur non quae ab initio re vera compareant
sed etiam quae personis iam quantumvis conlocutis accessurae
sint, ut binas scaenas singuli indices complectantur. sic Hf.
205 sq. scaenae iuscribitur *Amph. Meg. Lyc.*, sed Lycus 332
demum apparet; qui si priores soceri nurusque sermones au-
disset, statim illos duci iuberet. Tro. 203 indiculum praefert
Pyrrh. Agam. Calch., sed Calchas demum v. 352 'vocatur',
falsam igitur de scaena imaginem lector concepit cui ab initio
illum conloquio interesse putandum est; item Aegisthum in
Agamemnonis scaena 953 sq., qui advocatur v. 979. minus
poetae consilio obesse videtur quod Med. 879 Medea et Oed.
998 Iocasta indicibus inseruntur, quamquam haec finito demum
Oedipi sermone, illa post nuntii cum choro conloquium ex
aedibus prosiliunt. rursum aegre ferimus quod Phaed. 358
Phaedra cum nutrice prodire videtur (ut fit apud Euripidem),
donec v. 384 audimus
  sed en patescunt regiae fastigia;
iam enim machina Phaedram in gynaeconiti ostendit, remotura
eadem v. 403: nam chorus v. 404 non Phaedram modo lo-
cutam adfatur sed nutricem. eodem modo Medea comparere
videtur v. 738, cum eius nomen iam 670 indiculo insertum
sit. in Phaedra autem omnium minime ferendum est quod
406 novae scaenae *Hippol. Nutr.* inscribitur, cum nutricis oratio
ab Hippolyti auribus omnino arcenda sit et 423 illa dicat:
  en favet votis dea:
  ipsum intuor solemne venerantem sacrum,
  nullo latus comitante.
antea nec a spectatore conspici potest. eodem autem Phoenissarum scaena pertinet cui index communis praefixus est
etiam conloquium inter matrem et filios complexus, quamquam
ut illud institueretur scaena mutanda erat. verum est et hoc
loco et Hf. 205 et Med. 670 in *A* vitiosam scaenarum discrip-
tionem correctam esse, sed id ex libidine factum est; nimirum
reliquis locis eandem reliquit et vel novam intulit Tro. 409,
ubi Ulixem *E* omittit et v. 524 demum suo loco inscribit.
 haec satis mihi comprobare videntur personarum indices,
utpote nec a poeta et male scaenis praefixos, e versuum contextu removendos esse. in his igitur tragoediis ut in graecis
scaenae non discribebantur sed personae ubi primum aut rursum comparerent nominabantur, deinceps significabantur aut
primis nominum litteris aut lineolis, id quod scire iam nec
possumus nec cupimus.

iam vero videndum est quid hac disputatione lucrati simus. ac primum quidem sequitur, ubi de persona cui versus sermove tribuendus sit dubitatio oriatur, id non ad scaenae titulos exigendum esse: quos qui adiecit ipse eis se adplicare debuit quae versibus inscripta reperiret. atque hac quoque in re eo exemplo defungar a quo profecti sumus. nam quod Phoen. 403 — 406 et 414 — 419 in *E* non tribuuntur Antigonae, id scaenae indice confirmari videtur qui eius nomen omnino omittit. ac possit existere qui id recte factum istaque omnia satelliti continuanda esse opinetur: nam quod v. 403 *parens* et 406 *mater* legitur, satellitem quoque v. 402 ita loqui: *et impia arma mater opposita impedi.* sed hoc aliter in Etrusco legi supra monui. praeterea 414—419 continuari Iocastae debeant; sed ei non convenit acies prospicere et quae pro muris gerantur referre. falso igitur in *E* Antigonae persona eiecta est, recte in *A* restituta, coniectura ex v. 403 *perge o parens* e. q. s. facili et fere necessaria. qui in *E* codicis proavo scaenae indicem scripsit Antigonam iam non invenit et fortasse id convenire putabat Antigonae cum Oedipo in Cithaerone moranti.

nam eundem qui indices istos composuit et Phoenissarum nomen declamationibus de Oedipo et filia deque Iocasta et filiis in unum coniunctis inscripsisse audacius fortasse sed non sine probabilitate conicere mihi videor. certe novo argumento confirmatur editionem cuius Etruscus exemplar est non ex ipsius Senecae manu in lucem prodiisse sed alterius manum passam esse. quae cum singulas fabulas in unum conligeret certe externis tantum rebus adornandis operam dedit; singulas enim quin Seneca separatim vivus ediderit non videtur dubium esse et confirmatur aequali fere testimonio Quintiliani (VIII, 3, 31), quod quomodo ad patrem Senecae viri docti referre potuerint non intellego: ʻ*nam memini iuvenis admodum inter Pomponium et Senecam etiam praefationibus esse tractatum* ʻ*an gradus eliminat*ʼ *in tragoedia dici oportuisset*ʼ. praefationes autem valde dolendum est quod ei qui in unum corpus tragoedias Senecae coegit omittendae visae sunt. ceterum quocumque anno Quintilianum natum esse statueris, praefationes, quae illo vel admodum iuvene comparuerint, a Seneca post exilium scriptas esse oportet.

VI.

De Agamemnonis auctore post multas et in hoc poeta pridem legitimas virorum doctorum ariolationes primus Bentleius grave argumentum protulit quo ipse sententiam tunc plerisque constantem fulcire magis quam novum de fabula philosopho abiudicanda iudicium confirmare voluit. illius potissimum auctoritate factum videtur ut in eandem sententiam Richterus disputaret, siquidem argumentis non gravibus usus est; nec magis ille quam de Hercule de Agamemnone viris doctis persuasit, qui Senecae eam vindicandam uno ore censuere. at quoniam de hac quoque fabula et ille et priores singula tantum desultoria opera congesserunt, non detrectandum est officium quaecumque contra traditam fabulae originem proferri possint accurate expendendi. conlatis autem quae ad elocutionem ac fabulae oeconomiam spectant res metricas tractabimus: de quibus iudicium fieri non poterit nisi quaestionibus de anapaestorum compositione et de carminum mixtis metris compositorum natura antea expeditis.

atque quae ad verborum formas et modum loquendi spectant pauca sunt et, si singillatim exputes, utique levia. primum autem ea perstringemus quae iniuria aut aliis momenti quidpiam habere visa sint aut in futurum videri possint. quale est possessivum a *Pelope* derivatum *Pelopius* quo utitur Ag. 7, 165 et 194, licet possis novissimo loco sine numerorum damno alterum epitheton substituere quod metro flagitatur Med. 891 et Thy. 22 (*Pelopeus*). sed in eadem Thyeste alio loco (641) *Pelopiae* dudum recte legitur. cf. B. Schmidt. p. 14 Richter. p. 28. Graecis dumtaxat et Πελόπιος et Πελόπειος in usu erat, ut Κωνώπιος Κωνώπειος, Κυκλώπιος Κυκλώπειος alia de quibus locutus est Bentleius ad Hor. epod. 9, 16. breviorem autem formam Seneca etiam in Hercule priore usurpavit: v. 997 *Cyclopia*.

v. 130 *non quit* pro *nequit* legitur quod praeterea in his tragoediis non invenitur. sed eiusdem verbi forma in eisdem singularis extat Phoen. 226 *utinam quidem rescindere has quirem vias.* cf. Stat. silv. V, 3, 60.

Richterus quod (p. 29) Ag. 421 *Pergamum omne* neutro
genere positum aliter dixit quam Tro. 14, id correxit Peiperus
reducenda recta distinctione a Gronovio derelicta:
          excisa ferro est.   Pergamum incubuit sibi.
auspicari non tantum Ag. 8 sed et Thy. 657 in simili
loco extare Habruckerus monuit (p. 42); nec magis alia cu-
ramus quae ut singularia Richterus suam in sententiam attulit.
eodem enim iure *lentare remos* (438 cf. Catull. 64, 183 *in-
curvans gurgite remos.* Stat. Ach. I, 436 *arcus lentare*) *furari*
(914. 933 cf. B. Schmidt. Mus. Rhen. XVI p. 589. Stat. Theb.
XII, 292. Sil. XII, 300. XIV, 461) *parent iuga* (457; v. p. 44)
obsoleta (977) *demetere caput ferro* (987 cf. Hor. serm. I, 2, 46)
et alia in his tragoediis semel dicta premere possemus: sed
facili negotio ex qualibet similia promerentur.   nec magis eo
movemur quod *cui* et *suapte* singulis locis (146. 250. cf.
B. Schmidt. p. 13) bisyllaba effert: ut qui in vocibus *meis* et
saxeo (Tro. 191. Thy. 233) synecphonesin non saepius admiserit.   plus momenti esse potest in coniunctionibus sive adverbiis admissis vitatisve.   ut *attamen* tantum Ag. 403 legi
Richterus vidit (p. 27); ut mirum foret si *eheu* unicum locum
haberet Ag. 868: de qua voce satis locuti sumus.   *atque* cum
tantum Ag. 418 secundo loco poni Schmidtius docuit (obs.
p. 11) scire non potuit Thy. 911 (*o me caelitum excelsissimum
regumque regem*) in *E* scriptum esse *regum atque regem.* ego
scire potui cum nuper eundem versum mala coniectura tentavi.   sed vel sine hoc exemplo in Agamemnonis versu nihil
offensionis esset:
                    refugit loqui
          mens aegra tantis atque inhorrescit malis
cum *tantis malis* aeque ad *aegra* atque ad *inhorrescit* referendum sit: quod inlustrabit versus eleganter ab amico graece
redditus: φρὴν γὰρ ἄζεται λέγειν νοσοῦσα τοῖσδε καὶ τα-
ράσσεται κακοῖς.   cf. Ar. Ach. 884 ἔκβαϑι τῷδε κῆπιχά-
ριτται τῷ ξένῳ.   Haupt. opusc. I p. 129.
citius quod v. 965 ita ad imperativum positum est ut idem
significet quod *quam citissime,* id B. Schmidtius obs. p. 13 in
favorem traditae originis valere dixit [1] comparato apocol. 7
citius mihi verum ne tibi alogias excutiam.[2])   quo loco comoe-

---

[1]) item v. 403 conlatum cum Hf. 622 (utroque loco respexit Soph.
Trach. 201 ἔδωκας ἡμῖν ἀλλὰ σὺν χρόνῳ χαράν.   cf. Gronov. ad Ag.)
et 206 *diu* cum Oed. 948, utrumque cum pedestribus comparatum.
[2]) *citius* legitur etiam Petron. c. 109 (p. 135, 6) *ut mortem citius*

diam redolente nescio an non commode in hanc sententiam
utamur; quamquam et epist. 95, 37 (*ut illos in bonum pronos
citius educit ad summa*) non aliter intellegendum videtur et in
patris opere subinde idem invenitur: contr. I, 5 ext. *gratulor
vobis, virgines, quod citius inluxit.* II, 3, 7 *quid miraris si
illum citius exorasti?* IX, 6, 18 *nisi citius illam oppressissem,
et filiam abstulisset.* sed in tragoediis ubique ea significatione
ocius ponitur. cuius dictionis cum B. Schmidt. l. s. tantum
ex Hercule Oetaeo et Thyeste exempla attulerit, locum paullo
uberius tractabo; nam ne in illa quidem re unus omnium
poetarum usus est: usum scilicet eum dicimus quo *ocius* vel
citius ad imperativum sive imperativae notionis verbum *quam
citissime*, ad verbum finitum accedens *citissime* significat. *citius*
autem omnino poetis fere vitatum est. Ovidius, qui in ele-
giacis *ocius* nusquam sic usurpavit, her. 1, 108 scripsit: *tu
citius venias;* in transformationibus non *citius,* sed duobus locis
ocius: I, 242 *dent ocius omnes — poenas.* XII, 226 *ocius
omnes surgimus.* Vergilius autem in georgicis nusquam, in
bucolicis semel (7, 8 *ocius, inquit, huc ades),* in Aeneide deciens nisi quid me fugit *ocius* ita posuit (IV, 294. V, 828.
VIII, 101. 278. 443. 55: quater in uno libro. IX, 400. X,
786. XII, 555. 681); Horatius in carminibus semel (II, 11, 18
quis puer ocius restinguet e. q. s.), in sermonibus bis (II, 7, 34
nemon oleum fert ocius? 117 *ocius hinc te ni rapis*), quem hac
quoque in re secutus est Persius (3, 7 *ocius adsit huc aliquis.* 5, 141 *ocius ad navem?*) Manil. V, 641 *quamvis (q. ab
codd. gnavus ab* Iacob.) *extremo citius revolaverit orbe* versus
a Bentleio deletus. Iuven. 1, 125 *citius dimitte.* 4, 134
argillam atque rotam citius properate et fortasse saepius. Statius in Thebaide quater (II, 586. VII, 28. X, 433. 493), in
Achilleide I, 504 *ocius,* in silvis bis *citius* quae sola praeter
iam adlata novi exempla (IV, 3, 110 *Eoae citius venite laurus.*

---

venire credas, | scito iam capitis perisse partem), sed colorem suum
huic Senecae loco *alogiae* dant. qua voce apud Petronium Ascylti ad-
versarius lepidus homo utitur c. 58 (p. 68, 16) *non didici geometrias,
critica et alogias menias* loco multum vexato. alogiae istae videntur
studia rhetorica esse; quid si *alogias mentitas* vocaverit 'materias ab-
horrentes a veritate, velut tyrannicidarum praemia aut vitiatarum electio-
nes aut pestilentiae remedia aut incesta matrum aut quidquid in schola
cottidie agebatur?' ceterum quoniam Petronium tetigi, hunc *ocius* quoque eo sensu usurpare moneo c. 79 (*res tuas ocius tolle*) 94 (*ocius foras
exi*) 96 (*et non discedunt ocius nequissimi servi?*). Seneca in soluto
sermone illud non scripsisse videtur; semel et extra suasoriam pater Sen.
suas. VII, 13 *adferri ocius flagra iussit.*

V, 2, 96 *immemoremque tuis citius dare manibus amnem)*; Valerius ter *ocius* (III, 508. IV, 142. 643); omnium saepissime ut multa eius generis Silius, qui adverbio isto triginta locos ornavit. quem excipiant Catullus Propertius Tibullus Lucanus qui nec *ocius* nec *citius* usquam hoc sensu usurparunt. Vergilium igitur Seneca secutus est qui ad imperativum *ocius* posuit: Phaed. 130 *nefanda casto pectore exturba ocius* 1245 *absconde ocius dispersa foede membra.* Thy. 640 *effare ocius.* HO 101 *vos pecus rapite ocius.* 858 *occupa ferrum ocius.* Oed. 80 *profuge iam dudum ocius* 647 *regem ocius agite exulem.* Tro. 679 *iussa ocius peragite.* ad verbum finitum: Phaed. 1002 *celso sonipedes ocius subigit iugo.* Phoen. 449 *ponitis ferrum ocius?* HO 538 *ocius iussa exequar.* unico autem loco quo olim praeter Ag. 965 *citius* legebatur (Thy. 1021 *recipe hosce citius*) id cognita Etrusci scriptura (*accipe hos potius libens,* loco post *fugere superi* ut videtur lacunoso) exulare iussum est. —

verbi *pandere* usus bonis poetis communis Senecae quoque notus est, quo narrandi significatum induit (cf. Habrucker. p. 41); singulare est quod verbo ita usurpato coniunctivus accedit nulla particula determinatus Ag. 404:

tu pande vivat coniugis frater mei
et pande teneat quas soror sedes mea. —

interpolatoris opera sine offensione decurrunt hi versus: 414 sq.

qui fare nostras hauserit casus rates
aut quae maris fortuna dispulerit duces.

genuinam enim hanc lectionem Etruscus praebet:

effare casus quis rates hausit meas
aut quae maris fortuna dispulerit duces.

Gronovius obs. IV, 20 p. 756 Platn. sic distinguit priorem versum, quo adfectum, qualem cum maxime prae se ferat regina, evidentius signari praedicat:

effare, casus quis rates hausit meas?

et sic quidem dixit Phaed. 894 *quis ede nostri decoris eversor fuit?* HO 755 *fare quo posita in statu iam nostra domus est?* 1617 *edissere agedum flamma quo victa est modo?* Oed. 274 *sed quo nefandum facinus admissum loco est, memorate.* sic e. g. Stat. Ach. I, 504 *dic ocius — quibus abditus oris quave iubes tellure peti?* Acc. Oenom. frg. III v. 499 *exprome quid fers?* item apte coniunctivum indicativus excipit, ut Phaed. 358 *altrix profare quid feras; quonam in loco est regina?* sed in Agamemnonis loco cum secundum sententiae membrum ab imperativo *effare* pendeat, prius quoque (*hausit*) eodem regi manifestum est; itaque in interrogatione indirecta illic indicativus admissus est. audi Diomedem art. p. 395, 15 'hanc *speciem (relativam) in consuetudine parum multi observant imperitia lapsi, cum dicunt* 'nescio quid facis' 'nescio quid fecisti'. *eruditius enim dicetur* 'nescio quid facias' 'nescio quid feceris''. non aptum exemplum grammaticus elegit, nam *nescio quid* omnes cum indicativo iungunt. patet tamen qualis generis idiotismon respexerit; nimirum quali Ovidius usus est met. X, 673 *quid facit ignorans*.³) praeterea haud frequenter Ovidius indicativum in interrogatione indirecta posuit: her. 10, 86 *quis scit an haec saevas tigridas insula habet?* 12, 71 *nescio an exciderunt mecum loca* (*nostin an* Puteaneus, *noscis* et *exciderint* alii; magis etiam priore loco codices variant et cum interpolatoribus viri docti certant. quorum commenta vide apud Heinsium. si mutare voluerunt debuerunt *insula alat* scribere). Vergilium et alios *viden ut* cum indicativo iunxisse Bentleius comprobavit ad Hor. ep. I, 1, 91 exemplis quibus adde Acc. Epig. frg. XIV v. 303 *viden ut te impietas stimulat nec moderat metus?* cf. Dissen. ad Tib. II, 125. Acc. Atham. frg. III, v. 191 (*an dubito quid agis?* cave ne in turbam te implices) recte Nonii libri praebent: *an dubito?* ah quid agis? (*a. d. ha q. a.* codd.). Hor. ep. I, 3, 30 *debes — rescribere, si tibi curae quantae conveniat Munatius, an male sarta gratia nequiquam coit et rescinditur* e. q. s. Bentleius probavit, non *sit tibi curae* quo etiam *coeat* et *rescindatur* flagitari vidit. sed recte Hauptius locum disposuit finali distinctione post Munatium posita. Catulli unum locum scio 69, 10 *aut admirari desine cur fugiunt.* Tibulli II, 4, 18 *et qualis — versis Luna recurrit equis* (*recurrat* codd. aliquot) ubi cf. Dissen. Manil. IV, 117 *nec refert scelus unde cadit* (*cadat* ante Iacobi editionem). rarissime apud Senecae aequales: cf. Lucan. IX, 563 *quaere quid est virtus.* in Senecae tragoediis similis locus extat Thy. 771

> *nec facile dicas corpora an flammae magis*
> *gemuere.*

tamen ut locum ei a quo initium cepimus prorsus similem adferamus coniunctivo indicativum ab eodem verbo pendentem excipiente opus fuerit. qualem locum in Senecae tragoediis

---

³) ubi in codd. quibusdam *quod facit* vel *quid faciat*, Heinsius coniecit *quidque agat.*

non extare scio; Augusteae aetatis solum Propertium afferre
possum: III, 16, 29

> aspice quid donis Eriphyla invenit amaris
> arserit et quantis nupta Creusa malis.

IV, 5, 26 (perdiscere —)

> quis deus hanc mundi temperet arte domum,
> qua venit exoriens, qua deficit,

et qui secuntur versus multi quasi ludentes in modorum varietate.
deinde Val. Fl. VII, 119 *quaerit ut Aeaeis hospes consederit oris
Phrixus, ut aligeri Circen rapuere dracones.* Propertii similis
locus est Pers. 3, 66—76 quem apud ipsum relegas.[4]) Stat.
silv. IV, 1, 23

> aspicis ut templis alius nitor, altior aris
> ignis et ipsa meae tepeant tibi sidera brumae,
> ortibus atque tuis gaudent turmaeque tribusque e. q. s.

quibus simile exemplum in Agamemnone legi certe memorabile est. —

Ag. 972 *recedo ab aris.* sive te iugulo iuvat

> mersisse ferrum, praebeo iugulum tibi;
> seu more pecudum colla resecari placet,
> intenta cervix vulnus expectat tuum.

sic, praeterquam quod 973 *praebeo iugulum volens* interpolator
scripsit, codicum consensu legitur, et recte quidem quamvis
exemplo in his tragoediis destituta sit sententiae constructio.
quae evenit sententiis condicionalibus per particulas *sive — sive*
diiunctis et interposita prioris membri apodosi interruptis. hanc
constructionem bonis scriptoribus haud inusitatam (cf. Madvig.
ad Cic. d. fin. p. 45) boni poetae plerique omnes vitavere
praeter Ovidium. Vergilius ea usus est XI, 443

> nec Drances potius, sive haec est ira deorum,
> morte luat, sive est virtus et glòria, tollat.

Horatius in lyricis nusquam, in sermonibus semel serm. I,
4, 121

> et sive iubebat
> ut facerem quid: 'habes auctorem quo facias hoc',
> unum ex iudicibus selectis obiciebat,

---

4) incipit ab hoc versu:
discite, o miseri, et causas cognoscite rerum,
ubi Barthius *io,* Guyetus *vos miseri* coniecere, quorum neutrum Iahnius
recepit. equidem nescio cur non pridem emendarint:
discite et o miseri causas cognoscite rerum.

sive vetabat: 'an hoc inhonestum et inutile factu
necne sit addubites? e. q. s.

Propertius bis: II, 1, 5

sive illam Cois fulgentem incedere coccis,
hoc totum e Coa veste volumen erit;
seu vidi ad frontem sparsos errare capillos,
gaudet

et sic deinceps quinquiens. V, 11, 85 altero membro multum a priore distante (85 *seu* 91 *seu*). Tibullus semel:
IV, 2, 9

seu solvit crines, fusis decet esse capillis,
seu compsit, comptis est veneranda comis

et deinde inversa oratione:

urit, seu Tyria voluit procedere palla;
urit, seu nivea candida veste venit.

quo invento quod in membris orationis hoc modo conexis duriusculum sibi videretur mitigavit; et qui elogium ad Messalam
scripsit v. 45

nam seu diversi fremit inconstantia vulgi,
non alius sedare queat; seu iudicis ira
sit placanda, tuis poterit mitescere verbis.

ex epicis post Vergilium singulis locis Valerius et Silius: Val.
III, 624

motis seu vos via flatibus urguet,
pergite et inceptos mecum revocate labores;
seu pluris tolerare moras rursusque propinquis
quaesivisse iugis, pretium haud leve temporis acti.

Sil. XVI, 51

seu foret hostis
cominus, expleri gaudebat vulnere frontis
adversae; seu laeva acies in bella vocaret,
obliquo telum reflexum Marte rotabat

et bis in Silvis Statius: II, 1, 110 maioris ambitus loco et
IV, 4, 67

seu campo pedes ire pares, eris agmina supra
nutaturus apex; seu frena sonantia flectes,
serviet asper equus.

nusquam illa constructione usi sunt Catullus Manilius Lucanus
Statius in epicis et alii ut Persius Petronius in versibus. contra
Ovidius in eroticis ter deciens (am. II, 2, 53; 4, 11 quinque
membris uno per *si* inducto interruptis; ibid. 41 sq. ut haec

96   DE AGAMEMNONE.

elegia proprium colorem ista figura ducat; 7, 3. art. I, 61;
309; 487 ipsa priore apodosi bipertita. II, 59; 203; 297.
rem. 165. her. 1, 15. 4, 79 cf. Sapph. Phaon. 211 sq. 217 sq.),
in transformationibus deciens (IV, 320. 327. 638. dein longo
intervallo VIII, 24. X, 397. 603. XI, 121. XIV, 20. XV,
342. 572), in elegiis quas Tomis scripsit septiens (trist. I,
2, 87; 9, 43; 10, 3. V, 7, 43. Pont. IV, 1, 3; 3, 19; 8, 17);
in unis Fastis nusquam hac figura usus est. Senecam vero
consulto eam in tragoediis vitasse iure conligas inde quod
minime eadem in operibus pedestri sermone scriptis abstinuit:
cf. d. ira II, 35, 3. III, 1, 5 (*sive successit, superba; sive fru-
stratur, insana*) de benef. III, 29, 5. de clem. I, 3, 5. cons.
Polyb. 5, 3. de brev. vit. 13, 2. nat. quaest. III praef. 15;
III, 22, 1. epist. 17, 8; 36, 6; 55, 2; 88, 15; 116, 5.[5])
cuius aevi scriptoribus minime omnibus usitata est; Seneca
pater saltem eam non admisit praeter sententiam Arelli Fusci
in tertia suasoria bis adlatam (1; 4) nec Petronii locum scio
praeter c. 126 (p. 173, 3) *sive ergo nobis vendis quod peto,
mercator paratus est, sive quod humanius est commodas, effice
ut beneficium debeamus.* cf. Quintil. III, 9, 4.

haec fere sunt quae ad elocutionem pertinentia in Agamemnone ab reliquis tragoediis differre sciam. quae vides nec
multa esse nec ita comparata ut qualecumque ex eis de auctore
iudicium fieri possit. quandoquidem nihil impedit quominus
semel Senecam indulsisse sibi putemus quae et in aliis poetis
singulis exemplis probari cognovimus. nec multo graviora
alienae originis indicia externa fabulae adornatio praebet quam
οἰκονομίαν vocant. scilicet quod novissimae scaenae quattuor
interlocutores interesse videntur id recte expedivit Weilius l. s.
p. 31: idem enim eodem modo in Oedipo 291 sq. accidit, ita
videlicet ut quarta persona loqui non laboret; v. 1000 autem
Electra abripitur a famulis et 1004 demum Cassandra loquendi
initium facit. alterum quoque tangam quod haud sine ratione
quispiam afferre posse videatur. etenim legem Graecorum in
personis aut antequam loquantur aut in prima oratione aperte
significandis, de qua post Hillerum Wilamowitzius egit Anal.
Eur. p. 199 sq., Seneca quoque diligenter observavit; de cuius
personis spectatores ubique, aut per interlocutores cum accedunt aut per ipsas certiores fiunt. atque hoc quidem, ut ipsae
nomina sua proferant aut ita se describant ut ab omnibus

---

[5]) de ep. 117, 22 cf. CFWMüller über den gebrauch von sive p. 8
(cf. supra p. 62), qui usum a nobis tractatum non data opera attendit.

cognoscantur, locum habet ubi in scaenam vacuam chorum
excipientes prodiere; at si personis iam in scaena agenti-
bus interloquendi causa nova accedit, necesse est eius nomen
priusquam appareat pronuntietur. quam regulam imperite in
Agamemnone derelictam videmus v. 226 ubi Aegisthus Clytaemnestrae et nutrici accedens octo versibus verba facit inscio
auditore quis loquatur. minus importune v. 910 in scaena con-
citatissima eodem modo Electra progreditur. sed quod in Agamemnone vituperandum, non eius fabulae proprium est sed
quamvis raro in reliquis quoque obvium; atque prorsus quidem simili modo in fabula Quintiliani testimonio ab ariolatio-
nibus munita Iaso Medeae et nutrici accedit (v. 431); sic in
Oedipo senex Corinthius regis et reginae conloquium invere-
cunde interrumpit ne ipse quidem quis sit indicans (v. 783); sic
Tro. 164 Talthybium loqui uno scaenae indice comperimus,
choro ne praeconem quidem indicante: ut nomen ei qui in-
diculos apposuit deberi conicias; omnium vero molestissime
Talthybii narrationem v. 203 Pyrrhus et Agamemnon excipiunt
nec nuntiati nec de semet ipsis quicquam monentes, cum hoc
loco canticum v. 371 insertum aptum locum habuerit.

restat duplex chorus, mulierum Argivarum alter alter Ilia-
dum, quem non tuetur quidem Herculis Oetaei exemplum sed
satis excusat argumenti natura: nam nec ab initio induci poterant Iliades nec poeta qualem novimus omittere chorum flebilem
et condendis carminibus non multum negotii praebentem.

deinceps ut ad ea aggrediamur quae res metricas spectant,
de quibusdam monuit B. Schmidtius, ut qui viderit versum 787
dubia labat cervice, famuli attollite,
quod ad locum versus attinet in quo anapaestica vox cum
sequenti coaluerit, singulare exemplum esse (p. 23); item v. 684
pelago audaces anapaesticae vocis in versibus anapaesticis coa-
lescentis (p. 28); praeterea ex eis quae p. 52 ille composuit sequitur in Agamemnone sola anapaestum in trimetri tertio pede
non admissum esse; denique recte dicit (p. 20) singulare esse
quod v. 784 synaloephe in personis mutandis locum habet:
Ag. *credis videre te Ilium?* Cass. *et Priamum simul*
quam excusari licentiam graeco nomine alii viderunt et ipse
monui s. p. 59 adn. 5.

sed multo graviores dubitandi causas e canticis viri docti
sumpsere. in quibus sunt quae a reliquarum fabularum consuetudine discrepent nec pauca nec levia. ac primum quidem
in Agamemnone praeter anapaestos et mixtorum quandam metrorum congeriem iambicosque dimetros a Cassandra pronun-

tiatos nullum metrorum genus comparet, cum reliquarum nulla
cantico aeolicis numeris composito careat.   in Octavia autem
omnis metrorum varietas trimetris et anapaestis absolvitur.
atque de polymetris istis carminibus infra disputabimus; in
anapaestis res observantur duae a Senecae tragoediis ceterum
alienae: quarum altera in hiatu vel syllaba ancipiti liberius
admissis sita est, altera in dimetris monometrisque discribendis,
quae in uno e tribus canticis sese alternis excipiunt. quae
utique coniuncte tractanda esse mox videbimus. disputarunt
autem de anapaestorum compositione B. Schmidtius p. 59 sq.
et Richterus in Fleckeiseni annalibus 1869 p. 780 sq., quorum
cum ille locos diligenter composuerit, relictum tamen mihi
negotium video hanc quaestionem ex integro tractandi ut qui
rectiora hic illic proferre et de quibusdam ex accuratiore codicum notitia certius iudicare posse mihi videar.

———

Notum est Bentleium observasse, Graecorum legi qua
anapaesti uno tenore decurrant donec in paroemiaco desinant,
Senecam quoque, etsi paroemiacum ignoraverit, se adstrinxisse
neque admisisse syllabam ancipitem hiatumve ante finem sensus
nisi rarissime. nimirum extant eius licentiae, si certa tantum numeramus, in septem prioribus fabulis exempla circiter
sedecim, in Agamemnone undecim, in Hercule Oetaeo decem,
in Octavia duodeviginti. ab omnibus vero praeter Octaviam
Agamemno recedit eo quod ter ante finem .sensus hiatum in
syllaba ancipiti admittit, id quod ceterae ne in fine quidem
sententiae sibi concedunt (Ag. 79. 646. 652).

exempla igitur violatae synaphiae, quamvis pauca sint,
sufficiunt tamen ad demonstrandum non severam sibi Senecam
conectendorum anapaestorum normam scripsisse. quo Muellerus
inductus est, ut cantica anapaestica solis monometris discribenda esse censeret. hanc vero non minorem existimo audaciam esse quam qua novissimi editores strophas suas constituere: siquidem versuum dispositio antiquitus tradita est et
vel mirifica quadam tenacitate ubique a librariis servata. nempe
Muellerus unde compertum habeat, quod identidem praedicat,
versuum dispositionem in priscis quae ipsis scriptorum temporibus fuerint exemplaribus nullam extitisse nescio; scio contrarium verum esse. itaque in his quoque carminibus, ut in
poetarum latinorum omnibus, ubi de colis ordinandis dubitatio oritur proficiscendum duco a versuum in bonis codicibus
discriptione.

ac si iure de severa synaphiae norma dubitatur, ante omnia videndum est num ancipites syllabae vocalesve cum sequentibus coalescentes in versibus extremis positae sint; nam in mediis versibus eius generis licentiam ne in fine quidem sensus ferendam esse patet. atque e quindecim versibus quos in septem prioribus tragoediis regulae adversari dixi duodecim in Etrusco clauduntur syllaba debili, ex Agamemnonis undecim versibus octo, Herculis Oetaei decem omnes: unde ultro conligitur, ubi licentiam illam Seneca sibi concesserit, id in fine versus factum esse; sive, ut rectius loquamur, non ἐξ ὁμοίων Senecam systemata anapaestica composuisse, sed dimetros κατὰ στίχον deduxisse, donec in monometris desinerent: eodem modo quo sapphicorum versuum arbitrarium numerum adonio claudere solet. itaque antequam longius progrediamur, quaerendum est quatenus anapaestorum ordini qualis in Etrusco codice apparet confidi possit vel potius qua ratione Seneca dimetros et monometros se excipere voluerit.

atque simplicissima quidem id ratione factum est. dimetri enim — de Etrusco loquor, quem unum huius quaestionis fundamentum haberi par est — continuo decurrunt in plerisque canticis perraro monometris interrupti. quos monometros non temere positos esse eo evincitur quod in tot versibus nusquam per novem tragoedias monometri non sententiam vel periodum vel canticum ipsum claudunt. nam HO 1931, qui est monometer subdistinctione a sequenti versu seiunctus, versus ita dispositos in *E* excipit:

> 1927 *anguesque suos hydra sub undas*
> *territa mersit teque labores o nate timent?*
> *fallor fallor vaesana furens, nec te manes*
> *umbraeque timent;*
> *non Argolico rapta leoni* e. q. s.

ut 1928 *o nate timent?* suum versum explere, sequens trimeter et monometer duobus dimetris circumscribi debeant.[6] mono-

---

[6]) Phaed. 966 sq. sic disposita sunt:
ut nunc canae frigora brumae
nudent silvas, nunc arbustis
redeant umbrae, nunc aestivi
colla leonis cererem
magno fervore coquant
viresque suas temperet annus?
quae antiquitus hanc formam habuisse patet:
colla leonis Cererem magno
fervore coquant viresque suas
temperet annus?

metri igitur ubicumque antiquitus traditi sunt eadem vice fun-
guntur qua in graecis carminibus paroemiaci versus.

iam singula videamus. duo extant cantica solis dimetris
decurrentia (Hf. 125—204. Thy. 789—884) quorum de altero
dubitari posse infra videbimus. ut monometri plures se ex-
ciperent bis accidit in Hercule Oetaeo: v. 173

> *at ego infelix non templa suis*
> *conlapsa deis sparsosve focos,*
> *natis mixtos*
> *arsisse patres*
> *hominique deos, templa sepulcris* e. q. s.

et v. 1916 sic:

> *iamne Elysios o nate domus*
> *iam litus habes?*
> *at quos populos?*
> *an post raptum*
> *natura vacat?*
> *Styx atra canem praeclusit iter* e. q. s.

quae transcripsi, ut turbatus versuum ordo doceret dispositionem quoque errore natam esse. recte enim legitur:

> *iamne Elysios, o nate, domus,*
> *iam litus habes ad quod populos*
> *natura vocat?*
> *an post raptum Styx atra canem*
> *praeclusit iter teque in primo*
> *limine Ditis fata morantur?*

tertium exemplum est Phaed. 79 sq.:

> *repetitque casas rustica longo*
> *turba triumpho.*
> *en diva faves,*
> *signum arguti*
> *misere canes: vocor in silvas,*
> *hac hac pergam qua via longum*
> *compensat iter.*

ubi *en diva faves signum arguti* iniuria diremtum esse dimetrum
vel eo docemur quod *fave* in *E* scriptum est.

trimetri continuo scripti sunt in uno cantico alternas Hecubae Troadumque lamentationes continente; quod num consilio ac
ratione factum sit infra expediemus. singuli binive ubi occurrunt
trimetri, suspicionem de librariorum errore moveri consentaneum
est. atque unus quidem extat Hf. 1136. 37 loco turbato; bini
Thy. 930—32; HO 206 sq. 623 sq. 1928 sq. (de quibus modo
egimus), denique Ag. 641 sq. in loco intricatiore; nam 647

et 651 singuli secuntur trimetri quorum natura eo quempiam
inducere possit, ut et illos et priores consulto positos esse
opinetur. cf. Mar. Victor. p. 76, 9. in tetrametros bini dimetri errore coniuncti sunt Tro. 72 sq. et Phaed. 979. 80.
monometri tantum in fine cantici inveniuntur Thy. 920—
969. Phaed. 325—357. Tro. 705—735. HO 1983—1996.
id si contendas casu factum esse, librarios nimirum continuos
dimetros scripsisse donec monometer in fine relinqueretur,
facile concedo id fieri potuisse poetamque ipsum subinde non
aliter rem instituisse, ut HO 1996. sed in his quoque rationem
valere exemplum demonstrabit quale Medeae carmen praebet
787—842 quod sic terminatur:

> *stillent artus ossaque fument*
> *vincatque suas flagrante coma*
> *nova nupta faces.*
> *vota tenentur: ter latratus*
> *audax Hecate dedit et sacros*
> *edidit ignes face luctifera.*

ubi post monometrum qui carminis ipsius materiam claudit
tres dimetros poni vides quasi epilogum continentes.

in quibusdam canticis frequentiores monometri occurrunt,
in nullo plures quam in Hippolyti cantico Phaedram auspi-
cante: v. 22. 38. 43. 47. 80. 84, omnes in fine periodi. sed
si anapaestorum numerum spectas, parcissimus est monometrorum usus, siquidem in novem fabulis non amplius quadraginta
inveniuntur; contra in Octavia viginti duo quorum octo in
media sententia positi sunt: ut hac quoque in re arte prorsus
diversa Octaviae auctorem usum esse eluceat. nam fabulam
quamvis interpolatis tantum libris servatam ab hac quaestione
non est cur arceamus, cum ne in genuinis quidem interpolator
versuum dispositionem frequenter turbarit.

itaque si librorum fidem sequimur, carmina anapaestica
dimetris κατὰ στίχον deductis composita sunt qui hic illic
paroemiacorum vice monometris excipiuntur. quorum in versuum exitu si interdum hiatum syllabamve ancipitem admisisset
facile ferremus. at fallit ratio. nam quod ter tantum in septem
prioribus fabulis accidere vidimus, ut syllaba debilis non finita
sententia in medium versum incideret, id deciens septiens ita
factum est, ut syllaba anceps sive hiatus in fine sensus admissus, id quod per se nihil offensionis habet, medium dimetri
locum teneat. quo id quidem clare efficitur, quod numquam
dubium erat, scilicet haud paucis locis a libris in versibus
discribendis recedendum esse. sed ne temere omnia quae ad-

huc disputavimus hac de causa labefactari statim et corruere
arbitremur, in plerisque istis locis demonstrabo alias quoque
rationes extare quibus corruptelae evincantur; ut, si versibus
commode discribendis minime rem confectam esse appareat,
de tradita dispositione cautius iudicandum videatur. quam in
rem opus est singulos locos excutiamus. etenim ita his in
rebus licentia nuper grassata est, ut, si rationibus non redditis
iudicium tantum de versibus istis meum protulerim, me quoque crediderit quispiam veri simulacrum quoddam potius quam
rem ipsam consequi velle.

Hf. v. 1100:

> nunc Herculeis percussa sonent
> pectora palmis, mundum solitos
> ferre lacertos verbera pulsent
> ultrice manu; gemitus vastos
> audiat aether, audiat atri
> 1105 regina poli vastisque ferox
> qui colla gerit vincta catenis
> imo latitans Cerberus antro;
> resonet maesto clamore chaos
> latique patens unda profundi
> 1110 et qui medius tua tela tamen
> senserat aer: pectora tantis
> obsessa malis non sunt ictu
> ferienda levi: uno planctu
> tria regna sonent.
> 1115 et tu collo decus ac telum e. q. s.

ita haec in *E* scripta et disposita sunt, praeterquam quod 1103
ultrice N. Heinsio et felici codicis *M* errori debetur, cum et
A et *EN victrice* praebeant. recensentur tria regna ad quae
planctus Herculis penetrare debeant, nimirum caelum (1104)
inferi (1104—1108) mare (1109). quod deinde sequitur

> et qui medius tua tela tamen
> senserat aer

ineptum est et ineptius etiam quod in *A* legitur

> et qui melius tua tela tamen
> senserat aether.

nam nec aether post 1104 ut novi quiddam induci potest et
si aera ut medium inter aethera et mare addi intellegas, non
magis posse post aethera id inferri manifestum est per quod
necessario eundum est clamori in caelum perventuro. quid
Peiperus versu post 1103 transponendo profecerit non video:
etenim mancam lucratus est sententiam et versum 1104 pro

1110 ineptum. optimo iure igitur Schmidtius in Fleckeiseni annal. 1867 p. 868 trimetrum istum delendum esse censuit. atque versus interpolatos aliis quoque locis circumferri demonstrandi occasio erit. monometer autem sic relictus *pectora tantis* cum per se stare non possit, haec erit ultimorum versuum species:

resonet maesto clamore chaos
latique patens unda profundi:
pectora tantis obsessa malis
non sunt ictu ferienda levi;
uno planctu tria regna sonent.

quo ultro hiatum in medio versu 1113 tolli vides.

praeterea huc pertinet eiusdem cantici exitus, quem inde a v. 1122 transcribam: chorus puerorum a patre interfectorum sortem deplorat:

non vos patriae laudis comites
ulti saevos vulnere reges,
non Argiva membra palaestra
1125 *flectere docti fortes caestu*
fortesque manu, iam tamen ausi
telum Scythicis leve corytis
missum certa librare manu
tutosque fuga figere cervos,
1130 *nondumque ferae terga iubatae;*
ite ad Stygios, umbrae, portus,
ite innocuae, quas in primo
limine vitae scelus oppressit
patriusque furor. ite infaustum
1135 *genus o pueri noti per iter*
triste laboris. ite iratos visite reges.

multa sunt quae in hoc loco offendant. atque primum quidem v. 1130 ubi legitur ferri non potest: debuit saltem *sed nondum;* quod et ipsum sententiae non sufficeret, immo post 1126 claudum esset. at v. 1126 (*iam tamen ausi telum — librare* e. q. s.) membrum aliquod sibi praecedens postulat, quo *tamen* apte referri possit: quale est *nondumque ferae terga iubatae;* quae quoniam non sponte concilientur — defuerit enim, si v. 1130 ante *iam tamen* ponas, ad *ferae terga* verbum, quod cum sequatur v. 1129, dirimatur tamen a v. 1130 verbo *librare* — ita aliquando putavi haec a poeta profecta esse:

nondumque ferae terga iubatae
tutosque fuga figere cervos,
iam tamen ausi telum Scythicis

> *leve corytis missum certa*
> *librare manu;*

ut eam aetatem nondum attigisse dicantur qua omnino ad
venationem vires sufficiant. quod modo attigisse Carpophorum
Martialis dicit spect. 23, 1

> *Norica iam certo venabula dirigit ictu*
> *fortis adhuc teneri dextera Carpophori*

et modo excessisse Iulum Vergilius Aen. IX, 590

> *tum primum bello celerem intendisse sagittam*
> *dicitur, ante feras solitus terrere fugaces,*
> *Ascanius fortemque manu fudisse Numanum.*

sed vereor ne hoc sit sententiae vim adferre; nam telum
certa manu librare vix dicantur qui ne tutum quidem venationis genus adhuc adgressi sint. cecinisse igitur de Herculis
liberis chorus videtur quale de Hyade Ovidius praedicat fast.
V, 173

> *dum nova lanugo est, pavidos formidine cervos*
> *terret et est illi praeda benigna lepus.*
> *at postquam virtus annis adolevit, in apros*
> *audet et hirsutas comminus ire feras.*

sive de Achille Statius Ach. II, 406

> *numquam ille imbelles Onaea per avia lynces*
> *sectari aut timidos passus me cuspide damos*
> *sternere, sed tristes turbare cubilibus ursas*
> *fulmineosque sues et sicubi maxima tigris*
> *aut seducta iugis fetae spelunca leaenae.*[7]

itaque verbum proprium quod sibi flagitat v. 1130 intercidisse
iudicandum est cum versus suo loco moveretur. sententiae
satisfacias sic fere scribendo: *nondumque ferae terga iubatae*
[frangere clava] sive, nam quis de lacunae ambitu spondeat,
[ictu iaculi fligere torti].

sed ut omnes loci difficultates sublatae sint tantum abest
ut ab initio tota oratio aut durissime procedat aut vitiose. atque Gronovius quidem post 1123 et 1130 subdistinctionem

---

[7] apte conferas Goethii Elpenorem haec de se loquentem (I, 2):
O lass mich nur, noch hab ich auf der Jagd das leichte Reh, geringe
Vögel nur der niedern Luft erlegt; doch wenn ich dich einst bändige
(arcum avitum) — *ihr Götter gebt es bald!* — *dann hol ich ihn, aus*
seinen hohen Wolken, den sichern Aar herunter. cf. de Parthenopaeo
Stat. Theb. IX, 718 *scilicet angustum iamdudum urgentibus annis*
Maenalium tibi parve nemus perque antra ferarum vix tutae sine
matre ferae, silvestria cuius nondum tela procax arcumque implere
valebas. de Astyanacte Seneca Tro. 775 *non arma tenera patria* (sic
recte Swoboda; *parva* codd.) *tractabis manu sparsasque passim saltibus*
latis feras audax sequeris.

posuit, ut 1123 *ulti* 1125 *docti* 1126 *ausi* participia essent ad
sequens versu 1131 nomen pertinentia; sed sic non obscura
tantum et molesta per novem versuum spatium sententia pendet,
sed peraudacter etiam participia masculini generis cum *umbris*
coniunguntur. id sensisse videtur Peiperus, cum priorum
quosdam secutus post 1123 et 1129 signo finali sententiam
distingueret; sic vero ad *ulti* et *ausi* subaudiendum esset *estis*
id quod nullo modo in his tragoediis fieri posse nunc affirmo,
posthac probabo. accedit quod in fine carminis nimius est
chorus in compellandis pueris, quos quater ire iubet, primum
umbras, dein pueros vocat. quae si omnia consideraveris,
mecum facies etiam versus 1134ᵇ 35. 36ᵃ (*ite infaustum
genus, o pueri, noti per iter triste laboris*) suo loco motos et
recte quidem in periodi initio conlocandos esse iudicante, ut
participia nomine quod est *pueri* regantur. tum dimetro
> *ite iratos visite reges*

clauditur carmen. id quod plane eodem modo Phaed. 987 fieri
debet ubi dimetrum et monometrum in fine cantici traditum
sic discribendos esse patet ut monometer dimetro excipiatur:
> *tristis virtus perversa tulit*
> *praemia recti. castos sequitur*
> *mala paupertas vitioque potens*
> 987 *regnat adulter.*
> *o vane pudor falsumque decus!*

ultimo enim dimetro cantici quasi epimetrum quoddam continetur, quod item in Medeae carmine fieri supra adnotavimus.
    Herculis autem locum iam qualem constituimus adscribam,
ita quidem ut lacunam dimetro constare sumam: quo perinde
ac si monometro constet syllabas ancipites v. 1134 et 1136
ultro e medio versu eliminari vides:
> *ite infaustum genus, o pueri,*
> *noti per iter triste laboris,*
> *non vos patriae laudis comites*
> *ulti saevos vulnere reges,*
> *non Argiva membra palaestra*
> *flectere docti fortes caestu*
> *fortesque manu, nondumque ferae*
> *terga iubatae [vulnere gaesi*
> *frangere torti], iam tamen ausi*
> *telum Scythicis leve corytis*
> *missum certa librare manu*
> *tutosque fuga figere cervos.*
> *ite ad Stygios, umbrae, portus,*

ite innocuae, quas in primo
limine vitae scelus oppressit
patriusque furor:
ite iratos visite reges.

haec si recte disputata sunt, in Hercule priore hiatus et syllaba anceps tantum in fine versuum inveniuntur; in media
sententia 170

        mobile vulgus | aura tumidum
et 1056   *mobilis unda, | tuque ante omnes*

reliqua finito sensu. interpolatum vero esse vidimus versum
1109 qui ad antecedentem eodem modo in codicibus applicatur:

        unda profundi, | et qui medius.

Phaed. 325

    vidit Persis ditique ferox
    Lydia regno deiecta feri
    t e r g a l e o n i s u m e r i s q u e, q u i b u s
    sederat alti regia caeli,
    tenuem Tyrio stamine pallam

quod Peiperus, ut ancipitem syllabam tolleret, scripsit *cuiusque*
umeris id efficit ut intellegi hi versus omnino nequeant. sed
etiam quod traditur grammatica recusat. ad quorum sententiam
complendam, ut nunc leguntur, hoc subaudiri debet: umeris
quibus caelum sederat Tyriam pallam [sedere vidit], quod ineptum est: nam sic palla cum caelo comparatur quo nec
sani quicquam nec huius loci acumen significatur. id in eo
positum est ut umeri, qui caelum tulerint, pelle ferina digni
esse dicantur, non veste Sidonia. hic quoque medium aliquid,
a quo *umeris* pendeat, intercidisse patet, quale est [*sumptam-*
que armis] [8] *umerisque quibus sederat* e. q. s., ut, si monometer
interciderit, in monometrum *stamine pallam* periodus exiret, si
dimeter, in dimetrum v. 329.

    alter locus est in eodem cantico de Amoris potentia
v. 338 sq.:

    ignes sentit genus aligerum;
    venere instinctus suscipit audax

---

[8] cf. Ovid. met. XII, 396 *ex umeris medios coma dependebat in*
armos. — de ipsa re Hf. 465 *fortem vocemus cuius ex umeris leo do-*
num puellae factus et clava excidit fulsitque pictum veste Sidonia
latus? Theb. X, 646 *sic Lydia coniunx Amphitryoniaden exutum hor-*
rentia terga perdere Sidonios umeris videbat amictus et turbare colus
et tympana rumpere dextra.

340 *grege pro toto bella iuvencus;*
    si coniugio timuere suo,
    poscunt timidi proelia cervi
    et mugitu dant concepti
    signa furoris; tunc virgatas
345 *India tigres decolor horret,*
    tunc vulnificos acuit dentes
    aper et toto est spumeus ore;
    Poeni quatiunt colla leones,
    cum movit amor; tunc silva gemit
350 *murmure saevo. amat insani*
    belua ponti lucaeque boces.

quo consilio Richterus 350[b] 51 post 347 posuerit nescio;
scio hiatum in syllaba ancipiti nusquam ne in fine quidem
periodi per septem priores tragoedias Senecam admisisse (*ore.* |
amat), cum quod est in his versibus difficultatis id nullo modo
Peiperi coniectura tangatur; loquor de v. 343. dixit enim
poeta cervos, si coniugio suo timeant, ne proelia quidem re-
formidare. quod sequitur:

    et mugitu dant concepti signa furoris,

duas ob rationes offendit. primum conceptus furor est libido
veneris, non in periculis coniugio imminentibus ira, qualem e. g.
Martialis describit IV, 74, 1

    aspicis imbelles temptent quam fortia damae
    proelia? tam timidis quanta sit ira feris?

deinde cervos mugire numquam audivi nec quemquam credo
aut audisse aut dixisse. ergo haec quoque verba locum occu-
parunt non suum legitimo derelicto. quae ad iuvencos olim
pertinuisse [9]) multa dissuadent: et quod debiliora essent post
v. 339. 40 et quod sine mutatione post v. 340 inseri non

---

[9]) quo ducere possit Vergilii locus georg. III, 209 sq. quem et Seneca versibus quos tractamus imitatus est et eadem imagine usi Valerius
II, 544 (*qualis per pascua victor ingreditur, tum colla tumens, tum
celsior armis taurus, ubi adsueti pecoris stabula alta revisit et patrium
nemus et bello quos ultus amores* cf. V, 67 sq.) et, qui maxime tauro-
rum pugnam adamavit, Statius: Theb. II, 323 sq. III, 330 sq. VI, 864 sq.
XII, 601 sq. Ach. I, 313 sq., quorum locorum tertium:
        non sic ductores gemini gregis horrida tauri
        bella movent: medio coniunx stat candida prato
        victorem expectans; rumpunt obnixa furentes
        pectora, subdit amor stimulos et vulnera sanat
ideo adscripsi, quia ultima verba sic emendanda esse censeo: *et vulnera suadet.* — cf. Longus p. 266, 15 Hercher. ἔγνων δ' ἐγὼ καὶ ταῦρον
ἐρασθέντα, καὶ ὡς οἴστρῳ πληγεὶς ἐμυκᾶτο.

possent. itaque ad leones referenda sunt de quibus v. 348
sermo est. nec dubito quin et ordinem et sententiam sic
restituenda esse iure contendam:

    venere instinctus suscipit audax
    grege pro toto bella iuvencus;
    si coniugio timuere suo,
350 *poscunt timidi proelia cervi.*
    tunc virgatas India tigres
    decolor horret; tunc vulnificos
    acuit dentes aper et toto est
    spumeus ore.
    Poeni quatiunt colla leones
351 *et mugitu dant concepti*
    signa furoris, cum movit amor:
    tunc silva gemit murmure saevo.
    amat insani belua ponti
    lucaeque boves. e. q. s. —
tertius Phaedrae locus est v. 1141 sq.:

    volat ambiguis mobilis alis
    hora nec ulli praestat velox
    fortuna fidem. qui clara videt
    sidera mundi nitidumque diem
1145 *morte relicta, luget maestos*
    tristis reditus ipsoque magis
    flebile Averno sedis patriae
    videt hospitium.

quae satis quidem limate decurrens oratio interpolatori debetur;
iuvat autem Etrusci scripturam subicere:

    — *nec ulli praestat velox*
    fortuna fidem. hic qui clari
    sidera mundi nitidumque diem
    morte relicta [10]), *luget maestos*
    tristis reditus.

sententiae aperte hianti interpolator succurrit; nec vidit olim
necessario dictum fuisse Thesea solis aspectu recuperato lae-
tatum modo nunc lugere. et fortasse monometer tantum intercidit quo suppleto sic fere pristinam versuum dispositionem
restituemus:

[10]) *morte E,* non *nocte.* cf. v. 1220 *mortem relictam.* HO 1161
relicta morte. Hf. 612 *morte contempta redi.* HO 1949 *vicisti rursus
mortis loca E, noctis A.* Verg. aen. IX, 346 *et multa morte recepit;*
Servius: *Cornutus nocte legit et adnotavit: utrum nocte pro morte?
an cum multa nox esset?*

> — *nec ulli praestat velox*
> *fortuna fidem.*
> *hic qui clari [laetus vidit]*
> *sidera mundi nitidumque diem*
> *morte relicta, luget maestos*
> *tristis reditus* e. q. s.

versum 987 supra (p. 105) tractavimus. iam in Phaedra unus
relictus est v. 33

> *tendant Cretes fortia trito*
> *vincula collo. at Spartanos* e. q. s.

in quo nihil reprehendendum est; iam vero iure statuemus
librarios hunc versum falso continuasse et monometrum non
v. 38 sed v. 33 ponendum esse. sic in Phaedra nusquam
hiatus vel syllaba anceps nisi in fine versus extat: siquidem
v. 14 interpolatum esse Herm. X p. 426 docuimus et v. 343
non suum locum tenere modo evicimus.

Oed. 178 *nocte silenti Amphionios*
        ululasse canes

hunc locum (171 sq.) turbatum esse infra demonstrabimus:
nunc disputationem nimia mole augere nolo. item Troadum
carmen v. 67 sq. sequenti capiti reponimus. moneo tantum
v. 101 sq.:

> *sparsitque cinis*
> *fervidus ora. complete manus;*
> *hoc ex Troia sumpsisse licet*

ultimos tres monometros non suum locum tenere; quod Haasius comprobavit in misc. philol. III p. 12. sic in Oedipo
relinquitur v. 158:

> *bracchia curvat. omnia nostrum*

qui non minus incorruptus est quam tres eius generis versus
in Medea extantes:

> 342 *claustra profundi hinc atque illinc*
> 372 *pervius orbis. Indus gelidum*
> 832 *servare malum. adde venenis*

quibus in locis omnibus ut in Phaedrae Oedipi et Thyestae
quem nondum tetigi:

> 877 *cardine mundus. in nos aetas*

nullo negotio probabilis versuum dispositio restitui potest: id
ne temere fieri videatur haec tantis ambagibus tractavi. iam,
quod totiens corruptis locis deprehendimus, id in reliquis quoque errore factum esse persuasum habebimus.

idem si de tribus Agamemnonis versibus (68. 88. 104)

statuimus, manifestum est difficultatem quam in anapaestorum
syñaphia parum observata sitam esse creditur, aliqua ex parte
levari. sed negari non potest Agamemnonis auctorem eo a
reliquis discrepare quod hiatum in syllaba ancipiti sibi indulsit.
id si Senecae aevoque eius adscribi prorsus non posse opineris,
vereor ne fallaris. etenim in apocolocynthosi plane idem accidit, in fine quidem sententiae; sed Senecam id quoque in
reliquis vitasse vidimus: apoc. 12, 4

> *quo non alius fuit in toto*
> *fortior orbe. ille citato*
> *vincere cursu poterat celeres.*

quamquam non eodem modo in satira quo in tragoediis anapaestos compositos esse facile agnoscas. in quibus cum ne
seni quidem spondei usquam se excipiant, quaterni perraro
(v. s. Phaed. 343), hic decem uno tenore decurrunt:

> 21 *una tantum parte audita,*
> *saepe et neutra: quis nunc iudex*
> *toto lites (audiet anno?).*

praeterea autem nunc dubitari non potest quin singulare sit
in Agamemnone canticum dimetris anapaesticis et monometris
alternis sese excipientibus compositum. verum nec hoc nec
reliqua quae de anapaestis disputavimus ad pronuntiandam de
tragoediae origine sententiam sufficiunt.

---

absolutum ac firmatum omni ex parte iudicium de Agamemnonis auctore ferri nequit antequam de canticis constiterit
quae in illa leguntur v. 589—636 et 808—866. ea vero tam
arte natura sua cum Oedipi canticis 403—508 et 709—763
coniuncta sunt ut non aliter quam coniuncte de his omnibus
disputari queat. atque post curas Grotefendi, cuius librum
inspicere non potui, et Bothii, quem Grotefendi vestigia pressisse aiunt, Muellerus haec carmina perverse quidem discripsit
— id quod in anapaesticis quoque fecisse illum vidimus —
sed numerorum naturam ad summam recte exposuit (de re
metr. 120 sq.), nequaquam tamen ita ut tractando hoc loco
supersedere possimus; praesertim cum Richteri Peiperique
temeritas docuerit carmina ista, memorabilia sane et singularia
ex antiquitate Romana artis licentius exercitae monimenta, ne
a vilissimo quidem et plane nefario ariolandi genere munita
esse. atque ut de disputandi ratione primum conveniat, vel
potius ne quis putet aliter haec carmina tractanda esse, aliter

reliquam Romanorum poesin, tenebimus solitam quaerendi viam:
videbimus igitur quali haec procedant sententiarum ordine,
multosne locos corruptos esse iudicandum sit, possitne in singulis pristinae lectionis recuperandae ratio demonstrari; deinde
inquirendum erit quomodo artem metricam poeta factitarit,
qualia numerorum et metrorum genera imputari illi merito
videantur, quatenus a tradita lectione — cuius fundamentum
utique habenda est tradita versuum dispositio — recedendum
sit. sic demum iudicari poterit de gravioribus quibusdam rebus
cum hac quaestione coniunctis et in primis, quod ad propo-
situm nostrum attinet, an de diversis sive non diversis Oedipi
et Agamemnonis auctoribus argumentum e canticis istis capi
queat.

    canuntur autem Oed. 403 sq. Bacchi laudes, occasione
sumpta ex Soph. OR 209 (τὸν χρυσομίτραν τε κικλήσκω
τᾶσδ' ἐπώνυμον γᾶς οἰνῶπα Βάκχον εὔιον Μαινάδων ὁμό-
στολον πελασθῆναι φλέγοντ' ἀγλαῶπι πεύκᾳ ἐπὶ τὸν ἀπό-
τιμον ἐν θεοῖς θεόν cf. 1105), sermonis flosculis undique
decerptis, ex Propertii carmine IV, 17, 21 sq., Tibulli I, 7,
39 sq., Horatii carmine saeculari aliisque (III, 25; II, 19;
I, 4), Vergilii Aen. I, 607 sq., Ovidii fast. I, 391 sq. aliis.
duae autem carminis partes de quarum metris dubitari potest
— nec de ceteris explicatius hoc loco disserendum est — tres
reliquas ita cingunt ut initium totius cantici finemque obtineant praeter versus heroicos in singularum partium initiis
finibusque positos. eos vero in sequenti capite tractabimus.

    chorus igitur Bacchum invitans, ut favens Thebarum in-
colis pestilentia vexatis accedat, dei cultum describit precatur-
que: 'vultu sidereo discute nubila et tristes Erebi minas avi-
dumque fatum;' quod et Swoboda et Richterus lacessiverunt,
non posse fatum discuti praedicantes. at mortis impendentis
minas discuti posse translato sensu, ut nubila proprio, con-
cedent; cum quibus fatum tam arte coniunctum est ut quasi
una notio efficiatur. sed licet hunc conexum non agnoscas,
ne inter audaciores quidem illa esset zeugmatis figura.[11]

---

    [11] cf. HO 325 iam iam minaces ire per caelum faces specta et
tonantem fulmine excusso diem i. e. fulmina aspice iam excussa et
tonitrua audi die sereno coorta. Thy. 406 (tactum soli natalis et pa-
trios deos cerno) recte Bothius scripsit tractum. similiter autem erra-
runt illi atque Hyginus cum Vergilium errasse contendit in his versibus:
ipse Quirinali lituo parvaque sedebat succinctus trabea laevaque an-
cile gerebat quos non rectius explicat Gellius V, 8. sic Statius dixit
Theb. XII. 377 certe lacrimas lamentaque cerno. XI, 643 (plagam)

descripto dei cultu et comitatu res ab illo gestae enarrantur: piratae in ranas transformati, subactae gentes ferocissimae quaeque. hoc loco Etrusci librarius cum omisisset quae inter v. 473 *Boreas ferit* et 475 *frigido fluctu* intercedunt, iam scripto libro ipse in margine cola omissa supplevit, etiam verbis *frigido fluctu,* quae scilicet aliud agens ita exaraverat: *rigido fluctu,* emendate iterum scriptis. ut haec sit versuum 473— 475 species (fallit enim exemplar Teubnerianum):

> *Et quos vicinus boreas ferit.*   *alluit gentes.*
> *Rigido fluctu.*   *· Arva mutantes.*   *Quasque meotis*
> *Quasque despectat. uertice summo.*   *Frigido fluctu*

ut *alluit gentes* ad *quasque Maeotis* applicandum esse significetur, totum ordinem autem non diversum esse ab eo qui in editionibus circumfertur, sic scilicet discribendum:

> *et quos vicinus Boreas ferit*
> *arva mutantes,*
> *quasque Maeotis alluit gentes*
> *frigido fluctu.*

pergit chorus: Gelonos Bacchum domuisse, Amazonas subiectas comitesque dei factas, Cithaerona maculatum esse *caede Ophionia,*[12]) Proetidas in silvam actas et Argivorum civitatem

---

lacrimisque comisque siccabat plangens; sic Horatius I, 14, 3 *nonne vides ut nudum remigio latus — antemnaeque gemant,* qua de re non merito Bentleius dubitavit. cf. serm. II, 8, 77 *tum in lecto quoque videres stridere secreta divisos aure susurros.* sic Oed. 1013 *matris en matris sonus.* — ad 409 *vultu sidereo discute nubila* cf. Stat. Theb. II, 56 *infernaque nubila vultu discutit.*

    12) perquam memorabile est Senecam v. 485 epitheto ab Ophione derivato usum esse, non a titane Eurynomae coniuge (Apoll. Rh. I, 503) sed ab alio quodam qui inter Thebarum conditores fuerit et, ut breviter dicam, germanus geminusque Echionis habendus est. sed quominus hoc loco scribendum conicias *Echioniaque caede* adiectivo poetis latinis usitato prohibet Hf. 268 *Cadmea proles atque Ophionius cinis* quod interpolare inceperunt Itali, penitus pessum dedit D. Heinsius scribendo *civitasque Amphionis,* pessum datum ediderunt quicumque post Heinsium fuere. certam puto emendationem: *Cadmea proles atque Ophionium genus, quo reccidistis?* adripio autem occasionem quamvis alieno loco exponendi cur v. 269 scribendum ducam *quo reccidistis.* legitur hoc in nonnullis interpolatae sectae libris, unde inlatum est secunda manu erasis quibusdam litteris in *E* et *N.* alii *decidistis. quorsum excidistis* quod e Vindobonensis vestigiis iam restituerat Peiperus. sumamus igitur hanc ipsam Etrusci fuisse pristinam scripturam. *at excidere* apud Senecam proprio sensu legitur tantum Thy. 32 *superbis fratribus regna excidant.* 51 *excidat caelo dies.* HO 1163 *cum paene lapsis excidit Titan equis.* Ag. 494 *excidunt ignes tamen;* translato tantum eo qui et Ovidio valde usitatus nec Vergilio ignotus est (aen. I, 25), ut scilicet excidisse dicatur quod memoria exciderit: Tro. 204 *excidit Achilles.* 714 *excidat*

praesente noverca Bacchum coluisse (nam qui v. 487 corruptum
habuere et correxere aut nugati sunt aut somniati), cuius
thalamis Naxos insula virginem tradiderit (v. 489 quod nomen
desiderari dicit Richterus viri cuius thalamis tradatur, oblitus est omnia ad unum eundemque pertinere); iam solita dei
in parandis rivulis lacte vinoque fluentibus miracula, denique
nuptiae describuntur. nusquam autem in hac carminis parte
iure haesites; quod si contra Richterum de hoc carmine in
philologorum Bonnensium symbola commentato demonstrare
vellem chartas perderem inmeritas. exemplo sit quod vérsus
496 (*et mixta odoro Lesbia cum thymo*) ita illi corruptus videtur
ut de emendando omnino desperandum sit; nempe Lesbium
ab illius aevi poeta dictum esse vinum Naxi profluens et thymo
Senecae Bacchum vina miscuisse plane illi incredibile visum est.

minus expedita est lectio sequentis carminis quo post re-
latas a Creonte Laii in Oedipum diras finitamque inter reges
altercationem chorus praesentium calamitatum causam altius
repetendam esse canit: non propter Oedipi culpam Thebas
plecti, sed veteres esse numinum iras inde a Cadmi adventu
numquam mitigatas: quarum initia fuisse draconem caesum
spartosque; alia secuta esse. ac statim in initio haeremus

709 *non tu tantis causa periclis,*
        non haec Labdacidas petunt

Hector. Med. 561 *excidimus tibi?* Thy. 511 *animis odia damnata
excidant.* Phaed. 590 *quam bene excideram mihi.* HO 357 *excidit
quidquid licet.* 367 *vim stupri passa excidit.* 1332 *excidimus tibi?*
1446 *quam bene excideras dolor;* sensu quo codices isti volunt nec
apud Senecam nec quantum sciam apud reliquos latine loquentes. praeterea *quorsum* dubito an poetae post Terentium scripserint; Seneca nec hoc
nec *sursum seorsum deorsum versum; rursum* vero ubique *rursus* apud
illum sonat. iam *recidere aliquo* dictio est hac in re legitima: cf. Liv.
XXX, 42, 18 *ceterorum miserabilior oratio fuit commemorantium ex
quantis opibus quo recidissent Carthaginiensium res.* IV, 2, 8 *ne id
Iupiter O. M. sineret, regiae maiestatis imperium eo recidere.* quod
verbum verum est alio harum tragoediarum loco non inveniri; at usitatum est Ovidio (rem. am. 611 *reccidit ut cupidos inter devenit amantes,*
item met. VI, 212; X, 18. 180. cf. her. 14, 46); nec *rettulit* scripsit ille
praeter Ag. 819 (cf. Ov. met. III, 383 *rettulit Echo*). denique, quod
summum est, in *E* prima manu scriptum fuit *quor excidistis,* certe post
quo una tantum littera erasa; *quor* igitur qui codicem *Σ* interpolavit
correxit ut in *M* et Vindobonensi legitur, spreta correctura recepit *N.*
illud vero quomodo emendandum vel potius intellegendum sit iam
nemo opinor dubius haerebit. certe ut grammatica ratione *excidimus*
sic Etrusci auctoritate *decidimus* refellitur alioquin nec usu illud nec
grammatica recusatum. cf. Gronov. ad l.; Sen. ep. 75, 9 *iam tamen in
illa — decidere non possunt.* Claudian. bell. Gild. 44 *ei mihi quo
Latiae vires urbisque potestas decidit?*

> *fata, sed veteres deum*
> *irae secuntur e. q. s.*

haec ita accepisse videntur quasi dictum sit 'non haec prima',
'non haec demum'; vides autem hunc potius traditae scripturae sensum esse: non Labdacidas haec infortunia petunt,
sed iam ante Labdacum initium cepere; quod a carminis proposito alienum est. non premo quod chorus ignarus Oedipum
e Labdaci genere esse adhuc Meropae illum Polybique filium
habet (cf. 661 sq.); verum post v. 709 utique flagitatur haec
sententia: non haec *propter te* Labdacidas, i. e. Thebanos,
fata petunt; respondet enim Laii dicto: *patria non ira deum,*
sed scelere raperis. ergo aliqua enuntiati particula intercidisse
videtur; quae qua ratione suppleri possit ostendemus cum de
metris constabit. sequitur sententia multorum versuum spatium
complectens, submolesta quidem et subobscura, sed ut suspicionem non moveat.[13] statim enim in narratione incipit tem-
pusque describit quo Cadmus in Thebarum locum venerit:
umbram fontemque nemus Castalium viris Phoenicibus praebuit,
cum Cadmus Iovi sacra ferens in hac silva requiesceret et, a
Phoebo iussus vaccam iugi immunem sequi, tandem consisteret
gentique de bove nomen daret. haec ineleganter dicta sunt
sed non vitiose. contra ferri non potest quod legitur 725 sq.

> *aut anguis imis*
> *vallibus editus annosa supra*
> *robora sibilat superatque pinus,*
> *supra Chaonias celsior arbores*
> *erexit caeruleum caput,*
> *cum maiore sui parte recumberet.*

non in narrationis progressu satis quidem miro offendimus —
ita enim haec narrat quasi inter Cadmi adventum necemque
draconis multum temporis intercesserit et quasi angui isti nihil
commune fuerit cum pugnacibus terrae filiis, quamvis Ovidium
exprimat —, sed in eadem re intolerabili modo bis dicta;
nihil enim v. 728 aliud dicitur quam quod 727 audivimus,
ne loquendi quidem genere variato (*supra annosa robora —*
supra Chaonias arbores). non dubito quin locus interpolatus

---

[13] commodius sententiae partes inter se coniungantur si scribas
712 *Castalium ut nemus*, cui respondeat 715 *ut primum*, coordinetur
722 *deseruit*, ut 724 apodosis incipiat: *tempore ex illo.* sed sic merito
diceres per priora duo membra sententiam non continuari. et videtur
structura rudis et aspera non ex metrorum insolentia tantum sed ex
nimia quoque Ovidii imitatione orta esse; quod concedes si relegeris Met.
III, 6 sq. ubi eodem ordine res proferuntur et subinde verbis eisdem.

sit, quem quo saepius retracto eo magis verisimile habeo sic
restituendum esse (ut integros versus integros adscribam):

> *aut anguis imis vallibus editus*
> *annosa supra robora sibilat*
> *supraque pinus*
> *erexit caeruleum caput,*
> *cum maiore sui parte recumberet*

ut v. 728 insertus sit cum *supraque* in *superatque* proclivi
errore mutatum fuerit.

dein spartorum originem et pugnam fusius describit atque
in eadem materia tractanda, ut solet, transitum a mixto metrorum genere ad anapaestica facit. quorum in confiniis pridem
haesitarunt viri docti et iure quidem in interpolatorum codicum
scriptura, quam tentantes quod nihil effecere ingeniosi viri
Grotius et Rutgersius (V. L. p. 426 sq.) non mireris. Etrusci
scripturam rectam esse vidit Gronovius; quae offensionis nihil
praeberet si cum anapaestis sententia non interrupta coniungi
posset: v. 733

> *sonuit reflexo classicum cornu*
> *lituusque adunco stridulos cantus*
> *elisit aere. non ante linguas*
> *agiles et ora vocis ignotae*
> *clamore primum hostico experti*
> *agmina campos cognata tenent* e. q. s.

sed hoc fieri non potest; nam ut *agmina cognata* appositionis
vice ad *experti* accedere possit, nomen desideratur quo adiectivum *experti* regatur. itaque in metro sententiam quoque
terminari iudicandum est. ita vero statim apparet incorrupta
quidem haec verba esse ('linguas non antea agiles et ora ignotam vocem fundentia primum experti clamore bellico'), sed
manca: desideratur enim verbum et, quoniam de viris nihil
dum comperimus (v. 731 *feta tellus impio partu effudit arma*),
nomen; vel, ut aliter idem dicam, intercidit hoc fere sententiae
supplementum: *[pugnamque inibant tellure nati] non ante lin-*
guas agiles et ora — clamore primum hostico experti.' dein
pergit: *agmina campos cognata tenent.*

denique cantici finem inspicere debemus, licet anapaestis
compositum, ut sententiarum ordinem recte aestimemus. atque
de v. 751 sq. aliquid vidit Peiperus vel potius sensit: nimirum
haec cum praecedentibus non cohaerere. at aptissime Actaeonis
fata in hoc carmine narrantur et de Phoenissarum cantico
somnia discutient puto quae de scaenis illis disputavimus. Habruckerus quoque a Peipero in errorem se deduci passus est

(p. 53 sq.); qui quod de Actaeone narrationem 'frigidam atque aridam' esse dicit id non emimus maioris quam illi constitit; et apud ipsum quoque plus valuerint aliae quas a Peipero in se suscepit rationes. quarum alteram, inconexam scilicet orationem, mox tangemus; de altera et Peiperum et Richterum et Habruckerum errare credimus. dicunt enim canticum aperte finiri versibus 748—50

> hac transierit civile nefas,
> haec Herculeae norint Thebae
> proelia fratrum.

quibus sane respicitur ad regum altercationem; ea vero non praebuit choro canendi materiam, sed perstringitur tantum occasione data: argumentum carminis in eo versatur quod non Oedipi culpa Thebae domusque Labdacidarum vexentur sed vetere deorum ira, id quod demonstrari non potest nisi inde ab initiis Cadmi inruentibus in domum eius infortuniis; apte igitur hoc carmine Semeles Inus Actaeonis Penthei fata poterant enarrari. atqui dispicere possumus quae causa fuerit cur Actaeonis potissimum transformationem elegerit. nempe quod in priore carminis parte Ovidium suum non imitatum tantum poetam esse sed expressisse interpretes viderunt — unde non minus quam metris insolitis et difficilibus factum esse coniecimus ut minus elegantes evaderent structurae sententiarum — idem multo etiam apertius in eis versibus factum est quos de Actaeone composuit:

> v. 752 *cum vivacis cornua cervi*
>   *frontem ramis texere novis*
> Ov. met. III, 194 *dat sparso capiti vivacis cornua cervi*
> (cf. med. fac. 59 *et quae prima cadent vivaci cornua cervo*).
> v. 760 *donec placidi fontis in undis*
>   *cornua vidit vultusque feros*
> Ov. met. III, 200 *ut vero vultus et cornua vidit in undis.*

praeterea cf. 757 — III, 198; 759 — III, 228; 762 — III, 163. sed non sermone contentus etiam ordinem rerum expressit: nimirum Ovidius quoque narrato Cadmi adventu sic pergit: potuisse quidem Cadmum felicem videri exilio, sed ultimam semper diem hominis [14] expectandam esse:

> 138 *prima nepos inter tot res tibi, Cadme, secundas*
>   *causa fuit luctus*

quae excipiuntur Actaeonis transformatione. itaque totum

---

[14] ut est in commentis Lucani (cf. Useneri adnotationem p. 256, 26); *homini* codd.

carmen ab uno poeta Ovidii exemplo compositum esse constat.
sed verum est sic narrationem incipere non posse: *quid Cadmei fata nepotis, cum* e. q. s. atque ipsa sermonis forma docet
aliquid antecessisse cui illud adplicari potuerit. omnino autem,
cum ex eis quae modo expedivimus constet maiorem narrationis
ambitum inter spartorum pugnam Actaeonisque fatum non
intercessisse, sententiae tali fere supplemento satisfactum erit:
[quid plura canam?] quid Cadmei fata nepotis? e. q. s.
    finitur vero canticum aptissime ut in codicibus legitur, in
imagine scilicet Actaeonis fatum agnoscentis depingenda; quo
artificio amputatur filum narrationis nondum finita licet carminis materia. sic Thy. 122 sq., cum carminis argumentum
sit numinum invocatio ut arceant ab Argis in futurum scelera,
Pelopis et Tantali criminibus relatis in poena Tantali apud
inferos describenda carmen terminatur his verbis:
        conantemque sequi deserit: hic bibit
        altum de rapido gurgite pulverem
ubi finem carminis deesse iam Scaliger putabat.
    accedimus ad Agamemnonis canticum 589 sq. quod item
statim in initio insuperabiles interpreti difficultates opponit,
quas Peiperus, cetera ad libidinem discerpens et amplificans,
ne sensit quidem, licet tactae sint a prioribus. qui quod
v. 593 *hunc* ad *portum* referebant, id refutavit Gronovius (ad
v. 596) recte dicens *hunc* non posse intellegi nisi contempto-
rem levium deorum v. 605. miratur enim chorus quod vitae
miserias morti homines praeferant v. 589:
        heu quam dulce malum mortalibus additum
        vitae dirus amor[15]), *cum pateat malis*
        effugium et miseros libera mors vocet,[16])
        portus aeterna placidus quiete.[17])
statim pergit v. 593:
        nullus hunc terror ·nec impotentis
        procella fortunae movet aut iniqui
        flamma tonantis
et quae in eandem sententiam usque ad v. 604 secuntur, dicta
de eo qui mortem eligere prae vita miserabili non dubitet.[18])

---

[15]) similes locos dabit volenti Valckenaerius Diatr. p. 232.
[16]) Phaed. 253 *haec sola ratio est, unicum effugium mali.*
[17]) Sen. cons. Pol. 9, 7 *in hoc tam procelloso et in omnes tem-
pestates exposito mari navigantibus nullus portus nisi mortis est.* de
vit. beat. 19, 1 *laudavitque aetatis in portu et ad ancoram actae
quietem* e. q. s.
[18]) sive de sapiente ut audierit philosophanti Senecae: ep. 56, 13

eius autem viri descriptio sequitur demum finitis eiusdem lau-
dibus, quas ita nec intellegere nec referre quo pertinent quisquam potest. et languide dicitur v. 604 omne servitium per-
rumpere cui mori facile sit, cum de eodem multo plura et
maiora iam dicta sint. contra id ipsum aptissime dicetur statim
post v. 591 *cum miseros libera mors vocet.* ut brevis sim,
vv. 604—608 suo loco post 592 reddendi sunt:

> *cum pateat malis*
> *effugium et miseros libera mors vocet,*
> 592 *portus aeterna placidus quiete.*
> 604 *perrumpet omne servitium* [19]*) contemptor*
> *levium deorum,*
> *qui vultus Acherontis atri, qui Styga tristem*
> *non tristis videt audetque vitae*
> 608 *ponere finem.*
> 593 *nullus hunc terror nec impotentis*
> *procella fortunae movet aut iniqui*
> *flamma tonantis e. q. s.*
> dein 602 *non (timet) urbe cum tota populos cadentes*
> *hostica muros populante flamma*
> *indomitumve bellum:*
> 609 *par ille regi par superis erit.*
> *o quam miserum est nescire mori e. q.'s.*

quae secuntur incorrupta sunt quamvis artificiose constructa.
narrandae Graecorum fraudi chorus praefatur praedicanda patriae per decem annos constantia: quam bello non victam Herculis sagittis iterum succubuisse [20]) et, cum Achilli et Patroclo
restiterit — huic alienis armis hostem territanti, illi amicum ulcis-
centi — extremo honeste pereundi titulo semet ipsam privasse:

> *restitit quinis bis annis*
> *unius noctis peritura furto.*

ipsa deinde fraudis narratio nihil habet in quo offendas.

---

prior ille sapiens est quem non tela vibrantia, non arietata inter se arma
agminis densi, non urbis impulsae fragor territat e. q. s. (v. 599 sq.).
59, 14 *sapiens ille plenus est gaudio, hilaris et placidus, inconcussus:*
cum dis ex pari vivit (v. 609); 102, 29 *quam (aeternitatem) qui mente*
concepit, nullos horret exercitus, non terretur tuba, nullis ad terro-
rem minis agitur (v. 596 sq.). vides rem non potuisse verbis magis
stoicorum et ipsius Senecae propriis tractari quam in Agamemnone
factum est.

[19]) cf. Lucan. IV, 576 *quam sit non ardua virtus servitium fu-*
gisse manu, alia.

[20]) nam v. 613 ita distinguenda est sententia:
> *non illa bello victa non armis,*
> *ut quondam, Herculea cecidit pharetra.*

de altero cantico (808 ·sq.) non multa dicenda erunt.
Troades ingentes viros Argivorum urbe prodisse expertae prae-
dicant laudesque prioris Troiae expugnatoris, sed magis illius
generose in victos se gerentis (cf. Tro. 718 sq.), canunt v.
809:
> *semper ingentes alumnos*
> *educas: numerum deorum*
> *imparem aequasti* e. q. s.

quod verbo non tangerem nisi a Peipero inepta coniectura
tentatum esset *numerum laborum;* manifestum est Herculem a
choro inter duodecim deos recenseri, qui nimirum illo nondum in caelum recepto undecim fuerint. describuntur deinde
natales Herculis et deinceps duodecim labores recensentur; in
quibus minuta tantum adnotanda sunt. 821 consentaneum est
movit recte legi, non *movet* (*E*). 846 *tinxitque crudos ultimus*
rictus sanguis aurigae (*ultimos E*). denique in fine carminis
v. 862:
> *te duce succidit mendax*
> *Dardaniae domus et sensit arcus*
> *iterum timendos; te duce concidit*
> *totidem diebus Troia quot annis*

scribendum videtur *Dardanidae domus,* et propter epitheton
mendax et quia sequitur Troiae nomen, denique cum *domus*
non de urbe sed de Laomedonte dictum videatur. v. 864
iterum non ad *sensit* attinet sed ad *timendos,* in quo totum
sententiae acumen situm est; item v. 865 ad *totidem diebus*
subaudimus ʿcum primum arcus sentiretʾ, ad *tot annis* ʿcum
iterumʾ.

haec sunt quae de carminum istorum lectione monenda
videantur; quae nec multis locis nec gravius quam solet corrupta esse, naturam corruptelae et rationem qua sanari possit
ubique certa via demonstrari posse vides. in universum vero
quod negari non potest duritiem quandam sermonis et scabri-
tiem per omnia illa persentisci, id metrorum insolitorum difficultatibus et angustiis ipsi poetae non facile superandis iure
adscripsisse videmur. itaque ad ipsorum metrorum naturam
expendendam accedamus, qua in re eo certius quod verum est
assequemur quo magis persuasum habebimus, numerorum quo-
rumlibet recuperandorum causa nihil utique in verbis quae
incorrupta esse cognovimus mutandum esse.

singulos igitur versus eo consilio perlustrabimus ut pares
una tractentur eis tantum repositis ad quos restituendos tradita in *E* versuum dispositio inmutari debeat. sunt autem
praeter quosdam trochaici et dactylici generis versiculos omnes

ex metris Horatio usitatis derivati, ut versus aut integri aut
dimidiati aut inversis colis ponantur. unde hoc pro certo
concludendum mihi videtur, ubi versus sapphici asclepiadei
alcaici glyconei puri aut e Senecae consuetudine formati apparent, eos a poeta ut versus integros positos esse, et si
quando discerpti in Etrusco legantur, errori id tribuendum
esse. recte enim Richterus contendit, sive continuentur hi
versus sive interrumpantur, auribus perinde esse, quippe quibus
ut integri utique percipiantur. metris numerisque magis artificiosis et in ipsius tragoediis praeterea non usurpatis abstinuit.
interdum diversi generis versiculis iuxta ponendis inconexos
effecit, sed plerumque ita ut Aeolorum logaoedicos imitaretur;
de quibus iudicium suo loco fiet. iam singulos versus excutiamus, singulos scilicet ut in Etrusco discribuntur.

> Oed. 404 *lucidum caeli decus huc ades votis*
>   *quae tibi nobiles*
>   *Thebae Bacche tuae*
>   *palmis supplicibus ferunt.*

statim in initio expediendum est quod graves cuipiam scrupulos
movere possit. nimirum quisquis ad haec carmina tractanda
accedet ante omnia inquiret an strophis Graecorum ritu inter
se respondentibus liberiora metra poeta incluserit. cui suspicioni et huius carminis exordium et Agamemnonis alterum
primo obtutu favere videntur. atque Oed. 404 similem habet
versum inconexum, dimetro scilicet trochaico catalectico et
priore sapphici parte constantem v. 412

> *te decet cingi comam floribus vernis.*

hinc vero quae secuntur et plane diversa sunt a v. 405 sq.,
cum de gravioribus corruptelis nullo modo cogitandum sit, et
syllaba anceps quae in medio v. 404 statuenda fuerit, nusquam
praeterea apparet. magis adridet Ag. 611

> *vidimus patriam ruentem nocte funesta*

cui respondeat v. 626

> *vidimus simulata dona molis immensae,*

versus constantes ordine logaoedico, nimirum sapphico cui
demptus sit in prima parte spondeus et priore sapphici he-
mistichio. secuntur autem utrobique, si versus 612 et 627
praetereas, numeri saltem sapphici, ut si graviora ulcera has
periodos traxisse statuas de recuperanda eurythmia cogitare
queas. sed haec fallacia sunt et a nobis prolata tantum ne
alios quoque eludant. nihil enim sententiae habent in quo
iure offendas nec re vera sapphici sunt versus 614 sq. similes

igitur versus Senecae consuetudini ascribas in nova re ordienda
verba priorem sententiam inaugurantia repetendi.

   itaque cum Oed. 404 cum v. 412 componere syllaba anceps non prohibeat quidem sed dissuadeat, accedit ut ultima
vocula *votis* cum 405 coniuncta glyconeum efficiat legitimum:

> *votis quae tibi nobiles.*

quod restat

> *lucidum caeli decus huc ades*

sapphicus est ultima syllaba mutilatus. cf. Mar. Vict. p. 118, 25
`sane reperimus phalaecium syllaba novissima detracta veluti sca-
zonta ut est*

> *nunc Troiam fera vindicat Venus*

quem volunt videri claudum' sic infra Ag. 608 reperiemus alcaicum detracta novissima:

> *audetque vitae ponere finem.*

sic Ag. 811 sapphicum deficiente ultimo trochaeo:

> *imparem aequasti tuus ille.*

cf. Ag. 611 et 626. Oed. 500 sapphicum sine spondeo:

> *cantat et geminus Cupido*

quem, si basin trochaicam concedas, glyconeum hypercatalectum
voces (Soph. OC. 165 κλύεις ὦ πολύμοχϑ' ἀλᾶτα). haud
raro occurrit, qui eodem pertinet, sapphicus dempto primo
trochaeo, qui est glyconeus hypercatalectus legitimus: Oed. 481

> *Thermodontiacae catervae*

sic Oed. 499. Ag. 829

> *infusis humero capillis.*
> *te sensit Nemeaeus arto.*

de Ag. 605. 606. 812 v. i. porro Oed. 729 alcaicum habes
iambo detracto:

> *erexit caeruleum caput,*

qui est glyconeus addita in initio syllaba (v. i.). sequitur glyconeus v. 407

> *palmis supplicibus ferunt.*

praeterea glyconei inveniuntur Oed. 410. 492. 710. 718. Ag.
842. 863:

> *et tristes Erebi minas.*
> *fluxit Nyctelius latex.*
> *non haec Labdacidas petunt.*
> *praedonem venerans suum.*
> *egit Threicium gregem.*
> *mendax Dardanidae domus.*

et basi trochaica[21]) Oed. 711. Ag. 848.' 849

> *fata sed veteres deum.*
> *vidit Hippolyte ferox*
> *pectore e medio rapi.*

versus qui intercedit 406

> *Thebae Bacche tuae*

asclepiadei prior pars est[22]), cum glyconeo videlicet apte coniuncta, ut quae eodem iure glyconeus vocetur novissimo iambo
curtatus.   secuntur asclepiadei 408. 409:

> *huc adverte favens virgineum caput,*
> *vultu sidereo discute nubila*

idem versus Oed. 501. 713. 717. 728. 730. Ag. 590. 808.
843. praeterea priore choriambo in molossum verso contra
numerorum naturam Oed. 715

> *ut primum magni natus Agenoris*

(cf. B. Schmidt. p. 69) et spondeo in dactylum Ag. 591

> *effugium et miseros libera mors vocet.*

quod in sapphicis Seneca interdum admisit: v. B. Schmidt.
p. 72; sic Oed. 413

> *te caput Tyria cohibere mitra.*

sequitur Oed. 411 altera pars sapphici hendecasyllabi

> *avidumque fatum.*

eadem rursum invenitur v. 414, praeterea 477. 490. 719.
Ag. 849

> *hederave mollem.*
> *geminumque plaustrum.*
> *meliore pensans.*
> *monituque Phoebi.*
> *spolium et sagittis.*

(cf. Ag. 837) et aliquotiens coniuncta cum aliis colis. reliqua
tetigimus praeter ultimum v. 415

> *bacifera religare frontem*

qui est strophae alcaicae versus tertius; eundem deprehende-
mus Ag. 632. 841

> *fraude sua caderent Pelasgi.*
> *Geryonae spolium triformis.*

---

[21]) quo versu in eadem Oedipo canticum constare voluit 882—914.
hunc Muellerus recte dixit dimetrum trochaicum habendum esse (p. 166),
septenarii alteram partem, sive senarii dicas post semiquinariam.

[22]) penthemimeren heroicam voces, sed ab Horatianis metris sua
derivat; cf. Terent. 2584 'carmen Pierides' quod hexametri est.

novissima pars cantici incipit a v. 472

sensere terrae Zalacum feroces

qui compositus est priore alcaici et posteriore sapphici partibus, cuius generis versiculi saepe occurrunt; plerumque autem uno versu duo coniunguntur, ut ipso v. 472 factum est.[23] quorum uterque ab anapaesto incipit Oed. 482. Ag. 633. 836. 860; prior a spondeo alter ab anapaesto Oed. 472. 487. 502. 714. 735. Ag. 854. 864; alter ab anapaesto alter a spondeo Ag. 833; uterque a spondeo Ag. 844. tertius eiusdem generis versiculus sequitur Ag. 836 et 860, praemittitur Oed. 735: ut his locis terni se excipiant.

deinceps v. 473 tetrameter dactylicus est:

et quos vicinus Boreas ferit

cf. 449—465. Ag. 607:

qui Styga tristem non tristis videt.

hunc versum 'in tragicis choris saepe iunxisse Pomponium et Senecam' Terentianus narrat 2135 sq., qui e Pomponio quattuor versus adfert. cf. Mar. Vict. 115, 13 et passim. Mar. Plot. 512, 24.

secuntur quinque versiculi priore sapphici hendecasyllabi parte constantes; quod colon frequenter adhibuit, ita nimirum pronuntiandum quasi e cretico et spondeo constet:[24]

árva mutántes

cf. Oed. 483. 491. 500. 725. Ag. 819 sq. 838 sq. 847. 851. 856. qui versiculos istos excipit

vertice summo

adonius quidem est et eundem reperimus Ag. 595. 618. 818. 834 et fortasse 607. 608. sed sermonis elegantia et numerorum praecedentium aequalitas hoc loco suadet ut scribamus

vertice e summo [25]).

---

[23] cf. Mar. Vict. 105, 8 *nam si ex duobus iambicis quae penthemimere vocantur, versus unus formetur, fiet sapphicum huius modi meat per aequor Inoa proles.*
[24] cf. Diom. p. 469, 11 *trochaeus quoque in clausula bene ponitur, maxime si se ipse praecedat, ut 'acta res est' —, — et amphibrachys: 'venite mecum', nisi quod haec clausula in rythmum cadit; et anapaestus 'impetus fecit'.* nimirum haec clausula grammatico in rythmum cadere non videbatur.
[25] cf. Stat. Theb. III, 219 *e vertice mundi prospectans.* V, 481 *illos e scopulis et summo vertice montis — prosequimur visu.* Manil. I, 283 *omnia quae summo* (Bentleius: 'concinnius legas *e summo*') *despectant sidera mundo.* cf. Sil. III, 417 *Pyrene celsa nimbosi verticis arce divisos Celtis late prospectat Iberos,* alia.

quem versiculum duo excipiunt:

> *sidus Arcadium*
> *geminumque plaustrum*

quos in sapphicum qualis extat 413 coniungere possis ut factum est in *A*; sed quoniam segregati traduntur nec purus
versus est nihil obstat quominus versiculo aeolico suum locum
concedas. contra Ag. 825

> *Herculem nasci*
> *violentus ille*

sine dubio sapphicus iniuria discerptus est.

secuntur 478. 79. 80 sapphici hendecasyllabi Horatiana
severitate compositi ut 486. 488. 493. 494. 497. 719. 721.
724. Ag. 592. 596. 602. 620. 621. 625. 628. 629. 633.
814. 817. 825. 826. 835. 837. 845. 857—59. 861. de reliquis suo loco iudicandum erit.

versus qualis est 483

> *sacer Cithaeron sanguine undavit*

rursum legitur 731. Ag. 613:

> *aut feta tellus impio partu.*
> *non illa bello victa non armis.*

nam prima brevi etiam in alcaico utitur, cuius priore colo
cum priore sapphici coniuncto versus iste constat. item sequentem versiculum

> *Ophioniaque caede*

ex sapphico numero descendere recte Muellerus dixit (p. 121).
v. 489 sq.:

> *tradidit thalamis*
> *relictam virginem*
> *meliore pensans*
> *damnum marito*

nihil obstat quominus versiculum logaoedicum ut 476 (*sidus
Arcadium*), dimetrum iambicum brachycatalectum, secundam
partem sapphici et priorem alcaici agnoscamus; sed tria priora
cola alium numerum continent quem non agnosci discribendo
aures vetant:

> *tradidit thalamis relictam*
> *virginem, meliore pensans*
> *damnum marito*

sic v. 500 *cantat et geminus Cupido.* cf. p. 121. sequens versus
sine dubio una voce immerito auctus est:

> *pumice ex sicco fluxit*
> *Nyctelius latex.*

est enim sapphici prior pars quae glyconeo excipitur.

v. 495 sapphicus inversus:
> *niveique lactis candidos fontes.*

idem Ag. 827
> *tibi concitatus substitit mundus.*

v. 496 alcaicus:
> *et mixta odoro Lesbia cum thymo*

quales extant praeterea 712. 716. 725. 726. Ag. 597. 598.
609. 821. 830. 852 et basi iambica Oed. 723 ut Hor. I, 9, 1.
— v. 498 dimeter iambicus catalecticus:
> *solemne Phoebus carmen.*

v. 502 eiusdem generis cuius v. 472, ut in eodem ordine haec
cantici pars terminetur a quo initium cepit. —
alterum carmen incipit a dimetro anapaestico v. 709:
> *non tu tantis causa periclis*

(ut Ag. 610 *o quam miserum est nescire mori*), et sequitur
glyconeus. quorum versuum sententiam mancam esse supra
demonstravimus. et cum in priore versu haud sine ratione
offendisse Peiperus videatur, fieri potest ut a glyconeis numeris
carmen inceperit:
> *non tu causa periculi*
> *tanti es: [crimine de novo]*
> *non haec Labdacidas petunt*
> *fata, sed veteres deum* e. q. s.

quamquam, si anapaestos in initio retineas, non diverso uti
poteris sententiae supplemento:
> *non tu tantis causa periclis,*
> *non haec [crimine de novo*
> *tanta] Labdacidas petunt*
> *fata* e. q. s.

nam de numerorum congruentia equidem in his deliciis nec
spondeo quicquam nec tento. — v. 720. 21
> *quam non flexerat vomer aut tardi*
> *iuga curva plaustri*

constant hendecasyllabo sapphico
> *vomer aut tardi iuga curva plaustri*

et colo quale redit Ag. 622 (*extremum decus*) [26]) et in numeris
diversis Ag. 615
> *quam non Pelei Thetidisque natus.*

v. 722 alcaicus inversus:
> *deseruit fugas nomenque genti*

---

[26]) cf. Mar. Vict. 145, 10 *item ex molosso et iambo qui molos-
siambus dicitur: marcenti gradu.*

ut Ag. 631

> *et licuit dolos versare ut ipsi*

et Ag. 853

> *extimuit manus insueta carpi.*

ac statim sequitur alcaicus rectus 723 (basi iambica). in sequentibus v. 728 interpolatum esse supra demonstravimus; quod causae fuerit ut versus praecedentes postea non recte discriberentur. constant enim priore sapphici parte

> *protulit tellus,*

duobus alcaicis et, si recte conieci, alcaici priore colo

> *supraque pinus.*

in fine carminis aliquid omissum esse vidimus; quod rursum non sine damno metrici ordinis factum est. etenim haec (v. 732 sq.):

> *sonuit reflexo classicum cornu*
> *lituusque adunco stridulos cantus*
> *elisit aere, non ante linguas*
> *agiles et ora vocis ignotae*
> *clamore primum hostico experti*

et sapphicus integer et ancipites coalescentesque syllabae sic docent discribenda esse:

> 732 *sonuit reflexo*
> *classicum cornu lituusque adunco*
> *stridulos cantus elisit aere*
> 735 *non ante linguas agiles et ora*
> *vocis ignotae clamore primum*
> *hostico experti.*

versus autem quales sunt 734 et 736 — sapphici scilicet cum molosso choriambi loco, sive mavis prior sapphici pars cum alcaici priore — redeunt Ag. 617. 630. 809. 813. 815. 846. 850:

> *vicit acceptis cum fulsit armis.*
> *conditos reges bellumque gestans.*
> *Argos iratae carum novercae.*
> *magnus Alcides cui lege mundi.*
> *roscidae noctis iussitque Phoebum.*
> *praebuit saevis tinxitque crudos.*
> *nube percussa Stymphalis alto.*

ac v. 850 item priore sapphici parte excipitur: *decidit caelo.* Oed. 735 autem ex eorum numero est quos ad v. 472 composuimus. intercidisse igitur versus ante 734 videtur qualem supra proposui:

> *[pugnamque inibant tellure nati]*
> *non ante linguas agiles et ora* e. q. s.

in his canticis perraro vides ab ordine antiquitus tradito recedendum fuisse et eis quidem locis plerumque in quibus de lectione simul dubitandum erat. quod si in Agamemnone paullo saepius ordinem a librariis turbatum restituemus, id eo minore cum periculo faciemus, quo certius iam constat metrorum genera in Agamemnone fere eadem quae in Oedipo usurpata esse. sed nova quoque inveniri primus statim versus docet 589:

> heu quam dulce malum mortalibus additum

asclepiadeus scilicet addita post caesuram syllaba; v. i. ad v. 594. — v. 593:

> nullus hunc terror nec impotentis

non potest inter sapphicos p. 126 enumeratos recenseri; nam cum molossus ferendus sit, cretico in choriambi locum succedente numeri prorsus abolentur. priorem sapphici partem cum priore alcaici coniunxisse videtur; nec fortasse istos si dis placet sapphicos aliter voluit intellegi. numeri autem evaserunt trochaici, ut v. 589 dactylici, et versus qualem Marius Plot. 530, 2 trimetrum trochaicum brachycatalectum colurum chorium palintrochaicum nomine sesquipedali nuncupat ʿcum quinque pedes trochaici metri ponantur, debentes esse sex, ut sit trimetrum acatalectum

> immemor struis domos severas.ʾ

sequens versus:

> procella fortunae movet aut iniqui

vel sapphicus adiecta anacrusi vel potius alcaicus dodecasyllabus est: ἰόπλοχ᾽ ἀγνὰ μειλιχόμειδε Σαπφοῖ (Heph. p. 45, 22 W. περιττεῦον συλλαβῇ τῇ τελευταίᾳ). cf. Mar. Vict. 101, 10 ʿet ex heroo quidem per adiectionem syllabae fiet ita: Musae mi Pierides Clariusque adsistat Apollo.ʾ p. 145, 18 ʿitem e duobus dactylis et semipede, qui repetiti faciunt elegiacum, adiecta in primo syllaba una et in medio altera inserta, quod thesmophorion vocatur, ut

> o perpetuo tellus quae nunc riget usta gelu.ʾ

et similia e Caesii Bassi doctrina apud grammaticos multa et nota. placuit autem inventum illud poetae, qui praeter v. 594 ter eodem usus est: 603. 616. 619

> non urbe cum tota populos cadentes.
> carusque Pelidae nimium feroci.
> aut cum ipse 27) Pelides animos feroces.

---

27) ecthlipsin non minus molestam in cum v. Ag. 98. 139. Med. 355. Tro. 185.

post adonium v. 595 (v. ad Oed. 476) si hendecasyllabos a
librariis diremtos restituimus, hi versus evadunt 596 sq.:

> *pax alta: nullos*
> *civium coetus timet aut minaces*
> *victoris iras, non maria asperis*
> *insana coris, non acies feras*
> *pulvereamve nubem*

e quibus v. 596 prius alcaici colon, v. 600 nota pherecratei
forma est (*Lydia dic per omnes*), qua Seneca in Phaedra usus
est v. 1131: *imbriferumque corum* et infra v. 604: *indomitumve*
bellum. — v. 601

> *motam barbaricis equitum catervis*

cum sapphici numeri prorsus destructi sint, versum agnosci-
mus ex priore asclepiadei et altera sapphici parte edolatum.
eodem utitur v. 614. 907.

> *ut quondam Herculea cecidit pharetra.*
> *audivit sonitum crepitante lamna.*

v. 604 sq.:

> *perrumpet omne servitium contemptor*
> 605 *levium deorum.*
> *qui vultus Acherontis atri qui Styga tristem*
> *non tristis videt audetque vitae*
> *ponere finem. par ille regi par superis erit.*
> 610 *o quam miserum est*
> *nescire mori*

haec usque ad medium v. 609 falso loco tradita et ante v. 593
inserenda esse intelleximus. versiculi autem cum praeter ordinem locarentur simul factum est ut praeter numeros dispo-
nerentur. et ultro quidem prodeunt versus quales enumeravimus p. 121:

> *contemptor levium deorum*
> *qui vultus Acherontis atri.*

quod in initio relictum est quamquam facile credi potest sic
potius legendum esse:

> *servitium perrumpet omne,*

nihil tamen obstat quominus alcaicum versum habeamus ultimo
pariambo mutilum

> *perrumpet omne servitium*

cui proxime accedit Oed. 729 *erexit caeruleum caput.* — v. 606
relinquitur quidem adonius

> *qui Styga tristem,*

sed sequens versus ἄρρυθμος est et, ut syllaba anceps docet,
errore conexus. itaque haec ita discribenda sunt:

qui Styga tristem non tristis videt
qui est tetrameter dactylicus (v. ad Oed. 473) et
　　audetque vitae ponere finem
qui est alcaicus dempta novissima (cf. p. 121 et infra ad v. 618.
865). relinquitur autem iam suum sibi versum tenens alcaicus
　　par ille regi par superis erit
et dimeter anapaesticus secundum *A*, sive potius duo monometri ut leguntur in Etrusco.

　v. 611 sq. fallere antistrophicae compositionis blandam
speciem demonstravimus p. 120, quamquam idem ordo invenitur v. 611 et 626 constans scilicet sapphico sine spondeo
et priore sapphici parte integra. v. 612 statim subicitur versus
contrario modo conformatus, scilicet ex ordine logaoedico ab
anapaestis incipiente
　　cum Dardana tecta Dorici
et altera parte sapphici compositus:
　　raperetis ignes,
ut hi versus se excipiant:
　　vidimus patriam ruentem | nócte funesta
　　cum Dárdana tecta Dorici | raperétis ignes
quod poetae laudabile visum est artificium. — v. 615 integer
sapphicus erit si cum Peipero scribas *Pelei quam non Theti-*
disque natus. sed v. p. 125 ad Oed. 720. — v. 616:
　　carusque Pelidae nimium feroci vicit
v. p. 127; demendum enim est in fine *vicit*, ut et nimia quaedam sunt in sequenti versu:
　　acceptis cum fulsit armis fuditque Troas
quae si cum *vicit* coniungas haec evadunt:
　　vicit acceptis cum fulsit armis
de quo versu vide p. 126, et
　　fuditque Troas
quae est alcaici prior pars; quam si cum sequenti adonio
coniungas:
　　fuditque Troas falsus Achilles
versum habes qualem eruimus supra v. 608. — v. 620 sq.
sapphicos male diremit librarius:
　　sustulit luctu celeremque saltu
　　Troades summis timuere muris.
quem numerum apte continuat alcaici colon alterum:
　　perdidit in malis.
de v. 622 v. p. 125. — quae secuntur v. 623:
　　restitit quinis bis annis unius noctis
　　peritura furto

constant dimetro trochaico (cf. infra v. 810. 811) et sapphico

> *restitit quinis bis annis*
> *unius noctis peritura furto.* —

v. 627:

> *Danaumque fatale munus duximus*
> *nostra creduli dextra tremuitque saepe.*

haec non recte disposita esse sapphicus docet

> *creduli dextra tremuitque saepe.*

quae restant unius versus mensuram excedunt; sed ne divisa quidem commata rythmum efficiunt ulli in his carminibus obvio comparandum, qualem ex his verbis

> *Danaumque fatale*

nullo modo elicies. multa proponi possunt, probabile mihi videtur hanc fuisse versiculorum formam:

> *Danaumque duximus*
> *fatale munus nostra*
> *creduli dextra tremuitque saepe*

cf. p. 124 ad Oed. 489 (*relictam virginem*) et p. 125 ad Oed. 498 (*solemne Phoebus carmen*). — quae secuntur ad finem obliteratos continent versus integros qui ita haec discribenda esse ostendunt:

> (*tremuitque saepe*)
> *limine in primo sonipes cavernis*
> 630 *conditos reges bellumque gestans;*
> *et licuit dolos versare, ut ipsi*
> *fraude sua caderent Pelasgi.*
> *saepe commotae sonuere parmae*
> *tacitumque murmur percussit aures*
> 635 *et fremuit male subdolo*
> *parens Pyrrhus Ulixi.*

629 sapph.; 630 v. ad Oed. 734; 631 ad Oed. 722; 632 ad Oed. 415; 633 sapph.; 634 ad Oed. 472; 635 et 636 si coniunguntur proba evadit priapei forma.

alterum Agamemnonis canticum (808 sq.) incipit ab asclepiadeo, sequitur sapphicus quales recensuimus p. 126. — v. 810:

> *semper ingentes alumnos*

dimeter trochaicus ut supra v. 623; nisi mavis hunc versum e sapphico derivare, cui scilicet in altera parte anapaestus detractus sit; certe et v. 623 sapphicus sequitur et hic sapphicus primum sine spondeo

> *educas numerum deorum*

deinde detracto novissimo trochaeo

> *imparem aequasti tuus ille*

(cf. Oed. 113 *carpitur leto tuus ille Bacche*), denique glyconeus hypercatalectus:

bisseno meruit labore

cf. p. 121.   quae secuntur omnia iam tetigimus usque ad v. 819

rettulit pedem nomen alternis

cuius altera quidem pars prius sapphici colon est quod deinceps quater continuatur, fere ut Oed. 474 sq. (p. 123), prior pars tripodia trochaica catalectica quam hypodochmium vocant grammatici (καὶ ποδῶν κτύπος), singularis quidem in his canticis. ceterum cum v. 821 alcaicus versus male diremtus sit, v. 819 sq. sic potius discribendi erunt:

> *rettulit pedem*
> *nomen alternis stella quae mutat*
> *seque mirata est Hesperum dici.*
> *Aurora movit ad solitas vices*
> *caput et relabens imposuit seni*

quorum novissimus ut alcaicus singularis est: quare licet priorem partem e sapphico numero repetas. excipit illum prius alcaici colon

> *collum marito.*

(cf. Oed. 490 *damnum marito*).

sequitur v. 824:

> *sensit ortus sensit occasus*

i. e. ditrochaeus cum priore sapphici parte, item sine exemplo. v. 825 sapphicus iniuria diremtus; v. 827 sapphicus inversus:

> *tibi concitatus substitit mundus*

cf. p. 125. — v. 831:

> *cervaque Parrhasis*

alcaici altera pars, tripodia scilicet logaoedica Graecis usitata, cf. Ar. Vesp. 1245 sq. Mar. Plot. p. 517, 4 (ὦ τὸν Ἀδώνιον).

v. 837 sq.:

> *geminosque fratres pectore ex uno*
> *tria monstra natos stipite incusso*
> *fregit insultans duxitque ad ortus*
> 840 *hesperium pecus Geryonae*
> *spolium triformis.*

versus cum male discriptos esse sapphicus et alcaicus latentes doceant, paenultimus versus qui ἄρρυθμος est omnem dubitationem tollit quin sic recte procedant:

> *geminosque fratres*
> *pectore ex uno tria monstra natos*
> *stipite incusso fregit insultans*
> *duxitque ad ortus hesperium pecus,*
> *Geryonae spolium triformis.*

9 *

in eis quae secuntur prava dispositio non minus aperta est;
nam haec certe numeris carent:

> 842 *egit Threicium gregem quem non*
> *Strymonii gramine fluminis Hebrive*
> *ripis pavit tyrannus.*

quae iam in *A* recte discripta sunt hoc modo:

> *egit Threicium gregem*
> *quem non Strymonii gramine fluminis*
> *Hebrive ripis pavit tyrannus.*

de sequentibus verbo non opus est. v. 853 alcaicus inversus
(v. p. 126); 855 v. p. 128. — v. 861 sq.:

> *latravit ore lucis ignotae*
> *metuens colorem*

nemo dubitabit quin priore alcaici parte et sapphico constent:

> *latravit ore*
> *lucis ignotae metuens colorem.*

paullum turbati sunt ultimi versiculi, 862 sq., sed ultro huic
ordini parent:

> *te duce succidit*
> *mendax Dardanidae domus*
> 920 *et sensit arcus iterum timendos.*
> *te duce concidit*
> *totidem diebus Troia quot annis.*

quorum versiculorum similes indagare tandem lectori relinquo;
omnium vero novissimum cum v. 608 et 618 comparari iubeo.

His peractis pauca quaedam monenda videntur. atque,
etiamsi hic illic de versiculorum dispositione non persuasum
esse cuipiam possit, nemo certe dubitabit quin metris ut breviter dicam Horatianis, eis scilicet quibus in reliquis quoque tragoediis usus sit, Seneca se continuerit; ita tamen ut
aut adiciendis aut detrahendis syllabis pedibusve, segregandis
aut invertendis longiorum versuum particulis solitos numerorum ordines variarit. haec si omnia complectaris eandem
fere apud illum doctrinam valuisse cognosces quae summum
locum tenet in grammaticorum qui metricas res tractarunt
praecipuorum artibus. illi enim tradunt *omnia metra vari-*
ari aut adiectione aut detractione aut concinnatione aut per-
mutatione (Caes. Bass. (Atil. Fort. I.) p. 271, 5) ac non
tantum eorum *infinitum atque immensum esse numerum* (Mar.
Vict. p. 100, 10), sed etiam nova secundum notiora inveniri
posse docent (Caes. Bass. l. s. *tantum me tamen hoc libro con-*

secutum, — ut quodcumque metrum novum aliquis se invenisse iudicarit, ad haec quae enumeravi utique referatur). illam autem metrorum ex heroico versu potissimum et trimetro iambico derivandorum doctrinam si Caesius Bassus demum invenit, qui scilicet, ut per Terentianum comperimus, citavit Senecam, non intellegitur qui eadem instructus Seneca iam carmina ista composuerit. sed dubium non est quin ante Caesium grammatici graeci et inter latinos in primis Varro immensam metrorum varietatem eodem modo digesserint et explicarint; quae non aliter in scholis pueros didicisse et consentaneum est et haec ipsa quae tractavimus carmina possunt testimonio esse. elucet enim quantopere alacriora ingenia ad nova schemata suo marte conformanda doctrina ista incitari debuerint; neque cuiquam nisi adulescentulo qui vix ludum superarit haec carmina ascribi posse peritissimum quemque sensurum esse confido. quae cum omnino puerilem quandam in metris inveniendis cacozelian prae se ferant, tum congruentiae nexusque numerorum aut nullum aut rudem admodum auctori sensum infuisse clamant. quo accedit, id quod identidem monuimus, ut elocutionis agilitatem metrorum edolandorum labore inhiberi ubique et constringi sine lectoris gaudio percipiatur.

itaque Senecam adulescentulum et Oedipum et Agamemnonem scripsisse contendo. namque, ut ad propositam de auctore quaestionem tandem aliquando redeamus, hoc certe consecuti sumus ut ab uno eodemque quattuor ista carmina scripta esse extra dubitationem videatur positum. in quibus, etiamsi utrobique singularia quaedam metra inveniuntur, tam aequalis versuum pangendorum ratio, tam pari modo circumscripti numerorum usurpandorum fines apparent, tam denique exigua in utroque eloquendi et sententias ad metrorum angustias adaptandi facultas, ut ad eundem utique auctorem ea rettuleris si adespota circumferantur. atque ne in canticis tantum istis Agamemnonis auctorem Senecae similem esse opineris, non maiore cum dubitatione id quod in hac quaestione plurimum valet pronuntiare possum, nimirum in tota Agamemnone Senecae manum stilumque non minus clare agnosci quam in Herculis Oetaei altera parte manum ab illo diversam: id quod vel multo gravioribus argumentis quam ab aliis nobisve afferri potuere vix vixque extenuari queat. ita autem sentio, Agamemnonem inter Senecae tragoedias eam esse quam primam scripsit, Oedipum secundam; quo factum est etiam ut illa laxiorem adhuc referat anapaestorum condendorum artem. Oedipum autem scimus saltem ante Phoenissas scriptam esse, id quod suo loco

adnotavimus: plura sciri nequeunt. [28] accedit denique, in
quo non parvum situm esse momentum aestimo — tetigerunt
B. Schmidtius et Habruckerus —, traditus in Etrusco tragoediarum ordo; in illo enim sese excipiunt post priores quinque
Oedipus Agamemno Thyestes Hercules; atque ignoscant viri
docti priorum horumque temporum si vix futurum fuisse dixero
ut de Agamemnonis auctore suspiciones proferrentur, si ordine
pristino illae in editionibus proponi solerent. quem tragoediarum corpori restituendum esse patet. Oedipum autem et Agamemnona cum unius eiusdemque auctoris esse certum sit, et
illas et Thyesten cum Hercule Oetaeo abiudicare Senecae de-
bebit qui alteram utram voluerit.

itaque longiorem quam par est disputationem non debili
illo et ambiguo, quo propter documentorum satis gravium in-
opiam rei subinde dimittuntur, sed satis definito terminavimus
iudicio, quo scilicet a nobis saltem ut suum cuique dabitur,
sic Senecae Agamemno.

---

[28] omnia comperta sunt Peipero, cuius μουσοδονήματα ut pleraque non tangerem, nisi suppl. praef. p. 32 sq. narraret in Agamemnone et Hercule Oetaeo 'prorsus nihil ex illis se potuisse proferre quod
quodammodo ad rem publicam pertinere videri posset sive Neroneae sive
posterioris aetatis.' quod nos quidem facile concedimus, non plura scilicet quam ex ulla tragoedia Senecae. at cum adiciat illa re coniecturis
suis de tragoediarum auctore non exiguum parari subsidium, dicam quod
sentio: nimirum nisi putasset Peiperus Agamemnonem non esse a Seneca
scriptam, haec e. g. protulisset et ad Octaviam pertinere coniecisset:
      v. 264 *lex alia solio est, alia privato in toro.*
      279 *quid honesta prodest vita flagitio vacans?*
          ubi dominus odit fit nocens, non quaeritur.
      282 *non dant exitum | repudia regum,*
et hanc tragoediam contendisset coss. Mario Celso L. Asinio Gallo scriptam esse. adeo enim quaecumque ille de tragoediarum aetate commentus
est somnia sunt nugaeque merae.

VII.

Si de arte metrica qualem in canticis Seneca factitavit quae
post Bernardi Schmidti de emendandis Senecae tragoediis libel-
lum dicenda sunt cuncta persequi volumus, restat ut de stro-
phica carminum compositione disseramus vel potius effi-
ciamus num poeta omnino in canticis stropharum aequabilitatem
regnare iusserit. atque ut quid rei sit statim dicam, in novem
tragoediis et amplius quadraginta carminibus unum est strophis re vera aequabiliter discriptum et ne id quidem simplici
usitatoque poetis genere sed septem ternorum septemque octo-
norum versuum strophis singulis in adonium exeuntibus. [1]
loquor de Medeae cantico 579 — 669 de cuius aequabilitate
accurate elaborata eo minus dubitari potest quo magis mirifice
accidit ut unica gravior corruptela in obscurata paenultimae
strophae clausula sita sit. [2] in Medea autem cum omnino
quaedam dexterius administrata sint quam in reliquis fabulis,
facile inducimur ut per totam fabulam cantica strophis, quae-
sitis licet et artificiosis quorumque non in propatulo sit natura,
instruxisse poetam putemus. ac favere suspicioni hymenaeus
videtur v. 56 sq., qui primo loco praebet undeviginti versus
asclepiadeos; secuntur duodeviginti glyconei; deinde asclepiadei
septendecim et postremo sex versus heroici: ut non sine causa
circumspicias sitne a librariis pristina aequabilitas violata. at-

---

[1] 'sed hi parum commendandi lusus sunt' G. Hermann. epit. p. 246.
[2] v. 660. nullam enim esse corruptelam in v. 653 supra p. 25 dixi.
v. 622 ad summam recte Gronovius explicavit, nimirum Tiphyn Boeotum
(Sipha vel Potnia oriundum, illa Thespiarum portu, hac prope Thebas vetusta
urbe) etiam Aulidis regem a Seneca haberi. addendum erat Graecos Troiam
petituros ipso fabulae tempore Aulide morantes a poeta fingi. nam cum
Argonautas Troica expeditio exceperit et e. g. Nestor utrique interfuerit,
quidni ilico secuta sit? praesertim cum multum temporis inter velleris
raptum coniugumque discidium intercessisse tot heroum iam peracta fata
doceant. simile sane quam putidum cacozeliae genus in Thyeste extat,
ubi haec in procellae descriptione legimus v. 586:
> *et putat mergi sua posse pauper*
> *regna Laertes Ithaca tremente.*
nam Thyestes Agamemnonis patruus Laertae si sapis aequalis est. sic
prorsus Aristophanes duces cibum publicum esurientes pridem nequaquam
ad Cleaenetum cursitasse praedicat.

que primam quidem partem si quaternorum versuum strophis
discripseris, quod fecit Richterus, relincuntur tres in initio
versus qui quid sibi velint nemo umquam dicet. neque ullum
in glyconeis eurythmiae indagare vestigium contigit, non magis
quam in Oedipi carmine 882 sq. spurios autem sive corruptos
versus hiatusve sententiae neque in hac parte [3]) nec subesse
demonstres in tertia asclepiadeis constante non aliter quam
similia carmina κατὰ στίχον compositis. ergo ne hoc quidem
in carmine ad Alcaei sive potius Horati normam se adstrinxit
neque quicquam quaesivisse videtur Seneca nisi ut partes inter
se versuum ambitu quodammodo exaequaret.

    tertium Medeae canticum est 849—878 versibus Anacre-
onteis scriptum. [4]) in quibus non primum pedem tantum anapaestum ubique vel spondeum [5]) fecit, sed et novissimum ubique
spondeum praeter v. 852 nec usquam inter duos versus hiatum
admisit nisi v. 861. praeterea ter versus brachycatalectos inter-
posuit in fine sententiae, quos eupolideos vocant (Mar. Vict.
81, 23): 857. 865. 878. ac si his indiciis ductus carmen

---

        [3]) v. 82 sq. quae sic in *E* leguntur (non inverso ordine):
              si forma velit aspici
              cedent Aesonio duci
              proles fulminis improbi e. q. s.
Gronovius recte explicavit. primi versus constructioni satis inusitatae
adhibeas Silii versum III, 114 *sin solo aspicimur sexu* e. q. s. — v. 89
              cedet Castore cum suo
              Pollux caestibus aptior
certe aride et subobscure dictum est, quod sentias si compares Hf. 906
soror sagittis aptior, Phoebus lyrae. Med. 697 *maior Pelasgis apta,
Sidoniis minor,* vel, quem in mente habuit, Horatium I, 12, 26 *hunc
equis, illum superare pugnis nobilem.* III, 6, 15 *hic classe formida-
tus, ille missilibus melior sagittis.* sed et hoc ferendum in mediocri
poeta. — v. 90
              sic sic caelicolae precor
              vincat femina coniuges,
              vir longe superet viros
recte Gronovius sic fere explicat: ut iam virgines iuvenesque, sic uxores
posthac et maritos vincant. *vir longe ut superat* interpolata scriptura
quae cuipiam adrideat vel eam ob causam improbanda est quod per totum
hoc canticum synaloepham poeta vitat.
        [4]) Mar. Vict. p. 143, 24 cf. 81, 23. Mar. Plot. 520, 6; quibus audit
dimetrum catalecticum heptasyllabum, Caesio Basso p. 266, 8 hipponactei
quadrati iambici comma posterius cf. Diomed. p. 518, 21.
        [5]) id quod grammatici non flagitant praeter Marium. Petronius qui
saepius hoc metro usus videtur, eandem regulam tenuit in versibus a
Terentiano 2862 Mar. Vict. 153, 34 adlatis et, uno versu (*manu puer
loquaci*) excepto in frg. Terent. 2483. contra iambi meri sunt quos
Diomedes adfert p. 518, 21 (frg. 19. 20. 21 B.). spondeum in fine Petronius ubique posuit praeter Terent. 2864 (frg. 20).

cum Richtero discribas, quinque partes quaternorum versuum
habes locisque secundo et septimo singulas quinorum: harum
vero stropharum secunda tantum, quarta et septima eupo-
lideo clauduntur; quod sane a poeta ita institutum videtur,
quamquam nec rationem intellego nec scio num Graecorum
cuipiam hunc lusum debeat. memorari autem debet in *E* inde
a v. 860, in quo novum folium incipit (non 858), binis versibus
singulas lineas obtineri, distinctis scilicet versiculorum initiis.
ac si coniungantur bini dimetri catalectici, metrum evadet, de
quo Mar. Vict. p. 105, 11 loquitur, aeschrionion (*amore me
subegit et igneo furore*); sed sic v. 857 quidem et 878 clau-
sularum vicem tenebunt, v. 865 vero ipsum versum catalecticum efficiet nec sane clarior fiet quam antea fuit carminis
eurythmia.

praeterea in Medea alterum occurrit epodorum genus
(unum in Agamemnone deprehendimus), 771 sq., trimetri et
dimetri iambici alternis se excipientes, quod repetitum est ab
Horatio. in anapaestis autem praeter Ag. 310 sq. de strophis
nullo modo cogitari posse consentaneum est nec verbum hanc
in rem impendendum duco; accidit sane, quod, ut apud omnes
omnium temporum poetas, in diverbiis quoque saepenumero
accidit, ut periodi aliquo modo aequales Senecae exciderent
(cf. inprimis Phaed. v. 30—47), sed hoc non consilio sed casu
factum esse et reliquae carminis partes et monometrorum syl-
labarumque debilium usus ubique docent. nec multo subtiliorem artem adhibuit carminum generi quod eurythmiam quandam vel flagitare sibi videretur, amoebaeum dico quale legitur
Tro. 67 sq.[6]) in quo non tam aequabilitatem quam speciem
quandam aequabilitatis poetam secutum esse recte vidit Haasius

---

[6]) Thy. 920—969 Thyestae monodiam ut in *A* traditur habendam
esse Schmidtius (Fleckeis. ann. 1867 p. 876) argumentis certissimis comprobavit quibus oblocutus ibid. 1868 p. 784 nihil effecit Richterus. falsam
distributionem in *E* ne nimium mireris prohibere possunt quae de personarum notis disputavi. tamen referendum est, quod omisit Peterus,
v. 942 quidem choro, sed 945 rursum Thyestae dari; in loco corrupto
aut de lacuna post 946 cogitandum — quam tamen apta sententia explere nescio — aut, quod rectum videtur, verba nihil significantia *prohibet prohibet*, utpote ex v. 945 repetita, eicienda sunt. chori notam
vides inlatam esse eo loco (942) quo alia persona loquendi initium facere
librario aliud agenti videri potuit, idem scilicet agenti quod nostris diebus
qui canticorum graecorum misere disiecta membra inter choreutas singulos discribunt. v. 938 Thyestae notam ex praecedente eiusdem nomine
natam esse Schmidtius vidit: in quo turbarum initium cognoscimus. —
in Hercule Oetaeo carmen est 1863 sq. incohatum quidem a choro decem
versibus, sed inde ad finem ab Alcmena decantatum. qui de Hercule

misc. phil. III p. 12 qui de versuum numeris inter se respondentibus non cogitavit. cuius carminis externa species eo differt in Etrusco a reliquis omnibus ut quaecumque Hecuba chori lamentis intercinit trimetris circumscripta sint. et cum v. 102. 103ᵃ sine dubio recte loco moverit, probabiliter post v. 86ᵃ conlocaverit Haasius — praeterea carmen sine offensione procedit —, tres Hecubae periodi (83—97; 117—131; 142—156) denis trimetris constant, ita autem ut primo et tertio loco singuli dimetri denos trimetros excipiant. contra chori partes in *E* non aliter discriptae sunt quam ubique anapaesti: primum 15 dimetri, deinde 16 et monometer, deinde 10 dimetri, postremo 7 et monometer. at in eo reconditi quiddam latere conicias quod in codice Thuaneo miscellaneo ex codice qui Etrusco anterior est transcripto, cuius exemplar redditum est in editionis Teubnerianae praef. p. XXIV, Hecubae quidem partes non aliter quam in *E* dispositae sunt, chori autem lamenta, primo turbata, inde a v. 104 aperte trimetrorum speciem referunt. nec alium ordinem in Thuanei codicis exemplari valuisse saepe omissi docent versuum fines. eodem igitur modo chori partibus discriptis primo quidem loco 10 trimetros habemus, secundo decem trimetros cum dimetro, ut bis in Hecubae parte factum est, tertio 6 trimetros cum dimetro, quarto trimetros quinque. sed haec fallacia esse ter admissa docet in versibus ita discriptis syllaba debilis: v. 78 *causa ministrat. ite ad planctus.* 102 *fervidus ora. cadit ex umeris.* 108 *litora planctu. habitansque cavis*; ut in chori parte de trimetris omnino cogitari non possit: aliter autem Hecubae aliter chori periodos dispositas fuisse negat sententiarum inter se respondentium aequabilitas: cf. 86 sq. et 98 sq. quod si quis trimetros codicum optimorum consensu traditos librariorum libidini tribuere nolit, periculum illi faciendum erit ad eandem normam quam Ag. 310 sq. observatam vidimus Hecubae captivarumque lamenta redigendi.

    haud multa restant carmina in quibus dubitationi possit

θρῆνος est, non de Alcmena, quamvis hoc indicari videatur carminis exordio:

> *flete Alcmenen magnique Iovis*
> *plangite natum.*

nam cum in *E* scriptum sit *Alcmenae*, certa emendatione reponendum est:

> *ite Alcmenae magnique Iovis*
> *plangite natum.*

iam vero considerandum annon carminis exordium iniuria choro datum sit post prima verba corrupta.

locus esse. quorum in numero non recenseo sapphicos versus
κατὰ στίχον phalaeciorum Catullianorum modo deductos et aut
in fine aut arbitrariis locis adonio interruptos; prius enim accidit
Thy. 546 sq. HO 1518 sq., alterum Oed. 110 sq. (13 cum
adon. — 8 c. ad. — 11 c. ad. — 9 sine adonio sequentibus
anapaestis), Tro. 814 sq. (11 cum ad. — 9 c. ad. — 14 c. ad.
— 10 sine adonio: consensus aliquis cum Oedipi cantico casui
tribuendus); Phaed. 736 sq. (4 cum ad. — 11 c. ad. — 8 sine
adonio sequentibus tetrametris dactylicis); Tro. 1009 sq. octo
priores versus adonius excipit, secuntur 39 sine clausula;
contra Tro. 371 sq. clauduntur colo quod dimidio versu constat: nimirum asclepiadeis tripodia dactylica catalectica in syllabam subiungitur:

> quaeris quo iaceas post obitum loco?
> quo non nata iacent.[7])

ubi tamen si quis carminis finem intercidisse contendat equidem non magnopere pugnabo. — sed alia sunt diversis metris
composita quae si non aliqua ratione conexa sint iure mireris.
quale est brevissimum carmen Phaed. 1123—1155. quod
incohatur quinque dimetris anapaesticis; sequitur stropha constans duobus asclepiadeis glyconeo et versu logaoedico de quo
diximus p. 128. dein septem dimetri anapaestici quibus intercedit secundo loco monometer; interrumpuntur anapaesti com-
mate aliquo in quo multum operae consumpsere viri docti ut
probabilem versus speciem procuderent; sic enim consensu
librariorum traditur:

> 1140 circa regna tonat.

rursum anapaesti secuntur et quidem, si paulisper eorum quae de
v. 1144 supra p. 108 disputavimus obliviscimur interpolatamque
scripturam qui clara videt recipimus — nihil enim intentatum
relinquendum est quod aliqua rationis specie commendetur —,
rursum septem dimetri et monometer. claudunt agmen quinque versus sapphici. iam si Peiperi coniecturam amplectaris,
quae per se nihil habet quod fieri non potuerit, versum scilicet 1140 e stropha eius quae 1128 sq. legitur consimili
residuum esse, hae sese excipient carminis particulae:

---

[7]) hos versus (400. 401) in fine cantici conlocatos refert Etruscus
et loco non suo sed vulgato i. e. quem interpolator illis dedit, secunda
manu restitutos. in eadem fabula nuntius primam narrationis partem
hephthemimeri iambica claudit: 1103 *in media Priami regna.* — ad
v. 400. 401 cf. Sen. ep. 54, 4; 77, 11; 102, 24; 120, 18. cons. Pol. 9, 2.
cons. Marc. 19, 5.

5 dim. anap.
4 versuum stropha ascl.
7 dim. anap. et monom.
4 versuum stropha ut s.
7 dim. anap. et monom.
5 sapph.

sed non id agimus ut oculis bellam quandam numerorum ta-
bulam subiciamus, sed ut eurythmiam si qua est demonstremus
talem fuisse qualis veterum poetae ulli imputari queat. quorum
ullum usquam ita lusisse, ut quinque dimetris anapaesticis in
initio positis quinque sapphicos versus in fine respondentes
opposuerit, credat cui placet; nec quisquam rationem inveniet
cur vel quinque vel septem dimetros anapaesticos vel septem
et dimidium vetus poeta stropham esse in mentem induxerit.
apage igitur stropham e tribus verbis — quae equidem ad
1136. 37 dittographiam esse persuasum habeo — conflatam,
apage etiam inertem istam desidiam in interpolato v. 1144
patente puro fonte adquiescentem. placuit sibi Seneca in
admiscendis inter anapaestos versibus sapphicis et asclepiadeis nec hac tantum occasione in re inepta et inficeta sibi
placuit.

non praetereundum hoc loco canticum est quod item tria
metrorum genera continet, Phaed. 736—823. cui priapeum
quoque insertum esse,[8]) vel potius versiculos duo quales 1130.
31 asclepiadeis iuncti sunt, credebatur antequam de Etrusco
constaret. sic enim 782 sq. in *A* legitur:

> *et somnis facient insidias tuis*
> *lascivae nemorum deae montivagique Panes*
> *Panas quae Dryades montivagos petunt.*

inde ab Avantio legebatur

> *Panes quas Dryades montivagi petunt*

qui versus in quibusdam interpolati generis libris omittitur.
contra *E*:

---

8) in priapeo latini poetae (Catull. 17; frg. 2; priap. 86) non reci-
piunt quinto loco dactylum. inter graecos priapei schema plane con-
sentiens est in versibus e Metallensibus adlatis ab Athenaeo p. 685 A
v. 3: κἀνθρύσκου μαλακῶν τ' ἴων λείμακα καὶ τριφύλλου. altera pars
comparet in choriambico metro quod polyschematistum metrici vocant
quale est *cui reserata mugiunt aurea templa mundi* a Terentiano
1896 ex Septimii carmine in Ianum patrem adlatum. cf. Mar. Vict.
p. 127, 26.

> *et somnis facient insidias tuis*
> *lascivae nemorum deae*
> *Panas quae Dryades montivagos petunt.*

vides versiculum *montivagique Panes* ab interpolatore additum esse, satis apte quidem si sequens versus omittatur. qui tamen sententiam continet necessariam: Naides enim quae Hylan rapuere cum Dryadibus componuntur quae, ut simile crimen in se suscipiant, Panas insectari festive dicuntur, quas scilicet a Panibus peti vulgo putatur. versus autem molesta iam sed tolerabili synchysi constructus ferri non potest nominatis ʿlascivis nemorum deabusʾ; nam si in Dryadum nomine non vis sententiae et accentus est, id quod non fieri apparet nuncupatis iam in priore versu nymphis, nomen post sententiae obiectum et pronomen positum grammatica recusat. itaque verba manca et ut tolerentur supplemento egentia[9] *lascivae nemorum deae* aeque dittographiam habeo et spuria. praeter hunc locum carmen sine offensione, versuum ordine nusquam turbato, procedit[10]) exceptis v. 768 sq. sic in *A* scriptis:

> *languescunt folio lilia pallido*
> *et gratae capiti deficiunt rosae,*
> *ut fulgor teneris qui radiat genis*
> *momento rapitur nullaque non dies*
> *formosi spolium corporis abstulit.*

E eo tantum differt quod *folio ut lilia* habet (nam *pallido*, non *candido E* totidem litteris praebere supra p. 25 dixi) et v. 769 *deficiunt comae.* hoc recepit Rıchterus, v. 769 *ut gratae*, 770 *et fulgor* corrigens, v. 768 deleto. certe non eleganter ad iuvenem mox calvum futurum adlusisse vidétur. Eumolpus quidem capillorum elegidarion dixit, sed iocos in calvos stigmososque iaculari volens (Petron. 109); at melius potest illud Horatii versibus defendi[11]) IV, 10, 2:

---

[9]) superflui additamenti *frondiferum* non Peipero, qui sibi ipse imputat, nota ferenda est, sed Wakefieldo infelicium de his tragoediis inventorum fecundo (ad Lucr. IV, 585).

[10]) nam v. 749 sq. bene ad 748 adplicantur, recte intellecti a Boethio consol. I, 5, 5 sq.; et v. 804[b] sq. licet a Scaligero obelo notati sint dummodo recte interpreteris optime se habere senties.

[11]) ad Horatium provocavi quia in his tragoediis nusquam tam frequens et aperta Horatii imitatio adparet quam in hoc carmine. cf. v. 737 *ocior nimbos glomerante Coro* et Hor. II, 16, 23 *ocior cervis et agente nimbis ocior Euro.* 743 sq. et Hor. I, 12, 46 *micat inter omnes Iulium sidus velut inter ignes luna minores.* cf. epod. 15, 1 et alios ut anth. gr. V, 110, 5. v. 799 et epod. 13, 5 *obducta solvatur fronte senectus* (inter iuvenes; Seneca *veteris — supercili*) v. 797 *lucebit Pario marmore*

> *insperata tuae cum veniet bruma superbiae*
> *et quae nunc umeris involitant deciderint comae*
> *nunc et qui color est puniceae flore prior rosae*
> *mutatus, Ligurine, in faciem verterit hispidam.*

quos non negaris quasi exemplar horum versuum videri. itaque recte coniecisse videtur Richterus, sed sine dubio v. 768 iniuria eiecit. nam quod in *E* legitur *ut* insertum est ut antecedentibus adaptaretur versibus, qui ad v. 763 referendi sunt. fateor autem sine Horatii loco certum mihi futurum fuisse *gratas comas* arborum florumve comas esse et in *capite* eius generis nomen aliquod latere. nunc haec vera videntur:

> *languescunt folio lilia pallido,*
> *ut gratae capiti deficiunt comae*
> *et fulgor teneris qui radiat genis*
> *momento rapitur.*

expeditis locis in quibus haesitari poterat carminis compositionem examinemus. atque stropharum quidem indagandarum spem statim mittemus cum in sapphicis initio positis primum quattuor, dein undecim versus adonio excipi viderimus, denique octo sine clausula sequi. sed aegre nobis persuademus tres tetrametros dactylicos qui post sapphicos leguntur sine ratione hoc numero circumscriptos esse. tamen nec quaternorum nec ternorum versuum strophae ullo vestigio indicantur: κατὰ στίχον omnia deducuntur. inserti vero dactylici versus hoc saltem loco elegantiorem quendam in Seneca numerorum sensum demonstrare videntur; nimirum ea ratione inter sapphicos et asclepiadeos intercedunt, ut a versibus logaoedicis ad choriambicos transitus paretur.

eiusdem generis dubitationem tetrametri dactylici movent quos in extrema Hercule Oetaeo Alcmena pronuntiat. quorum priores tres in omnibus praeter Etruscum et asseclas sic scribuntur (v. 1944 sq.):

> *unde sonus trepidas aures ferit?*
> *unde meas inhibet lacrimas fragor?*
> *agnosco agnosco, victum est chaos.*

nihil esset in quo haesitares nisi Etruscus diversam horum versuum praeberet formam hance:

---

clarius et I, 19, 5 *splendentis Pario marmore purius.* praeterea v. 810 ad Verg. georg. III, 89 respexisse videtur mutato Polluce in Castorem, Amyclaeo in Spartanum; recentiores omnes de Castore, ex Seneca Claudianus IV. cons. Hon. 556 *serviretque tuis contempto Castore frenis Cyllaros.* 771 sententia philosopho adamata: ep. 26, 4; 45, 13; 58, 22; 120, 18 all. cf. Hf. 874.

unde unde sonus trepidas aures
ferit? unde meas inhibet lacrimas fragor?
agnosco victum esse chaos
vides ultima secundi versus voce in tertium adsumpta nitidis-
simos prodire dimetros anapaesticos:
unde únde sonus trepidas aures
ferit? unde meas inhibet lacrimas
fragor? agnosco victum esse chaos.
deinde dactylici versus inlacessiti decurrunt.[12]) adaeque autem
suspicio oritur ternisne versibus in initio positis continuatus
mutatis numeris idem periodorum ambitus indicetur. cui favere videtur Etruscus versu 1951 omisso quindecim versus
praebens, ut nullo negotio ternorum versuum strophas discribas
et levi mutatione vel acumen sententiae reddas v. 1949 scribendo *visisti* vel *vidisti* (*vicisti* codd.) (cf. 1966):
vidisti rursus mortis loca
puppis et infernae vada tristia
et remeare licet soli tibi?
sed primum in terno numero, ut diximus, nulla ratio est, cum
quaterno Horatium imitatus esse videri possit; deinde sententiae filum in quinque strophis ter strophae fine rumperetur;
postremo tetrametri isti uno tenore a primo ad ultimum versum decurrunt qui et ipse in mero dactylo finit, ut haec non
secernenda esse poeta aperte indicarit vel saltem secernendi
nullum indicium dederit. versum autem 1951 cum Etrusco
eicientes unicum inter duos versus hiatum carmini inferremus.
ut de hoc quoque carmine strophis discribendo nullo modo
cogitari possit, immo de continuo eius cursu constet. unum
vero est quod intellecta trium versuum in initio positorum
natura lucramur: nimirum de dimetris anapaesticis manifestum
est et incorruptum testimonium.
contraria est tetrametrorum dactylicorum natura in carmine de quo pauca adhuc verba fieri oportet Oed. 449 sq.
quod praeter versus heroicos in partium singularum initiis
finibusque positos quattuor particulas continet, de quarum duabus satis disputavimus. atque illis quidem strophicae respon-
sionis nihil inesse vidimus. de reliquis idem docere potuerunt

---

[12]) simili modo dactylicos cum anapaesticis versibus coniunxit Pomponius. Terent. 1965:
inserit haec aeque Pomponius in choricis sic:
'Rhoeteis procul a terris', mox dispare versu
subiecto 'Priamique aras damnare pias', tunc
'obrue nos Danaosque simul' paribus dedit illi.

tetrametri dactylici septendecim tertio loco positi, qui omnem subtiliorem dispositionem pertinaciter renuunt et aspernantur. etenim hiatus intercedit inter 451 et 452, 456 et 457; syllaba positione si ad sequentem versum adligatur longa finitur versus 453. 454. 455. 460. 464. itaque hos versus non circumscripsit periodis nec omnino magis illos inter se cohaerere voluit quam sapphicos similesque κατὰ στίχον compositos. restant hexametri variis metris ita interpositi ut v. 403 duo, 429 tres, 445 quattuor, 466 sex versus et totidem v. 503 sese excipiant. hoc si artificiose institutum esse credimus, inepte lusit in progrediente versuum numero et ineptius etiam si Richtero credimus v. 466 in duo frustula dirimenti — sed non credimus. nempe evinci potest primum saltem locum non recte traditum esse. atque nemo quidem extitit qui haec explicaret (v. 403):

effusam redimite comam nutante corymbo,
mollia Nysaeis armatus bracchia thyrsis,
lucidum caeli decus huc ades votis e. q. s.

sic scilicet *E, armate* (i. e. aut *armate* aut *armatae*) *A,* alii *armati.* priores vel 403 ad Bacchum, 404 ad Bacchas rettulerunt (*armatae*) et in exclamatione post *thyrsis* interpunxerunt, id quod Richterus amplexus est; vel, quod Gronovius voluit, et *redimite* et *armatus* ad *ades* trahebant, ut, quod ferri omnino nequit, idem deus et quinto et primo casu compellaretur: cum ferri sane debeat, licet dura sit, sententia inter varios numeros dissecta; vel denique v. 404 et 405 locum inter se mutare iusserunt, qua in re manifeste absurda non est morandum. Muellerus quid sibi velit (r. m. p. 123) post v. 403 finaliter distinguens et v. 404 ad 405 trahens ipse scierit. unum vero, quod a grammatica ferri possit, id scilicet quod Richterus recepit, plane nullum sensum efficit. quid verum sit Etrusci scriptura indicat saltem; quae vocativum in priore, nominativum casum in altero versu referens aliquid inter utrumque intercidisse aperte docet. quod cum intellexeris ultro senties *mollia bracchia* et *Nysaeos thyrsos* non recte ad unum Bacchum attinere sed, quod sensisse et interpolatorem vidimus, ad maenadum turbam dei pedisequas. quarum mentio post 403 amissa sic fere unius versus ambitu efferri potuit:

effusam redimite comam nutante corymbo
[huc ades, huc comitum laeto cum carmine coetus]
mollia Nysaeis armatus bracchia thyrsis.

dein novo impetu:

lucidum caeli decus huc ades e. q. s.

tres igitur versus fuisse videntur ut 429—431: sic et v. 466 sq.[13]) et in fine senos posuit. intercedunt 445 sq. quattuor, e quibus deprecor ne quis secundum praecidere tentet cum ternis prioribus numerum exaequaturus; nam sane v. 446 non desideraretur si abesset.

huic disputationi ut finem faciamus vel potius ut confirmemus eam quodammodo et inlustremus, pauca dicenda sunt de mira quadam sententiarum responsione quae cum in aliis canticis tum in Herculis prioris secundo comparet ex asclepiadeis duodeseptuaginta κατὰ στίχον compositis constante. incipit in prooemio (v. 524—532) quo Herculis impigri viri labores et aerumnae beato Eurysthei otio opponuntur. secuntur duae partes inter se mirifice respondentes: priore Herculis in Scythiam expeditio et balteus Hippolytae raptus celebrantur (v. 533—546), altera ad inferos descensus et pugna cum Plutone olim Pyli peracta. argumenta vides poetam similia elegisse; quae ita tractavit ut singula verbo tenus consentiant. respondent autem inter se v. 533—536 cum 547—549, in quibus tamen similitudo argumentum non excedit; dein v. 537—541 cum 550—556. describuntur Pontus et Acheron:

537 *illic dura carent aequora fluctibus*
551 *consurgunt tumidis fluctibus aequora*
540 *stat pontus vicibus mobilis annuis*
554 *stat nigro pelagus gurgite languidum*

v. 542—546 cum 558—568, victoria de Hippolyte et de Plutone deportatae; vide initia:

542 *illic quae viduis gentibus imperat*
560 *hic qui rex populis pluribus imperat*

in eis vero quae non ad verbum quadrant, subtiliter elaboratam rerum aequabilitatem lector accuratus facile persentiet. geminae itinerum imagini epilogi loco narratio de Orphei victoria canendi arte relata adiungitur, qua scilicet efficiatur viribus Herculis resistere non posse quae cantibus Orphei non restiterit Ditis

---

[13]) v. 466 lusit in eo ut tetrametros dactylicos etiam sententiae vinculo cum hexametris coniungeret. sic 429 sq. arte cum 432 cohaerent, sic 472 cum 471, sic vel Phaed. 325 cum 324. — ceterum inter 21 versus heroicos sedecim bucolica caesura diremit, secundum tragicorum Graecorum consuetudinem, cf. Rossb. et Westphal. metr. III p. 29. ut sedecim illos si cupias eodem modo quo v. 466 dissecare possis. at nimis inepta esset adfectata per clausulam systematis species in versibus contra legem et usum, quibus systemata flagitabantur, κατὰ στίχον compositis. quod de anapaestis valere ostendimus; valet item de tetrametris dactylicis (de HO 1944 sq. v. supra p. 60. 143) et dimetris iambicis (Ag. 759 sq.); quibus prolusit Seneca Prudentio. scilicet systemata ille abiecit ut strophas abiecerat.

potentia. iam vero si periculum facias carmen tam aperte
singulis particulis constans in strophas discribendi, videbis
particulas istas diversi ambitus esse neque quicquam spei prudenti saltem homini relinqui sententiarum aequabilitatem cum
stropharum eurythmia coniungendi: id quod argumenti loco
potest esse, in eis carminibus de quibus non certa ratione
aliter statui possit, a Senecae arte consilium stropharum discri-
bendarum alienum fuisse.

vidimus igitur in unius Medeae uno saltem carmine se-
veriorem normam regnare, in reliquis tragoediis hic quidem
et illic speciem quandam aequabilitatis sed compositionem re
vera strophicam nusquam inveniri — nam quae non tetigi,
de eis ne quaestioni quidem locus est. quae si omnia com-
plectimur, prorsus descivisse ab Horatio Senecam constat, non
ut ad Catulli Graecorumve aliorum, velut Anacreontis, exempla
rediret, sed ut lege solutus incederet vel, si quando videretur,
ipse legem sibi scriberet ineptam ac sine arte artificiosam.
rapidus sane et miserabilis post Horatium summum artificem
lapsus. cuius si causas requirimus, Senecae aevo dudum inte-
riisse pulchrae severitatis decorisque re non verbis parati sensum omnia docent. quod si miramur doctrinam ipsam, qua
Horatius edoctus Aeolium carmen primus ad Italos modos de-
duxit, tam cito evanuisse, quotum quemque putas Senecae
aevo ipsum Alcaeum adiisse praeter Horatium a quo carminibus
pangendis instrueretur? Seneca saltem ne tragoedias quidem
praeter suarum ipsius exemplaria pernovit: semel Euripidis
versus adfert (ep. 115, 14) e Danae sumptas quas scilicet
Bellerophonti tribuit. Vergilium lectitavit Horatium Ovidium
philosophos. facile autem qui non Alcaeum sed Horatium legit
eo induci poterat, ut versus aeolicos κατὰ στίχον compositos
non multum differre existimaret a strophis quae quaternis colis
aequalibus constarent; praesertim cum Horatius stropharum
terminos nullo indicio denotasset. quo sane nec sapphici versus
excusantur uno tenore decurrentes nec epodi inconstanter et
ad arbitrium positi nec metra systematis necessario conectenda
versibus singulis praeter artem adstricta nec varia numerorum
genera uno eodemque carmine comprehensa nec denique poly-
metrorum carminum puerilis iactatio. quae non ex Graecorum
imitatione nata esse sed ex grammaticorum institutione certum
nobis est et exploratum: quo satis explicatur res omnium maxime
mirifica, quod scilicet ne hanc quidem versiculorum fluentium
sine vinculo ac dilabentium congeriem stropharum lege coercuit.

VIII.

De ratione quae inter Senecae tragoedias tragicosque Graecorum poetas intercedat disputaturus nota quaedam praefanda
video : siquidem de quaestionis fundamentis constare ante omnia
oportet. cavendum autem praeter cetera videtur ne quis eodem
similive consilio Senecam poeticae operam dedisse opinetur
quo Pacuvius vel Plautus exemplaria graeca expresserunt. ille
enim nec secutus est Graecos praeter argumenta et ·utique
non tragicam musam carminibus suis adspirare iussit, sed
scholasticam.

qui ante novissimum liberae·rei publicae saeculum Romae
tragoedias scripserunt, versibus vere latinis graecarum fabularum non argumenta tantum sed mores quoque et affectus red-
diderunt. id eo magis laudandum est quo apertius Ennius
saltem et Accius in praetextatis demonstrasse videntur quid
Italicae musae praestare possent. qui quod artius etiam Graecorum exemplis se adstrinxerunt quam comici poetae, eius rei
causa in tragoediae natura sita est. nam in privata vita iocose
imitanda inveniendi officium poetae primum et uni poetae im-
positum erat; qui ut nova semper et inaudita inveniret res
ipsa non patiebatur: genera quaedam argumentorum et personarum extiterunt, intra quae mores eosdem et affectus leniter
variare et novis coloribus depingere summa ars erat. atqui
Romanorum comici cùm in iuvenum amoribus, patrum iris,
laetis securisque angustiarum eventibus rem plerumque versari
viderent, sine magno negotio et interdum forsan rei emolumento 'ardentes iuvenes raptasque in amore puellas elususosque
senes agilesque per omnia servos' ex una fabula in alteram
transtulere, scaenas scaenis mutavere vel in tenuioris argumenti complementum arcessivere. quod cum Graeci nusquam
et numquam fecerint — utitur enim Aristoteles illo ut rei
plane absurdae exemplo poet. 1456ᵃ, 30 —, tragicis ne apud
Romanos quidem concessum erat. namque quos illi sectati
sunt tragoediae graecae principes heroum regumque actis deorum fative nutu perpetratis sive exantlatis certas formas et
duraturas induerunt, ut et argumenta et personae in posterum
constarent: ea de re certamen erat inter Sophoclem et Euri-

10*

pidem, ex quo superiorem plerumque Euripidem decessisse
saecula testata sunt; post illos nec argumenta quae tracta-
verant nec personarum praecipuarum mores et naturam ab
illis constituta cuiquam licuit immutare, quod et litterarum et
artis monumenta ostendunt: qui immutare vellent prorsus nova
inducere debebant. iam priores Romanorum tragicos umquam
ignota indictaque primos protulisse nemo arbitrabitur; in Graecis vero exprimendis non tantum Medeam ferocem flebilem
Inonem perfidum Ixiona Ionem vagam tristem Oresten reprae-
sentare debuerunt, sed et in argumentis disponendis et ex-
plicandis exemplaria sequi, nisi artis opera, in quibus omnia
sua natura cohaererent, destruere mallent. id quod fecisse illos
fragmenta docent in quibus quae refragari videntur omnia suum
explicatum habent. et quidem merito non Livio tantum sed
et Pacuvio illud gloriae ducimus.

civilibus bellis peractis cum rhetorica disciplina magis
magisque in eruditione summum locum occuparet, et consentaneum erat ut prisca prisco more tractata displicere Romanis
inciperent, et ipsi novo instrumento novum quiddam proferre
posse sibi videbantur. periculum in mimo factum erat qui
cum natura arti rhetoricae affinis esset quantum ab illa re-
ceperit et in illam valuerit Senecae patris lectores sciunt.
novum autem genus tragoedia rhetorica inventa est, cuius
indoles breviter sic describi potest ut $\tilde{\eta}\vartheta o\varsigma$ in ea nullum,
$\pi\acute{\alpha}\vartheta o\varsigma$ omnia esse dicatur. nam quae ad mores spectant
sententiis comprehenduntur, affectus plene et diffuse reprae-
sentantur, oratione omnis generis coloribus sensibusque in-
structa, descriptionibus et narrationibus undecumque arcessitis
et ubicumque inlatis. eius tragoediae, quae iam Graecanicis
versibus composita Romanorum ingenio, sepulta saltem libera
re publica, aptissima erat, prima exempla non Senecam dedisse
certum est. num iam a Varii Thuesta vel ante illum a Pol-
lione initium ceperit [1]), dubitari potest, cum in epicam elegia-
camque poesin ab Ovidio demum rhetoricae disciplinae indoles inlata sit. quamquam Quintiliani verbis (*iam Varii Thyestes cuilibet graecarum comparari potest*) et argumento quod
potissimum sibi tractandum Varius sumpsit, comprobari illud
videtur. sed Ovidii Medeam ex novo genere fuisse multa

---

[1]) v. Welcker. tr. gr. 1421 sq. versus Graecorum ritu compositi
sufficiebant ut Pollionis tragoediae *'nova carmina'* audirent (Verg. ecl.
3, 86). gravius est quod Ovidio Musa dicit (am. III, 1, 29) *nunc habeam
per te Romana tragoedia nomen*, quo indicatur aliquid quod Romanis
proprium sit.

evincunt: ante omnia Ovidii ingenium rhetoricae arti quam
aptissimum eaque excultum; quo praecipue spectant quae de
illo Seneca pater memoriae tradidit; deinde Quintiliani testimonium quo docemur etiam in tragoedia illum ingenio suo
indulgere quam temperare maluisse[2]); denique frustula duo
quae iniqua nobis fortuna ex illius Medea reliquit — libenter
enim Ovidii Medea novem Senecae tragoedias venderemus —,
quae tamen sufficiunt ut et Medeae mores illum aliter quam
Euripidem tractasse et rhetorum more locutum esse cognos-
camus. de Seneca non probari magis debet res quam intellegi. tamen ad probandam quoque quae sufficiant adferemus.

non immerito dici potest ad nullam fere antiquarum litterarum aetatem inlustrandam utilius adiumentum suppetere
quam, quo ad primum p. Chr. saeculum utimur, Senecae patris
opus. differentiae Vergilium ac Tibullum inter et Ovidium
intercedentis, quam nemo non sentit, causas controversiae
demum suasoriae et iudiciales aperient de quibus sententias
divisiones et colores Seneca posteris tradidit: illis enim rhe-
toricam famulae et ministrae loco fuisse, his imperare cognoscimus. qui Livii annales cum Sallustii libris, Senecae filii
scripta pedestria cum Cicerone comparare volet ab eodem lucem
accipiet. in tragoediis filium cum patre ipsum conferre debe-
bimus, ut intellegamus nec potuisse quemquam hac disciplina
a prima aetate instructum in Graecis adquiescere vel in Horatii
legibus, quas scilicet Seneca in tragoediis palam contempsit,
nec, si tragoedias scriberet, alias scribere potuisse. atque
Senecam studiis rhetoricis quam maxime imbutum fuisse et
natura sua non minus quam Ovidium ad ea praecipue incli-
nasse et pater fidem facit et quidquid scripsit; ut qui subinde tota capita libellis suis non alio consilio inserat nisi ut
in colore splendido finis fiat. at de tragoediis qua ratione illud
intellectum velim uno saltem exemplo ad orationem ac stilum
pertinente ante oculos ponere satius erit.

non raro eo colore rhetores utuntur ut ad augendam
vim argumenti rem quam semel evenisse notum sit, ita tangant
quasi eadem saepe et adeo semper in simili occasione evene-
rit. sic iuvenis qui cum patruum patris inimicum aluisset ab-
dicatus a patre dein a patruo adoptatus patrem inopem aluerat,
iterum abdicandus hoc in novum patrem colore utitur: *quae-
ritis quid fecerim? quod solebam* (contr. I, 1, 17); nimirum
patrem alui, ut olim temet ipsum. sic in Murredii sententia

---

[2]) id quod non recte explicavit Welckerus tr. gr. p. 1433.

VII, 5, 15 *facit, inquit, quod solet: pro amatore sanguini suo
non parcit* Senecae fatuum videtur quod putide translato sensu
in eadem sententia sanguinem pro filio usurpavit, in qua eandem vocem proprie, Publiliano more, non quod solitum dicitur
esse mulieri sanguinem suum fundere, quippe quem semel in
coniugis morte sibi quoque detrahi passa sit. IX, 24, 4 *feci
quod soleo: nihil aliud respexi quam patrem* (Cimo Miltiadem);
ibid. 5 *cogita qualium misereri soleas*[3]) (Callias Cimonis). cum
his locis confer Sen. Phoen. 154

> *dextra noster et nuda solet*
> *bene animus uti,*

scilicet oculos Oedipus nuda dextera sibi eruerat.   ibid. 163
in eadem re:

> *vel dirige iras quo soles,*

scilicet in oculos.   Tro. 360

> *dant fata Danais quo solent pretio viam.*

virgine scilicet immolanda.   Med. 540

> *contemnere animus regias, ut scis, opes*
> *potest soletque.*

contempserat autem regias opes Medea Colchis fugiendo.
Phaed. 92

> *praestatque nuptae quam solet Theseus fidem.*

ubi qui has tragoedias legerit concedet tantum de Ariadna cogitari.   Hf. 1101

> *mundum solitos ferre lacertos,*

---

3) pluralis numerus (*qualium*) ad idem genus pertinet. ecce tota
sententia: ʻ*cogita adulteros esse pro quibus rogas, cogita qualium misereri soleas*ʼ, cum pro filia pater rogaverit, Cimonis miseritus sit. eius
usus tragicis Graecis frequentati Welckerus exempla dedit tr. gr. 107 adn.
de Soph. frg. 284 loquens (σὺ δ᾿ ὦ μεγίστων τυγχάνουσα πενθερῶν)
cf. p. 469 de Eur. frg. 48 (δούλοισι γὰρ τοῖς σοῖσι νικᾷς). addo Eur.
Herc. 455 ὁμοῦ γέροντες καὶ νέοι καὶ μητέρες (Amphitruo infantes
Megara) 1309 τοὺς εὐεργέτας Ἑλλάδος ἀπώλεσε (Herculem). Med. 366
τοῖς νεωστὶ νυμφίοις καὶ τοῖσι κηδεύσασι. Soph. OR 1184 ὅστις πέ-
φασμαι φύς τ᾿ ἀφ᾿ ὧν οὐ χρῆν, ξὺν οἷς τ᾿ οὐ χρῆν ὁμιλῶν οὕς τέ μ᾿
οὐκ ἔδει κτανών. cf. 1358 οὐδὲ νύμφιος βροτοῖς ἐκλήθην ὧν ἔφυν ἄπο.
sic Catull. 68, 115 *pluribus ut caeli tereretur ianua divis* (uno Hercule).
sed multus in hoc usu Seneca est: Med. 106 *nunc primum soceris sponse
volentibus.* 278 *quidquid etiam nunc novas docet maritus coniuges.*
Phoen. 479 *post ista fratrum exempla.* Phaed. 1067 *nam mihi pater-
nus vincere est tauros labor.* Hf. 1283 *fortis in pueros modo pavidas-
que matres.* Ag. 194 *Pelopia Phrygiae sceptra dum teneant nurus.*
HO 1854 *pertinax si quas dolor adhuc iubet lugere quas luctus gravis
in saxa vertit,* et alia multa.

cum Herculem semel caelum tulisse pueri sciant. ibid. 1343
>
> *illa te, Alcide, vocat,*
> *facere innocentes terra quae superos solet.*

Attica nimirum ubi Mars homicidio purgatus erat.[4]) item de
Hercule HO 1376 — nam quod in talibus Hercule Oetaeo ut
reliquis tragoediis utor non improbabis —
>
> *quos soles vince inferos.*

plane idem color est, alio tantum loquendi genere indutus,
quem habes controv. IX, 6, 8 *liberos effero semper unius mu-*
lieris aut mendacio aut veneno, cum filium novercae veneno
amiserit, filiam ab eiusdem mendacio defendat. sic Seneca
Phaed. 1164
>
> *o dure Theseu semper, o numquam ad tuos*
> *tuto reverse,*

ubi ad Thesei Minotauro interfecto revertentis incuriam adluditur subabsurde. ibid. 1166
>
> *pervertis domum*
> *amore semper coniugum aut odio nocens,*

ubi, ut ad Ariadnen supra, sic ad se unamque Antiopam respicit. ibid. 1207
>
> *tuque semper, genitor, irae facilis adsensor meae,*

cum irae in Hippolytum modo adsensus sit Neptunus, alii ex
Thesei saltem sententia numquam. Phoen. 34
>
> *semper cruente saeve crudelis ferox,*
> *cum occidis et cum parcis.*

Oedipo Cithaero pepercerat. Hf. 1336
>
> *quoniamque semper sceleris alieni arbiter*
> *amas nocentes,*

scilicet Pirithoum. Tro. 500
>
> *qui semper etiam nunc tuos,*
> *Hector, tueris.*

modo qui Andromachae apparuerat. denique idem paullo aliter
effertur contr. VII, 3, 1 *revertor ad venenum quoniam iniqua*
fortuna nullo me periculo defungi semel passa est: nimirum
praeter venenum una abdicatio respicitur; quocum satis erit
contulisse Tro. 134 de Priamo:
>
> *nil Troia semel te rege tulit.*

observandum autem est locos quos e controversiis attuli omnes
diversorum rhetorum esse, ne binos quidem eiusdem. ceterum
erret qui hanc figuram omnibus eius aevi poetis frequentatam

---

4) nescio num quid reconditum lateat Stat. Theb. VIII, 766 *nec*
prius astra subit quam mystica lampas et insons Elisos multa pur-
gavit lumina lympha.

putet; ascribam quae epici praebent: Lucan. VIII, 585 Cornelia
quae a Pompeio semel in Thessalia abscesserat:

> numquam omine laeto
> distrahimur miseri.

eadem IX, 66

> similisve malorum
> sors mihi semper erit? numquam dare iusta licebit
> coniugibus? numquam plenas plangemus ad urnas?

scilicet quae post Crassum luget Pompeium. Val. Fl. VII, 95
Iaso cum Peliae iussu expeditionem susceperit:

> mos iussa pati nec cedere duris.

VIII, 353

> atque iterum Aesonides, iterum defenditur arte
> qua solet?

Stat. Theb. VIII, 680 Tydeus:

> an noctem et solitas placet expectare tenebras?

quod potest per ironiam dictum videri quasi qui semel insidias
struxerit idem semper facturus sit. ib. XI, 615

> et in vultus saevire ex more potestas.

idem in silvis II, 7, 122

> solet hoc patere limen
> ad nuptas redeuntibus maritis,

quippe quod Protesilao patuerit. Silius aridus poeta tantum
XII, 583

> intratam Senonum capietis milibus urbem
> adsuetamque capi.

denique ex historico insigne exemplum addam quod docebit
quantas difficultates color iste parum intellectus criticis parare
possit. Tac. XIV, 47 *vis fulgurum non alias crebrior et sidus
cometes sanguine inlustri semper Neroni expiatum,* ubi Gronovius
semper eicere voluit, alii alia coniecerunt, historici nihil se
intellegere fatentur: lege Schilleri adnotationem Neron. hist.
p. 182 adn. 2. respicit autem Tacitus ad unum cometen
(XIV, 22), qui Plauti Sullaeque exilium praenuntiaverat. [5]

haec igitur et quae eius generis facili negotio addi possunt
ostendunt penitus Senecam rhetorum eruditione imbutum fuisse.
quem etiam paterni operis assiduum et diligentem lectorem

---

[5] non explicatur Tacitus Suetonii loco Ner. 36 *anxius ea re ut
ex Balbillo astrologo didicit solere reges talia ostenta caede aliqua
inlustri expiare atque a semet in capita procerum depellere, nobilis-
simo cuique exitium destinavit.* nam non dixit Tacitus: *sanguine inlustri semper regibus expiatum.*

fuisse e tragoediis evinci potest. nolo insistere in eo quod
sententiae persaepe similes apud utrumque inveniuntur; ut,
quo exemplo defungar, contr. IX, 6, 2 *praecipitati non quod
impulit tantum trahunt, sed quod occurrit et naturali quodam
deploratae mentis adfectu morientibus gratissimum est commori,*
quocum cf. Ag. 202 *mors misera non est commori cum quo
velis* HO 350 *felix iacet quicumque quos odit premit* Med. 427
mecum omnia abeant: trahere cum pereas libet; nam similia
etiam apud alios poetas leguntur[6]) et omnino in sententiis
similibus, etiamsi ad verba usque similitudo pertineat — ut
Med. 433 *remedia quotiens invenit nobis deus periculis peiora*
et contr. exc. VI, 7 *quaedam remedia graviora ipsis periculis
sunt* —, spondere numquam licet sitne inter binos locos necessitudo.[7]) cuius tamen inter patrem Senecam filiumque non
deesse certa indicia iam, nisi proludendo lectorem fatigavi,
demonstrabo.

Sen. suas. II, 12 *occurrit mihi sensus in eiusmodi materia
a Severo Cornelio dictus, tamquam de Romanis nescio an parum
fortiter. edicta in posterum diem pugna epulantes milites inducit et ait*

> *stratique per herbam*
> *hic meus est, dixere, dies.*

*elegantissime quidem adfectum animorum incerta sorte penden-
tium expressit* e. q. s. hunc sensum ita suum in usum Seneca
convertit ut de die, quem Medea antequam in exilium iret sibi
expetierat, usurparet; de quo cum passim illa verba fecerit,
ut v. 295 *unus parando dabitur exilio dies* 399 *segnis hic
ibit dies tanto petitus ambitu tanto datus?* ita in extrema fabula
liberos trucidatura loquitur (v. 1016):

> *perfruere lento scelere, ne propera dolor:*
> *meus dies est; tempore accepto utimur.*

---

[6]) cf. trag. inc. inc. frg. 88 v. 159 *pereant amici dum inimici una
intercidant.* Ovid. fast. III, 637 *et cupit ulta mori.* Luc. VII, 654 *nec,
sicut mos est miseris, trahere omnia secum mersa iuvat gentesque
suae miscere ruinae.*

[7]) quamquam et rhetores e poetis (suas. III, 4 Arellius Fuscus e
Vergilio, cf. 5 *solebat autem Fuscus e Vergilio multa trahere* e. q. s.)
et poetae e rhetoribus haud raro sensus suos adsumebant (suas. II, 19
Arbronius Silo ex Latrone, ubi addit Seneca: *tam diligentes tunc auditores erant, ne dicam tam maligni, ut unum verbum surripi non
posset. at nunc cuilibet orationes in Verrem tuto dicere licet pro suo.*
controv. II, 2, 8 Ovidius ex Latrone: *adeo autem studiose Latronem
audiit, ut multas eius sententias in versus suos transtulerit* e. q. s.);
sed nostra aetas nimis rudis est loquendi artis quam ut veram imitatio-
nem a fortuita discernere possimus, nisi externa documenta accedant.

Romanorum quivis in hoc versu Severi meminisse debebat[8];
quorum in auribus quantopere talia haeserint ex Seneca patre
potissimum scimus. quod magis etiam de altero hoc exemplo
valet (suas. II, 19): *Latro in hac suasoria* (in qua deliberant Ther-
mopylis Lacones an sibi quoque fugiendum sit) *cum tractasset
omnia quae materia capiebat, posse ipsos et vincere, posse certe
invictos reverti beneficio loci, tum illam sententiam adiecit: si
nihil aliud, erimus certe belli mora. postea memini auditorem
Latronis Arbronium Silonem patrem huius Silonis qui panto-
mimis fabulas scripsit —, recitare carmen in quo agnovimus
sensum Latronis in his versibus:*

> *ite agite, o Danai, magnum Paeana canentes;*
> *ite triumphantes, belli mora concidit Hector.*

plane eodem sensu in eadem re Seneca usus est Ag. 208

> *quem non Achilles ense violavit fero,*
> *quamvis procacem torvus armasset manum,*
> *non melior Aiax morte decreta furens,*
> *non sola Danais Hector et bello mora.*

et simili in eadem re Tro. 124 choro Hectorem deflente:

> *columen patriae, mora fatorum,*
> *tu praesidium Phrygibus fessis,*
> *tu murus eras umerisque tuis*
> *stetit illa decem fulta per annos.*

quem sensum adeo adamavit ut eodem in simili re sed persona diversa rursum uteretur Phoen. 94, ubi Iocasta filios ita
adloquitur:

> *media se opponit parens:*
> *proinde bellum tollite aut belli moram[9].*

iam carmen illud Silonis quod Seneca pater recitare illum
meminerat, nec filium lectitasse veri est simile, nec magis sensum istum vel dimidio saeculo post quam dictus esset aeque

---

[8] optime res inlustratur his aequalium poetarum locis comparandis,
quorum nullus quantumvis ad sententiam prope accedant cum Severi
sensu conferri potest: Lucan. IV, 27 *patriaeque et ruptis legibus unum
donavere diem.* Val. Fl. VI, 733 *dent tamen oro unum illum mihi fata
diem.* Stat. Theb. XI, 485 *noster hic campus nosterque dies.* XII, 366
aut quem temeraria quaeris nocte mea? Sil. I, 457 *Murroque secundos
hunc superos tribuisse diem.* XII, 633 *ventis debebis nimirum hiemis-
que procellis unum, Roma, diem.*

[9] verbis eisdem sed sensu plane diverso Lucan. I, 204 *inde moras
solvit belli.* Stat. Theb. I, 142 *haec mora pugnae sola.* Sil. I, 479
Romani Murrus belli mora. at Lucanum quoque colore eodem usum
esse non mireris I, 100 *nam sola futuri Crassus erat belli medius
mora.* ad suasoriam a patre tractatam respicit Seneca d. benef. VI, 31, 5
tot ista gentium milia trecenti morabuntur.

celebrem fuisse et praeter exercitatissimam Senecae patris memoriam multis insedisse. accedit quod Vergilio eundem locum
tractanti se adplicare noluit, ut adversari quodammodo videatur
patris iudicio sic loquentis ibid. 20: *sed ut sciatis sensum bene
dictum dici tamen posse melius, notate prae ceteris quanto de-
centius Vergilius dixerit hoc quod valde erat celebre 'belli mora
concidit Hector':* [10])

> *quidquid ad adversae cessatum est moenia Troiae.*
> *Hectoris Aeneaeque manu victoria Graium*
> *haesit.*

*Messalla aiebat hic Vergilium debuisse desinere: quod sequitur
et in decimum vestigia rettulit annum*
explementum esse. Maecenas hoc etiam priori comparabat. cuius
loci partem priorem cum alias usum in suum verterit —
Tro. 204

> *excidit Achilles, cuius unius manu*
> *impulsa Troia quidquid adiecit morae*
> *illo remoto dubia quo caderet stetit —*

in altera parte probasse Maecenatis iudicium videtur; adiecit
enim Tro. 124 sq., quem locum modo attulimus:

> *umerisque tuis*
> *stetit illa decem fulta per annos.*

alium autem colorem in voce multum significante, quae est
mora, a Triario rhetore usurpatum item Seneca in eadem re
imitatus est. ille enim de Medea contr. IX, 6, 9: *quid illa
quae fratrem in moram sequentis patris sparsit?* et de eadem
Seneca Med. 173:

> Nut. *vindex sequetur.* Med. *forsan inveniam moras*

i. e. eiusdem generis moras quales Colchis profugiens inveni
sparsis Absyrti membris. alterum in hoc sensu Triarii colorem
plures usurparunt: Ovid. her. VI, 129 *spargere quae fratris
potuit lacerata per agros corpora* trist. III, 9, 27 *atque ita
divellit divulsaque membra per agros dissipat,* utrumque minus
audacter; sed Lucanus, item Absyrtum spectans, VIII, 98 *quo
sit tibi mollius aequor — sparge mari comites;* et in alia re
Seneca HO 209 *tota iacuit sparsus in aula* cf. 1394 *sparsus
silebo* (supra p. 50). Ovid. met. VII, 442 *sparsuras corpora
pinus;* in similiore Phaed. 1208 *qui nova natum nece segregem
sparsi per agros;* et rursum de Medea Med. 133 *sparsumque
ponto corpus.* [11])

---

[10]) quo tamen proxime accedit quod Vergilius dixit Aen. X, 428
pugnae nodumque moramque (Abantem).
[11]) his locis nisus et Phaed. 1278 *at vos per agros corporis partes*

Vergilii imitatione, quae subinde in versibus quoque a
patre adlatis apparet, nihil probatur, cum Vergilium omnino
inter poetas plurimum Seneca legerit et relegerit et memoria
tenuerit. qualia quam caute tractanda sint uno loco inlustrabo:
suas. IV, 5 *auditor Fusci quidam, cuius pudori parco, cum hanc
suasoriam de Alexandro ante Fuscum diceret, putabat aeque bene
poni eundem (Vergilii) versum et dixit:*

>   *scilicet is superis labor est, ea cura quietos*
>   *sollicitat.*

*Fuscus illi ait: si hoc dixisses audiente Alexandro, scisses apud
Vergilium et illum versum esse:*

>   *capulo tenus abdidit ensem.*

utrumque locum imitatus esse Seneca videri possit: priorem
sententiam habet Phaed. 971

>   *sed cur idem qui tanta regis —*
>   *hominum nimium securus abes,*
>   *non sollicitus prodesse bonis*
>   *nocuisse malis?*

sed eadem Euripidia est, cf. Valckenaer. ad Hippol. 1102 et
fortasse aliorum tragicorum (frg. adesp. 72). cf. Acc. v. 142
Sen. de benef. IV, 19, 2. Luc. IV, 454. Claudian. in Rufin.
I, 1 sq. all. alteram respexisse cuipiam videatur Tro. 48 in
eadem re:

>   *alto nefandum vulneri ferrum abdidit*

sed hoc et potest fortuitum esse (cf. Thy. 722 *in vulnere ensem
abscondit et penitus premens iugulo manum commisit*), et isto
loco aperte Ovidii sensum exprimit. pergit enim

---

vagas e. q. s., trag. inc. inc. frg. 93 v. 167 *membraque articulatim di-
vidit perque agros passim dispergit corpus — ut dum nati dissipatos
artus captaret parens* e. q. s. aliquando putavi Medeae de fratre versum 47

>   *vulnera et caedem et vagum*
>   *funus per artus*

audacissime sane dictum corrigendum esse

>   *funus per agros.*

non prohibet quod non eam fabulam, qua membra per agros dissipavit,
Seneca mox secutus est v. 133 *sparsumque ponto corpus;* nam v. 452
dicit: *quaeque fraternus cruor perfudit arva;*   sed simile est quod
legitur Thy. 60 *membra per partes eant discerpta* Sen. suas. VI, 19
per artus suos laceratus, quae est egregia Kiesslingii emendatio; simile
inquam est si translatum epitheti sensum addas cuius persimile exemplum
habemus Med. 667 *arsit angustas vagus inter undas;* cf. HO 817 *et
nubes vago sparsit cruore.* denique admonuit me Usenerus Sallustiani
fragmenti (de Mario Gratidiano. hist. I fr. 35 Kr.) quod in commentis
Lucani legitur p. 62, 5: *qui per singulos artus expiraret.*

> *quod penitus actum cum recepisset libens,*
> *ensis senili siccus e iugulo redit.*

et in eadem re Ag. 656

> *vidi vidi senis in iugulo*
> *telum Pyrrhi vix exiguo*
> *sanguine tingui.*

nihil ea de re Vergilius in mortis Priami descriptione (II, 550 sq.), sed Ovid. XIII, 408

> *exiguumque senis Priami Iovis ara cruorem*
> *combiberat.*[12])

idem quod de Vergilio etiam de Ovidio valet quem frequenter, ut passim adnotavimus, et in eis quoque locis expressit quos pater adfert. praeteriri hoc loco nequit, Scauri iudicium de Ovidii loco contr. IX, 6, 17 adlato Senecam videri suum fecisse, ut qui Tro. 955 eundem sensum dederit sed non per tot membra eundem persecutus, id quod D. Heinsius (ed. Scriver. p. 287) probe intellexit. filium tamen non ubique patris vel auctorum eius iudiciis se adstrinxisse et vidimus et luculentum exemplum addo contr. VII, 4, 9 *et illam falsissimam* (*sententiam Festus dixit*) *in quam multi incidunt: propter hoc ipsum, inquit, magis flebilis est, quod non potest flere. et iterum: lacrimae, inquit, matri desunt, causae supersunt; tamquam caeci flere non soleant.* in 'falsissimam sententiam' Seneca quoque incidit Phoen. 239

> *cuncta sors mihi infesta abstulit,*
> *lacrimae supererant: has quoque eripuit mihi.*

denique cf. Pedonis Albinovani versum quem Seneca suas. I, 15 adfert v. 3

> *per non concessas audaces ire tenebras*

cum Hf. 552

> *qua spe praecipites actus ad inferos*
> *audax ire vias inremeabiles*
> *vidisti*[13]) *Siculae regna Proserpinae?*

---

[12]) sic explicandus quem inde a Servio non recte ceperunt viri docti Vergilii versus II, 662 *iamque aderit multo Priami de sanguine Pyrrhus.* simile est quod Ovidius dixit met. VII, 599: (*victima*) *exiguo tinxit subiectos sanguine cultros*, quod obversatum videtur Senecae scribenti Oed. 348 *huius exiguo graves maculantur ictus imbre, sed versus retro per ora multus sanguis atque oculos redit.* cf. Prop. IV, 16, 19 *sanguine tam parvo quis enim spargetur amantis?* Lucan. II, 128 *parvum sed fessa senectus sanguinis effudit iugulo flammisque pepercit.*

[13]) fuit cum *visisti* necessario ducerem scribendum esse, ut trag. inc. inc. frg. 147 v. 249 *quaenam te adigunt, hospes, stagna capacis*

vereor ne in hoc loco inlustrando nimius fuisse videar.[14] sed quam maxime intererat ut omnibus persuaderetur quantopere ex rhetorum ludis haec carmina penderent. exempla autem quibus defuncti sumus impellant forsan quempiam ut universae elocutionis naturam scholasticam singillatim persequatur, qua sola ratione qualecumque gaudium ex his tragoediis percipi potest. etenim litus aratum est ab omnibus qui iudicium de eis ad artis tragicae leges redigere conati vel laudarunt ut bonas tragoedias vel vituperarunt ut malas, ut illorum insaniam praeteream qui vel nostro saeculo Senecam cum Euripide comparare ausi sunt — id quod et prioris aevi philologis et Lessingio adulescentulo, qui mirifice coloribus rhetoricis delectabatur, facile condonamus. istae vero non sunt tragoediae sed declamationes ad tragoediae amussim compositae et in actus deductae; in quibus si quid venuste vel acute dictum, floride et figurate descriptum, copiose narratum esset, plaudebant auditores, arti satisfactum erat.

itaque non comparabimus cum graecis has tragoedias ut artis opera, sed earum argumenta tantum et argumentorum tractationem. nimirum a prioribus Romanorum tragicis Seneca et in eligendis argumentis et in tractandis ita discessit, utriusque rei causam ut in studiis rhetoricis sitam esse eluceat.

atque primum quidem argumenta apud Graecos nobilissima Oedipum et Hippolytum, quae ne priores Romanorum poetae tractanda sibi sumerent incesta conubia et flagitiosus novercae amor prohibuerant — nemo enim obiciet Divi Iuli Oedipum — Seneca utrumque sibi adscivit, ut quae affectibus depingendis praecipue aptae essent. eodem consilio ab Euripide Herculem mutuatus est quem nec Graecorum nobilis poeta nec Romanus praeter illum tractaverat.[15] Agamemnonem Livius

---

visere Averni? sed cf. Phaed. 649 *monstrique caecam Cnosii vidit domum.* Tro. 791 *liberos Troas vide.* Ov. fast. III, 703 *ille quidem caelo positus Iovis atria vidit et tenet in magno templa dicata foro.* cf. Scaliger. ad Tro. l. s. et supra p. 143.

[14] si nihil aliud, certe de Seneca tragoediarum auctore non leve argumentum et mea quidem sententia per se sufficiens hoc loco consecuti sumus.

[15] in universum ad Senecam quoque attinet quod ad priores Romanorum tragicos, scilicet plerumque intra trium tragoediae principum argumenta Graecorum imitatores se continuisse. saepius ab illis unus Pacuvius recessit qui in Duloreste Iliona Medo et fortasse Periboea et Atalanta argumenta post Euripidem scaenae tradita tractavit; Ennius in Achille; de Naevio nihil adfirmo. perraro in tot fabularum reliquiis Accius quem praeter Melanippum Clytaemnestram et fortasse Hellenas omnia ab Sophocle Euripide Aeschylo sumpsisse credo: titulos enim

in Aegistho repetierat (nam Acci Aegistho argumentum Electrae subiectum fuisse videtur), Thyesten Ennius, Accius in Atreo et Varius, Troadas Accius et fortasse Ennius in Andromacha Aechmalotide, Medeam Ennius Accius Ovidius; Phoenissas et Herculem Oetaeum hic praetereo. omnia vero argumenta ista eam ob causam Senecam sibi elegisse patet quia in illis summi affectus, amor ira dolor, et atrocissima facinora, parricidia et incestus, ubique locum tenerent.

haec autem tragoediarum argumenta intacta ut a Graecis accepta erant, servari iam non opus erat. nam si externa modo artis praecepta tenerentur, nihil iam intererat inter se omnia rite cohaerere, personarum singularum mores actaque recte et constanter explicari, nihil denique agi quod non ex necessitate quadam evenire videretur. iam summum negotium erat sic omnia contrahere et amplificare ut quam uberrima declamandi describendi altercandi materia et locus suppeteret. itaque lecta graeci poetae nobili fabula novam suo more Seneca composuit suo proposito inservientem. ut nec de versione nec de imitatione loqui possis, sed de redintegrata eiusdem argumenti tractatione. hoc quomodo in singulis factum sit eo luculentius demonstrari poterit quo certius de singularum fabularum exemplaribus constabit: qua de re plerumque non potest dubitatio esse, in paucis explicatius disputandum erit.

---

graecos ipse finxisse videtur, ut Epinausimachen Nyctegresian Thebaida Stasiastas (contra Welckerum p. 1204) et fortasse Hellenas; ut qui Didascalica Pragmatica Praxidica scripserit et graeca quaelibet tunc temporis Romanis se probaturum esse scierit. haec posui tantum quia exponere longum erat. addo de Romanorum tragoedia, quatenus quidem a Graecorum vestigiis discesserit, ex artis monumentis nihil disci posse.

IX.

Ut ad propositam de exemplaribus graecis quaestionem redeamus, aptissime a prima tragoedia incipiemus cui
ut cognomini Euripidiae furentis epitheton interpolator inscripsit: novicius huic et nuper demum explosus (de Wilamowitz An.
Eur. p. 59 sq.), vetus illi Etrusci auctoritate convictus: inter
quos quae necessitudo sit non satis liquet; aptissime ideo quia
in hac fabula dubitari nequit quin ab Euripide poeta argumentum repetierit. ille enim Herculis ab inferis reversi furorem primus scaenae tradidit argumentique formam in omne
aevum constituit. quod a graecis poetis aut in ignobilibus
tantum tragoediis [1] aut omnino non retractatum est.[2] Seneca
igitur una Euripidis fabula usus est.

atque primum quidem displicuit illi ut Lessingio (IV,
247 sq. L. ubi quaedam de discrimine inter Euripidem et Senecam acutissime disputavit) et plurimis egregia Euripidis ars
qua ex duplici argumento — reditu Herculis et furore — unum
effecit: videmus liberos Herculis et uxorem in priore tragoediae parte praeter spem servatos in altera ab ipso servatore
trucidari; in priore eundem sua virtute summa perpetrare, in
altera praepotentis numinis manu τὸ καλλίνικον κάρα miser-
rimum omnium reddi; denique amici dextra erigi rursum mun-
doque reddi. transitum ille a priore parte ad alteram, a subita
e timore laetitia ad summum luctum, admirabili, si veterem
non noviciam scaenam respicis, sed audacissimo invento fecit,
Iride et Insania in scaenam inductis; minus tamen audaci si
memineris Insaniae personam Atheniensibus ex Aeschyli Car-
minatricibus (frg. 163) notam fuisse. hoc igitur cum Senecae

---

[1] Diogenem in Hercule (Suid. s. D.) Hylae fabulam tractasse Welckerus conicit p. 1039, in Timesithei Hercule vel de satyris cogitat (p. 1047).
ut ut est et harum fabularum memoria intercidit praeter nomina et eius
quae in CIG I, 231 memoratur, et Lycophronis (Suid. s. L.).

[2] quod Asclepiades narravit (schol. λ 269) non necessario ad novam
tragoediam refertur, siquidem verissima sunt quae Robertus (de Ap. bibl.
p. 74 sq.) et Wilamowitzius (A. E. p. 181 adn. 3) de tragodumenis dixerunt;
praesertim cum quod ille narrat καταστέφει τοὺς Ἡρακλέους παῖδας
Euripidem redoleat (v. 526). scholiastam Pindari (Isthm. 4, 104) hypothesi
fabulae Euripidiae usum esse intellexit Wilamowitzius l. s. p. 186.

displiceiet, argumento in duo dissecto remedium eo adhibuit
ut Iunonem praefantem induceret, Furias excitantem, de tristi
rei eventu incerti nihil relinquentem. ita concitatissimam 124
versuum declamationem lucratus est.³)

deinde duas scaenas, quibus intercedit apud Euripidem
liberorum comptio, in unam contraxit, sed Herculis adventum
primamque orationem cantico interrupit, sane quam inepte:
Amphitruo enim postquam dixit (v. 523): *est est sonitus Herculei gradus,* cum nuru exit, Herculi, si quid sani agat, occur-
surus. chorus quasi nihil senserit de Hercule tamquam apud
inferos adhuc retento canit; apparet Hercules solus, et multa
demum de propria virtute gloriato pater uxor liberi accedunt.
haec rerum inter se cohaerentium putidissima discerptio nulla
alia de causa facta est quam ut Herculi declamandi locus da-
retur (592—617). legant autem Euripidis detrectatores corruptam a Seneca scaenam Herculis redeuntis v. 514 sq., cuius
aequales non multae in ullius populi litteris invenientur.

temporis spatium quo de Lyco supplicium sumitur cantico expleri non suffecit Romano, qui hoc loco scaenam inseruit nihil ad argumentum attinentem sed ipso loco et ambitu
gravissimam effectam totius tragoediae: paene ducentis versibus
inferos describentem facit Thesea quem hanc ob causam statim
cum Hercule induxit, ab Euripidis prudenti consilio recedens.
deinde non minus imprudenter nec minus rhetorica libidine
ductus Herculis furorem non reliquit narrandum facundiae
praesenti, sed pueros coram populo Hercules trucidat; quo
instituto perinde atque in Medea Horatium contempsit, toti
huius artis indoli convenienter ut supra monuimus.⁴)

---

³) singulos Euripidis locos respexit v. 268 (Eur. 217); 440 (Eur.
170, v. i.); 506 (Eur. 240); 519 (Eur. 501); 520 (Eur. 490); 631 (Eur. 558);
canticum 875 sq. (*Thebis laeta dies adest*) secundum Eur. 764 sq. (χοροὶ
χοροὶ καὶ θαλίαι μέλουσι Θήβας ἱερὸν κατ᾽ ἄστυ); omnium apertissime
v. 997 Mycenas infert ex Euripidis nuntio de Hercule dum furit Mycenis rem
geri somniante, sed ita infert ut nisi ab Euripidis lectore intellegi illud
omnino nequeat; 974 (*pectoris sani parum magni tamen compesce demen-
tem impetum*) Eur. v. 1414 respicitur a Wilamowitzio egregie correctus:
ὁ κλεινὸς Ἡρακλῆς σὺ καὶ νοσῶν (κεῖνος ὤν cod.); 1206 sq. cf. Eur. 1148 sq.
sed ut solet immiscuit etiam quae ex aliis Graecorum fabulis memoria
teneret. unum, Hf. 622 scilicet ex Soph. Trach. 201 sumptum esse, supra
p. 90 monui. praeterea cf. 1287 sq. *iota cum domibus suis dominisque
tecta, cum deis templa omnibus Thebana supra corpus excipiam meum*
cum Eur. Phoen. 1130 sq. de Capanei scuto: σιδηρονώτοις δ᾽ ἀσπίδος
τύποις ἐπῆν γίγας ἐπ᾽ ὤμοις γηγενὴς ὅλην πόλιν φέρων μοχλοῖσιν ἐξ-
ανασπάσας βάθρων. utràmque vero tragoediam propriis condendis legit
et relegit.
⁴) similem forsitan in Sophoclis Athamante furente (altera) scaenam

haec de oeconomia fabulae; de personarum moribus fere nihil dicendum est, siquidem genera personarum in rhetorum ludis frequentata repraesentavit: Hercules vir fortis est et tyrannicida, Lycus tyrannus, Iuno noverca; Theseus narrandi, Amphitruo et Megara flendi causa inducti, liberi omnino supervacui sunt (v. 203, cf. Eur. 140. 181 sq. 622 sq.). de Lyco et Amphitruone singula monebo. Lycus Euripidius homo est motu civili in summam potentiam elatus, quem adversarios suos interficere Euripidis aequalibus consentaneum videbatur; seditionem vero, Euripidis consilio quam maxime aptam (quod bene exposuit Hartungus E. R. II, 19 sq.), Seneca in Lyco suo omnino non memoravit sed bellum tantum quo rerum potitus esset; nec a proavo ut Euripidius regni ius ille deducit, sed obscuram originem muliere stirpis regiae in matrimonium petenda fulcire studet: a qua repulsam ferens simul illam cum liberis soceroque necandi rationem invenit. haec scaenae Romanae satis convenienter inmutata sunt; sed simile quiddam fortasse in Cresphonte Euripides praeierat. Amphitruonis personam eo maxime corrupit quod eum Iove conubii participe statim ab initio non contentum tantum sed et gloriabundum facit v. 264:

> in cuius urbem non semel divum parens
> caelo relicto venit, haec quae caelites
> recepit et quae fecit et — fas sit loqui —
> fortasse faciet, sordido premitur iugo

et, quod nimis putidum est, Herculis originem a Lyci invidia defendentem v. 440:

> partes meae sunt reddere Alcidae patrem
> genusque verum — —
> nondum liquet de patre? mentimur Iovem?
> Iunonis odio crede.

et non minus pudende 1247

> sive me altorem vocas, seu tu parentem.

hoc quoque iure admireris ab Euripide egregie institutum, cuius Amphitruo in prologo nihil indicat de Hercule Iovis filio, suum filium impense nuncupat (3. 50); Lyco mendacium obiurganti (148) uno verbo respondet (169):

> τῷ τοῦ Διὸς μὲν Ζεὺς ἀμυνέτω μέρει[5].

---

habuerit, si recte Welckerus de eius in uxorem liberosque venatione ante spectatorum oculos posita cogitavit (p. 324 sq. cf. Ov. met. IV, 511 sq. et Sen. Hf. 987 sq). ceterum notum est scholiastam Aiac. 815 conicere Sophoclem, ne Aeschylum imitari videretur, Aiacem in scaena morientem fecisse.

[5]) in quo sententiam absolvi persuasum habeo. vides cur Wilamo-

undique demum periculis inruentibus et spe fere omni prae-
repta pulcherrima et nunc cum maxime auditorum animos motura effundit in Iovem convicia:

ὦ Ζεῦ μάτην ἄρ᾽ ὁμόγαμόν σ᾽ ἐκτησάμην,
μάτην δὲ παίδων γονέ᾽ ἐμῶν ἐκλῄζομεν.

et novissime:

σὺ δ᾽ ἐς μὲν εὐνὰς κρύφιος ἠπίστω μολεῖν,
τἀλλότρια λέκτρα δόντος οὐδενὸς λαβών,
σῴζειν δὲ τοὺς σοὺς οὐκ ἐπίστασαι φίλους·
ἀμαθής τις εἶ θεὸς ἢ δίκαιος οὐκ ἔφυς.

etiam chorus verecunde (352) et Iris maligne (826) de Herculis origine dubitant; ipsum denique qui Iovem, ὅστις ὁ
Ζεύς, aversatur ac dicit: πατέρα γὰρ ἀντὶ Ζηνὸς ἡγοῦμαί
σ᾽ ἐγώ (1265) cum Senecae Hercule conferas qui originem
suam ad nauseam usque in ore gerit.

haec explicatius persequenda erant ut exemplo ante oculos
poneretur quo consilio Seneca in retractandis tragoediarum
graecarum argumentis versatus esset. non minus aperta et
ad demonstrandum facilis res est in reliquis tragoediis quarum
exempla servata sunt; nam quamquam alii quoque Oedipodas
Agamemnonas Medeas scripserunt, dubitari non potest quin
Sophoclem Aeschylum Euripidem secutus sit. de Oedipode et
Agamemnone non multa dici possunt: utraque pueri manum
refert qui nec Sophoclem nec Aeschylum intellexerit; Agamemnona certa vestigia Aegisthi Liviani referre Ribbeckius
monuit. Oedipum ita contraxit ut in 1060 versibus cantica
330 versus complectantur, sacrificium et necromantia 230, ut
ipsi fabulae 500 versus relinquantur. de Medea nuper Braunius plurima congessit ex Euripide et, quem lectitasse Senecam
ubique vestigia apparent, Ovidio; quamquam in summam quaestionis locis similibus congerendis non multum lucramur, ut
pauca de Medea dicendi officio non simus a Braunio levati.[6]

In Senecae Medea Euripidis tragoedia ita contracta est ut
fere dimidiam partem scaenarum contineat, et ita amplificata
ut in medio solito more scaena inserta sit de Medea venenum
coquente et longissima et a graeco poeta aliena. cum Creonte

---

witzio (A. E. p. 237) accedere non possim. de Iove enim Amphitrūo
non loquitur quasi opem laturo, sed hoc dicit: suam partem Iupiter defendat, nempe sitne pater Herculis an falso praetendat; ad me spectat ut
istius de Herculis factis vaniloquentiam redarguam. παιδός v. 170 quomodo corrigendum sit non habeo.

[6] cf. Mus. Rh. XXXII p. 68 sq. ceterum Braunius serio opinatur
ex Hygini fabulis aliquarum rerum notitiam Senecam petivisse (p. 79).

Medeae conloquium servavit, cum Iasone duo conloquia in unum
coartavit, Medeae de liberis necandis deliberationem et necem
ipsam coram populo perpetrandam suo consilio adaptavit; nutricem erae addidit prudenter obloquentem; nuntium paucis versibus absolvit; chorum Medeae inimicum comicorum more fecit
et ipsam in prologo omnia mox committenda indicantem.

tragoediam ita conformatam cum Euripidia comparare non
magis quam in reliquis fas est. sed negari non potest multo
prudentius quam in Hercule poetam ab exemplo suo recessisse,
ut subinde probabilis quaedam tragici ingenii mediocritas appareat. quo talia pertinent: Euripidis Medea antequam cum
Iasone conloquatur certa est de coniuge eiusque nova nupta
soceroque interficiendis (364 sq.); liberorum necandorum consilium demum cum Aegeo refugium pacta capit. Seneca haec
aliter instituit; Medea in fabulae initio ne audito quidem epithalamio regem nuptamque novam occidere certa est, sed eo
consilio ut Iasonem ad fidem reducat. sic v. 139:

> melius a melius dolor
> furiose loquere; si potest, vivat meus
> ut fuit Iason, si minus, vivat tamen e. q. s.

repulsa a Creonte ira quidem furit, quod poeta ipse obscuravit
choro male, ut in Hercule post Herculis adventum, inculcato;
sed nequaquam de Iasone sibi reconciliando desperat. cum quo
ita conloquitur quasi re vera precibus eum priscique amoris
memoria flecti posse putet. cum omnem persuadendi et vin-
cendi spem perisse vidit, tum demum omnia secum in exitium
trahere constituit; at statim post summum affectum cum eodem
loquens aequum animum simulat (v. 540 sq.); id quod non
male institutum esse concedas in poeta cui animorum subita
concitatio magis adpetenda fuerit quam iusta facinoris ex moribus statuque mentis explicatio. quod sequitur non minus huius
tragoediae proprium est. Euripidis Medeam ut liberos necet
duo commovent: v. 798

> οὐ γὰρ γελᾶσθαι τλητὸν ἐξ ἐχθρῶν, φίλαι

et, ubi haec iustum locum habent, v. 1062

> πάντως σφ᾽ ἀνάγκη κατθανεῖν, ἐπεὶ δὲ χρή,
> ἡμεῖς κτενοῦμεν οἵπερ ἐξεφύσαμεν.

Senecae Medeae, postquam liberos sibi fugae comites expetivit
et Iason dixit vita se facilius quam liberis carere posse, subito
oboritur consilium v. 549:

> sic natos amat?
> bene est, tenetur, vulneri patuit locus.

non tam sensus novus est (Eur. 817 οὕτω γὰρ ἂν μάλιστα
δηχθείη πόσις) quam locus quo vim suam accipit. simili
artificio Medeae de necandis liberis dubitantis et postremo de-
cernentis orationem efficaciorem reddidit; quam cum partim
ex Eur. v. 1019 sq. expresserit, ita conlocavit ut post relatum
de dextero fraudis eventu nuntium, dum a coniuge regisque
famulis in supplicium quaeritur, proferatur: Euripides dum
isto temporis momento paucissima tantum Medeae verba im-
pertit consiliique certa (1236 sq.), veritati studuit, Seneca sus-
pensae animorum expectationi. accedit ut haec tragoedia vigore
quodam orationis non nimis tumido, colorum non immoderata
quadam vivacitate excellat, etiam in canticis, quae insuper accuratius reliquis composita esse demonstravimus.

omnia haec dexterius administrata esse quam ut Senecae
ipsi imputari possint non contendam. sed veri multo similius
est meliorem poetam inter Euripidem et Senecam intercessisse
qui argumentum liberius tractarit. quem non quaerimus inter
poetas Euripidem subsecutos, quorum longe alia erat ars et
indoles, nec inter Alexandrinos de quorum tragoediis nihil
fere compertum habemus [7]. nec utique de Graecis cogitandum videtur.

---

[7]) ad poetam qui Alexandrinorum aevo vixerit Senecae Medeam
Diltheius rettulit (Ann. Inst. 1869 p. 42 sq. 68 sq.). qui cum ostenderit
et artifices et poetas posteriorum temporum Medeae suae admiscuisse
quaedam quae ante Alexandrinos nemo litteris marmorive tradidit, minime tamen comprobavit aut sarcophagos ad aliam quam Euripidis tragoediam redire aut Senecae Medeam a poeta graeco qui post Euripidem
vixerit pendere. scilicet quaecumque illic a quinti saeculi indole recedunt,
ut iuvenis taedam demittens vel puella dis nuptialibus mactata, talia non
in singulis argumentis a certo quodam certi poetae opere originem cepere, sed per omnes artis litterarumque fines omnemque Graecorum et
Graecanicorum vitam, qualis inde a quarti saeculi exitu conformata est,
propagantur et regnant. quo fit ut carminibus et monumentis, et inter
Romanorum quidem poetas inde ab Ovidio, talia inserantur ubicumque per-
mittit occasio. continebo me, ne liberius quam par est evager, Senecae
versibus quibus Diltheius praeter ceteros identidem utitur, Med. 37 sq.:
hoc restat unum, pronubam thalamo feram ut ipsa pinum postque
sacrificas preces caedam dicatis victimas altaribus. his versibus nihil
inest nisi ut obscure et αἰνιγματωδῶς rei eventum Medea innuat, more
Senecae prorsus solemni; qua in re imaginibus verbisque utitur et sibi
et aliis poetis tritis ac frequentatis. primum ipsam se taedam coniugibus
praelaturam minatur, nempe ut pronuba Erinys: quo sensu cum alii poetae
— quos excribere non opus est quoniam quos equidem novi locos praeter
Claudian. in Rufin. I, 83 omnes enumeravit Burmannus ad Ovid. her. 2,
117 — tum Seneca usus est ante paucos versus Med. 13: *sceleris ultrices*
deae, crinem solutis squalidae serpentibus, atram cruentis manibus
amplexae facem, adeste thalamis horridae quondam meis quales ste-

praeter Euripidiam tunc temporis sine dubio Ovidii Medea
plurimum in hominum manibus versabatur, id quod Tacitus
iuvenis testatur dial. 12: *nec ullus Asinii aut Messallae liber
tam illustris est quam Medea Ovidii aut Varii Thyestes*; cui nec
Senecae patris nec Quintiliani nec ipsius Ovidii testimonia re-
fragantur nec denique quod exilia tantum frustula aetatem
tulere: id siquidem cum Varii Thyeste commune habet.

sunt autem quae ex servatis duobus fragmentis de tragoediae natura intellegi possint. atque priore, quod his verbis
Quintilianus adfert VIII, 5, 6: *nam cum sit rectum ʿnocere facile
est prodesse difficileˀ, vehementius apud Ovidium Medea dicit:
servare potui; perdere an possim rogas?*
docemur Euripidem non expressum esse ab Ovidio, sed conloquium cum Iasone ita tractatum, ut non in accusando et
defendendo contineretur, sed minas et, quod proclive est e
coniectura addere, preces Medea effunderet. longius ab exemplari Ovidium recessisse versus fidem facit quem Seneca pater
adfert suas. III, 5: *sicut in hac ipsa suasoria dixit (Fuscus):
cur iste inter eius ministerium placuit? cur hoc os deus elegit?
cur hoc sortitur potissimum Pythiusˀ — quo tantum non impie
aiebat se imitatum esse Vergilianumʿplena deoˀ*[8]) — (p. 27, 13) *hoc*

---

tistis. item Oed. 644 *et mecum Erinyn pronubam thalami traham.* cf.
Oct. 24 *illa illa meis tristis Erinys thalamis Stygias praetulit ignes.*
262 *illi soluta crine succincta anguibus ultrix Erinys venit ad Stygios
toros.* deinde Creusam ad aras sacrificii loco dis oblatum iri dicit non
aliter quam Deianira HO 348 *me nuptiali victimam feriat die,* Octavia
v. 662 *hos ad thalamos servata diu victima tandem funesta cades.* et
eodem modo hostiam appellat Lycum Hercules Hf. 922, Megaeram idem
v. 1036 (cf. 1039), Hippolytus Phaedram Phaed. 708 *iustior numquam
focis datus tuis est sanguis arcitenens dea.* iam nemo puto ex hoc
similive loco quicquam de tragoediae exemplari conligendum esse con-
tendet. prolusit autem Senecae Euripides Med. 885 ἐγὼ δ᾽ ἄφρων, ᾗ
χρῆν μετεῖναι τῶνδε τῶν βουλευμάτων καὶ ξυμπεραίνειν καὶ παρεστά-
ναι λέχει, νύμφην τε κηδεύουσαν ἥδεσθαι σέθεν.
   [8]) transcripsi locum intricatissimum ut datur a Kiesslingio. primum Vergilii versus quo usus est Fuscus non extat in servatis poetae
carminibus. ecl. 3, 60 *Iovis omnia plena* nimis ab hoc argumento
alienum est. aptissimum locum habuisset Aen. VI, 77
        *at Phoebi nondum patiens immanis in antro
        bacchatur vates magnum si pectore possit
        excussisse deum.*
quem locum et multi expresserunt et Ovidius expressisse videri possit.
sed cum de Senecae patris errore vix cogitandum et credendum videatur
Vergilii versum amissum esse, ne sic quidem Fusci sententiae cum Vergilio satis convenit ut tantum non impie eum imitatus esse merito dici
queat: qua de causa extrema, quae sic fere in codd. leguntur: *cur hoc
sortitur potissimum poetis quod tantum non impie* e. q. s. (*Phoebus quo*

*autem dicebat Gallio Nasoni suo valde placuisse; itaque fecisse
illum quod in multis aliis versibus Vergilii fecerat, non subri-
piendi causa sed palam mutuandi, hoc animo, ut vellet agnosci;
esse autem in tragoedia eius:*

> *feror huc illuc ut plena deo.*

haec verba ostendunt Ovidii Medeam longe aliter moratam fuisse
quam Euripidis: quae cum aequi animi et in extremis malis
compos sit, numquam ira et dolore in transversum agitur;
illam discimus lymphato furore debacchatam esse. eisdem igitur
coloribus Medeae iram depinxit quibus Seneca; cuius Medeam
et furere ab initio paene per totam fabulam videmus et gressu
quali maenada incerto huc illuc ruere identidem audimus:

> 123 *incerta vaecors mente vaesana feror*
> *partes in omnes unde me ulcisci queam.*
>
> 382 *incerta qualis entheos gressus tulit*
> *cum iam recepto maenas insanit deo —*
> *talis recursat huc et huc motu effero*
> *furoris ore signa lymphati gerens.*
>
> 675 *ut attonito gradu | evasit.*
>
> 738 *sonuit ecce vaesano gradu.*
>
> 805 *tibi nudato pectore maenas*
> *sacro feriam bracchia cultro.*
>
> 849 *quonam cruenta maenas*
> *praeceps amore saevo*
> *rapitur?*
>
> 862 *huc fert pedes et illuc,*
> *ut tigris orba natis*
> *cursu furente lustrat*
> *Gangeticum nemus.*

his tantum momenti inesse non infitiaberis ut Ovidium ac
Senecam et ab Euripide diverse et inter se similiter Medeae

Gronov.) sic corrigenda et supplenda esse censeo: *cur hoc sortitur potissimum pectus quod* [*impleat? quo*] *tantum non impie* e. q. s. de
priore sententiae Arellianae parte, in quam multa et improbabilia viri
docti commenti sunt, verum me invenisse confidentius affirmo: *cur iste*
[*in*] *interpretis ministerium placuit? (iste inter eius min.* codd.) interpres vocatur Calchas Verg. Aen. III, 359 *interpres divum.* Tro. 351 et
938 *interpres deum.* cf. Ovid. am. III, 5, 45 *dixerat interpres.* ceterum
'*plena deo*' illius aevi carmina pleraque sunt, multa ex Vergilii imitatione;
e nube exemplorum sume Luc. IX, 564 *ille deo plenus tacita quem
mente gerebat.* Stat. Theb. X, 624 *plenum Phoebo vatem.* XI, 676
multo possessus numine pectus. Sil. III, 673 *loca plena deo.* V, 80
plenus et ipse deum. XII, 323 *Phoebo iam intrata sacerdos.* Val. Fl.
I, 230 *plenus fatis Phoeboque quieto.* IV, 445 *mea quod vates insedit
Apollo pectora.* VI, 673 *dei quem pectore toto iam tenet.*

168   DE EXEMPLARIBVS GRAECIS.

personam repraesentasse discamus, et ita quidem moratam qualis
novo tragoediae generi, de quo supra disputavimus, unice con-
veniret. sed licet ulterius progredi.

in epistula Medeae (her. 12), quam ab Ovidio compositam
esse persuasum habeo, multa sunt quorum apud Senecam tam
similia reperiuntur ut imitatio aperta sit. adferam graviora.
primum autem iam Braunius vidit l. s., epithalamio v. 56 sq.
prolusum esse her. 12, 137 sq.

> *ut subito nostras hymen cantatus ad aures* [9])
> *venit et accenso lampades igne micant.* [10])

141 *pertimui nec adhuc tantum scelus esse putabam* [11])
sensum venustum ex alia epistulae parte adsumpsit v. 199 sq.:

> *dos ubi sit quaeris? campo numeravimus illo*
> *qui tibi laturo vellus arandus erat;*
> *aureus ille aries villo spectabilis aureo*
> *dos mea: quam dicam si tibi redde, neges;*
> *dos mea tu sospes, dos est mea Graia iuventus.*

manifesta imitatione hunc locum superare studuit Seneca v.
486 sq.:

> (*ex opibus illis*) — *nil exul tuli*
> *nisi fratris artus: hos quoque impendi tibi;*
> *tibi patria cessit, tibi pater frater pudor:*
> *h a c d o t e n u p s i. redde fugienti sua.*

item ad her. v. 155 sq.:

> *ire animus mediae suadebat in agmina turbae*
> *sertaque compositis demere rapta comis*

identidem respicit:

> 27 *non ibo in hostes? manibus excutiam faces*
> *caeloque lucem.*

> 157 *libet ire contra.*

> 593 *cupit ire in ipsos obvius enses.*

---

9) Med. 116 *occidimus: pepulit aures hymenaeus meas.*
10) 111 *multifidam iam tempus erat succendere pinum.*
11) 117 *vix ipsa tantum vix adhuc credo malum.* in Ovidii epistula v. 145 *diversi flebant servi lacrimasque tegebant* non satis defendit
Burmannus; nam et in locis quos adfert et ubique *diversus*, si de personis usurpatur, absentem significat (Tro. 514 *teque diversum amove.*
Val. Fl. IV, 387 *diversus abis* VI, 581 *diversus abiret* VII, 577 *diversos
postquam ire videt*), si de locis, longe remotum (met. XV, 23 *diversi —
Aesaris undas.* art. I, 685 *diverso — orbe.* II, 499 *diversum per orbem.*
her. 13, 149 *diverso in orbe.* trist. I, 3, 19 *Libycis aberat diversa sub
oris.* Stat. Theb; VI, 328 *Scythici diversus ad ostia Ponti.* Sil. III, 332
in orbem diversum etc.). scribendum *aversi flebant.* — v. 65 multa viri
docti coniecerunt. verum esse credo: *petit altera et altera avebat* (*habebat*
codd.), i. e. quod soror precabatur dudum ipsa desiderabat.

adde her. 209 *quo feret ira sequar* et Sen. 953 *ira qua ducis sequor.*

haec sufficiunt ad demonstrandum inter Ovidii epistulam et Senecae tragoediam affinitatem quandam interesse. iam vero scimus Ovidium non multo ante quam heroidas scripsit (am. II, 18, 21 sq.) tragoediam suam composuisse (ibid. v. 13); praeterea nemo nescit Ovidium non singulos tantum versus sed totos locos ex uno in alterum carmen interdum ita transtulisse ut eandem rem similibus verbis iterum narraret, elegiacos versus heroicis mutans vel invicem: cf. art. am. III, 687 sq. et met. VII, 795 sq.; art. II, 23 sq. et met. VIII, 183 sq.; met. II, 401 sq. et fast. II, 155 sq.; met. XIV, 806 sq. et fast. II, 481 sq.; met. XV, 500 sq. et fast. VI, 736 sq. et alia. ergo probabile est Ovidium in conscribenda hac epistula suam ipsius de Medea tragoediam expressisse.

atqui Senecam, si Ovidio hoc argumentum tractanti se adplicare voluit, veri multo similius est tragoediam sibi electurum fuisse quam epistulam. itaque simplici nec si quid video improbabili conclusione eo perducimur ut affinitatem, quam Senecae tragoediae cum Ovidii epistula esse cognovimus, ad tragoediam potius Ovidii referendam esse statuamus.

certe Ovidii tragoediam non magis expressisse putandus est quam Euripidis; immo, cum illam in rebus nec paucis nec levibus prae Euripide secutus esse videatur, in aliis non tam reliquisse Ovidium quam superare voluisse Senecam et supra indicavimus et altero tragoediae fragmento probare possumus. nam sententiam versus

> *servare potui; perdere an possim rogas?*

a Quintiliano relatam: ʻnocere facile est, prodesse difficileʼ, ita auxit Seneca et inflexit: nocere aliis potui, tibi an nocere possim rogas? cf. v. 120

> *merita contempsit mea*
> *qui scelere flammas viderat vinci et mare?*
> *adeone credit omne consumptum nefas?*

> 560 *vadis oblitus mei | et tot meorum facinorum?*

Medeae veneficium num Ovidius quoque tam fuse tractaverit effici non posse manifestum est. ipsi Senecae scaenam illam attribuere suadet huius poetae et aequalium consuetudo talibus in rebus inmorandi. scaenam in Sophoclis Radicisecis diversam fuisse, Medeam scilicet non ipsam de herbis coquendis perorasse et imprecationes cecinisse ex Macrobio discimus (V, 19, 9): *in qua Medeam descrivit maleficas herbas secantem, sed aversam,*

ne vi noxii odoris ipsa interficeretur. et insuper Sophoclis
versus (frg. 489):

> ἣ δ᾿ ἐξοπίσω χερὸς ὄμμα τρέπουσ᾿
> ὀπὸν ἀργινεφῆ στάζουσα τομῆς
> χαλκέοισι κάδοις δέχεται κτὲ

docent omnia ista chorum cecinisse. —

in Troadibus demonstrari potest plus unam fabulam Senecam sibi sumpsisse unde integrum efficeret et aptum suo ingenio
argumentum. Sophocles et Euripides binas fabulas de Troadum post urbis excidium fatis scripserant. in Captivis Sophoclem Astyanactis mortem tractasse eamque fabulam ab Accio in
Astyanacte expressam esse probabiliter Welckerus statuit. idem
Polyxenae mortem et ἀπόπλουν in Polyxena, Euripides ἀπόπλουν bis tractavit, alterius scaenam in Asiae alterius in Euro-
pae litore statuens: prior Polyxenam sacrificandam, Cassandram
vaticinantem, Helenam ream, Astyanactis mortem et funus continet et in Troiae incendio classique profectione praeclare
terminatur; in altera Polyxenae purae virginis misera mors et
Polymestoris nefarii hominis crudele supplicium egregie coniunguntur — quod qui reprehendunt et quasi duplicem acti-
onem vituperant, secum reputent quaeso quanto infortunii et
iniuriae cumulo ante spectatorum oculos obrui Hecubam opus
fuerit, quo mulieris animus tam atrocis consilii et tam atro-
citer exequendi capax fieri videretur. Euripidis fabularum Seneca non alteram utram secutus est, sed Polyxenae et Astyanactis mortem non infabre inter se coniunxit. post Hecubae
et chori lamenta per Talthybium certiores fimus Achillem in
busto comparentem Polyxenam sibi immolandam poposcisse.
qua de re multa inter se conviciati Pyrrhus et Agamemno Cal-
chanta invocant, qui praeter Polyxenam Astyanacti quoque pro
classis reditu moriendum pronuntiat. canticum de animarum
immortalitate Andromacha excipit quae et ipsa in somno ab
Hectore monita est ut Astyanacta Graecis subtrahat; quem in
patris busto latitantem Ulixes dolo in lucem mortemque pro-
trahit. Helena nuptiarum titulo Polyxenam abductura confitetur
fraudem et a criminibus se purgare studet. Polyxenam ab-
ductam Pyrrhi gladio mactatam, Astyanacta ab Ulixe turri de-
iectum esse nuntius refert. denique classem iam secundo vento
profecturam captivae petunt.

Euripidis Troadas a Seneca respectam esse plerique statuere
(D. Heins. p. 317 ed. Scriver. Habrucker. p. 37 alii); et trac-
tatur quidem in illa Astyanactis mors, perstringitur tantum Polyxenae. tam libere autem Seneca Euripidem secutus est ut, nisi

singula quaedam affinitatem proderent, de ea dubitari posset.
Hecuba et Andromacha dominos quos sortitae sint ab Helena
sciscitantur (v. 975 sq.) ut Hecuba a Talthybio Eur. Tro. 240 sq.;
Helenae defensio ab Andromachae obiurgiis deberi videtur controversiae Hecubam inter et Helenam coram Menelao apud
Euripidem actae; canticum de terris in quas captivae se ab-
ductum iri autumant (814 sq.), quamquam ratione omnino
Senecae propria compositum est, ex Euripidis versibus 184 sq.
197 sq. 1096 sq. (cf. 242) pendere D. Heinsius vidit (l. s.):
at similem materiam etiam Hecubae v. 444 sq. praebebant.
singulos quoque versus conferre possis, 1134

       tali nubat Hermione modo

cum Tro. 719

       τοιαῦτα νικήσειε τῶν αὐτοῦ πέρι

567. 68 cum Eur. 626, alia.

    certiora de Euripidis Hecuba statui possunt. in ea non
solum Achillem in busto comparuisse audimus (37 sq.), verum
et altercatos esse de virgine immolauda Graecorum principes.
sed persuadet Ulixes, nulla Pyrrhi mentio (118 sq.). nuntium
Ulixes fert; pulcherrimae inter Hecubam Polyxenam Ulixem
scaenae apud Senecam nullum apparet vestigium. contra Talthybii narrationem de Polyxenae morte (Hec. 518 sq.) Seneca
1118 sq. non exprimit quidem sed aperte respicit: colorem
addit versibus 566

      ὁ δ’ οὐ θέλων τε καὶ θέλων οἴκτῳ κόρης
      τέμνει σιδήρῳ πνεύματος διαρροάς

    1154 *novumque monstrum est Pyrrhus ad caedem piger.*
v. 568

      ἥ δὲ καὶ θνήσκουσ’ ὅμως
      πολλὴν πρόνοιαν εἶχεν εὐσχήμως πεσεῖν

    1157 *nec tamen moriens adhuc deponit animos* e. q. s.

non neglegit vel Graecos miserantes: 572 sq. — Sen. 1160;
virginem ut per totam fabulam hic quoque silere voluit, quamvis aptum sibi et frequentatum locum ab Euripide sumere
potuerit: 563 sq. εἰ μὲν στέρνον — παίειν προθυμεῖς e. q. s.
(cf. Agam. 972 sq.). sed toti Euripidis narrationi Senecam se
adplicuisse certum videtur.

    Hartungus igitur cum (E. R. II, 284) Senecam sic Euri-
pidem imitatum esse dicit, ut Troadum argumentum cum Hecubae argumento misceret, ad alteram Polyxenae mortem referre, ad alteram Astyanactis videtur, coniunctionem autem
duplicis argumenti Senecae tribuere. sed restant alia quae

172   DE EXEMPLARIBVS GRAECIS.

cum aegre credas Senecae deberi aliunde sumpta esse demonstrari potest, scilicet Pyrrhus et Agamemno de victima Achilli
immolanda dissidentes et scaena medium et insignem locum
spatiumque 400 versuum tenens Andromacham inter et Ulixem
de puero occulendo et ab hoste protracto. atque Andromachae
quidem somnium (438 sq.) libenter concedimus a Seneca posse
inventum esse; simile enim Hecuba de Polyxena somnium enar-
rat (Hec. 68 sq.) et quae ad Hectorem depingendum opus
habebat ea ex Vergilio repetiit (aen. II, 270 sq.). reliqua
autem scimus non in hac tragoedia primum tractata esse. et
discidium quidem inter Pyrrhum et Agamemnona (in Hecuba
Euripidia vidimus Ulixi fuisse adversarii partes) Welckerus recto
et in ceteris iudicio [12]) ad Sophoclis Polyxenam referri posse
vidit. in qua Agamemno principum alicui, quem Neoptole-
mum esse Welckerus coniecit, sic obloquitur (frg. 479):

οὐ γάρ τις ἂν δύναιτο πρῳράτης στρατοῦ
τοῖς πᾶσι δεῖξαι [13]) καὶ προσαρκέσαι χάριν

quod de Polyxena dictum esse argumentum fidem facit et quod
Achillis simulacrum scimus in hac tragoedia ipsum in scaena
apparuisse (frg. 478. π. ὕψ. p. 34, 27 I.) et iusta manibus
suis poposcisse [14]). quo pertinere Accii Tro. frg. 2 v. 479. 80
et fortasse frg. inc. inc. 38 recte statuit Ribbeckius (tr. rom.
p. 417). itaque Seneca v. 184—370 ad Sophoclis exemplum
se adplicuisse videtur.

puerum antequam de turri deiceretur Andromacham occu-
luisse et Ulixem indagasse et Servius testatur (ad Aen. III, 489
cf. Ribb. l. s. p. 412 sq.) et ex Astyanactis frg. 9. 10. 11
(v. 178 sq.) Accio quoque tribuendum videtur (Ribb. p. 415).
quem in Astyanacte Sophoclis Captivas expressisse admodum
incerta quidem Welckeri coniectura est si fragmentum spectas
quo nititur; sed firmatur eo quod in Troadibus Polyxenam
secutus esse videtur (v. s. de frg. 2) et Captivis Astyanactis
mors iustum argumentum praebet. Ulixem autem in pueri
latebras inquirentem et miserae matri diram necessitatem im-
moto pectore opponentem a Sophocle inductum esse veri si-

[12]) tr. gr. p. 181 ʿselbst der niedrige zank zwischen diesen beiden
in den Troerinnen des Seneca lässt auf ein altes tragisches vorbild
dieses für die entwicklung der tragoedie so sehr brauchbaren natür-
lichen verhältnisses der personen schliessenʾ.
[13]) scribendum videtur τοῖς πᾶσιν εἶξαι.
[14]) Baieri sententiae (secundae in calce Animadversionum in trag.
gr. Bonn. 1874), qua contendit Polyxenam Sophocliam antequam Achillis
εἴδωλον appareret immolatam esse, non accedo. proficiscentibus apparuit, sed ut ab itinere eos retineret (Welckerus p. 178).

millimum videtur et plurimarum fabularum exemplis confirma-
tum. denique in Captivis Calchantis partes fuisse frg. 31 docet
στρατοῦ καθαρτὴς κἀπομαγμάτων ἴδρις.
Senecam igitur in Troadibus altera utra vel utraque Sophoclis
de rebus post Troiae excidium actis fabula non minus quam
Euripide usum esse censendum est. id si contaminare vocetur,
sane contaminavit; Sophoclem vero iam in Polyxena utrumque
argumentum coniunxisse minime credendum, ut nec de Accio
idem probare cessit Ribbeckio (p. 416).

de Thyeste loqui cum proclive est — nam de eius exemplari si quid certi constitui posset, omnium id maxime gratum
acceptumque foret — tum, quoniam de graecis fabulis nihil
fere compertum habemus, otiosum. adfirmari tantum potest
argumentum idem a Sophocle in Mycenaeis — quam si expressit Accius in Atreo, sunt quae ad eam referenda videantur,
v. Ribb. l. s. p. 267 sq. — ab Euripide in Thyeste tractatum
esse; si quidem de duabus Sophoclis Thyestis recte Welckerus
exposuit. Cressae autem Euripidia in Creta insula agitur argu-
mentumque continet quod Sophoclis scholiasta memoriae tradidit, id quod et alia non pauca et nunc marmor Piraicum
extra dubitationem ponunt (Wilamowitz. A. E. p. 139 et ibid.
p. 255, ubi prorsus recte ea de re disputatur); ut opinionem
de Cressis et Thyeste unius fabulae nominibus non denuo re-
suscitatum iri iure speremus. sed utram potissimum Seneca
secutus sit vel ideo efficere non conamur quia Varii quoque
Thyesten Senecae in manibus fuisse certum est. monendum
tantummodo, solem post peractum facinus iter vertentem non
videri aetatis Euripide posterioris inventum esse, quod putavit
Welckerus (p. 361); nimirum ita nota omnibus et trita res
est [15]) ut a tragoediae principibus in litteras inducta esse debeat.
denique de Thyestis oraculo fabulam ab Hygino Servio Mytho-
logo Vatic. traditam (Welckerus p. 367) Seneca aperte respicit
Ag. 31. 48. 294. —

In Phaedra Senecam non Hippolytum coroniferum Euripidis secutum esse pridem intellectum est; nam licet in singulis frequenter utrique fabulae conveniat, in summa rei omnino

---

[15]) cf. praeter ea quae Welckerus adfert l. s.: Ov. am. III, 12, 39;
her. 15, 101; Ib. 427; Pont. IV, 6, 47. Prop. IV, 22, 30. Manil. III, 18;
V, 463. Lucan. I, 543; VII, 451. Stat. Theb. II, 184; IV, 307; XI, 129.
Mart. III, 45, 1 alia. ceterum illud cum priore prodigio, quod Plato
respicit Politic. p. 268 E et Sophocles (frg. 667) atque Euripides (frg. 853)
tetigerunt, bene conciliari potest.

inter se discedunt atque eodem quidem discrimine quo Euripidis priorem ab altera Hippolyto diversam fuisse Aristophanis
Byzantii testimonio edocemur; nimirum in servata Euripidis
fabula Phaedra quasi invita et inducta a nutrice cupidini in-
dulgens σιγᾷ μὲν, ἐχϑαίρει δὲ, βούλεταί γε μήν, contra hic
ultro amorem profitetur et durum iuvenis pectus precibus ipsa
domare tentat. atqui Sophoclem, cuius Phaedram non magis
refingere possumus quam plerasque eius tragoedias — nam
quod Asclepiades in scholio λ 321 narrat ne a coronifero quidem Hippolyto tam alienum est ut non ex illa possit in tragodumenis relatum esse —, non tam protervam Phaedram
proposuisse certum videtur. merito igitur Valckenaerius Senecam coniecit ad Hippolytum velatum in Phaedra se adstrinxisse,
quam coniecturam in commentariis passim probare studuit.
quibus certiora sciri posse primum uno exemplo ante oculos
ponam.

Ovidius in amorum remediis haec scripsit, ut fugienda
esse quibus amor ali posset praeciperet (v. 743):

> perdat opes Phaedra: parces, Neptune, nepoti
> nec faciet pavidos taurus avitus equos.

quibus dittographia, ut vidit Muellerus, subiecta est:

> Gnosida fecisses inopem: sapienter amasset;
> divitiis alitur luxuriosus amor. [16]

vix memineris in causis amoris Phaedrae nimiam vivendi luxu-
riam usquam memorari. at certe non poterat Ovidius illud tam
nude proferre nisi sciret auditores statim recordaturos esse
notum locum quo id ipsum de Phaedra expositum esset. quem
fuisse in Hippolyto velato indicare videntur frg. 440

> ὁρῶ δὲ τοῖς πολλοῖσιν ἀνϑρώποις ἐγὼ
> τίκτουσαν ὕβριν τὴν πάροιϑ᾽ εὐπραξίαν

(τὴν περίσσ᾽ εὐπραξίαν Bergkius) et frg. 441

> ὕβριν τε τίκτει πλοῦτος οὐ φειδὼ βίου

(sic Nauck., ἢ φ. Stobaei codd.). scimus quidem antiquissimo
Graecorum proverbio Κόρον et ὕβριν invicem se gignere: haec
illum Pind. Ol. 13, 10 Ὕβριν Κόρου ματέρα ϑρασύμυϑον,
oraculo apud Herod. VIII, 77 Κόρον Ὕβριος υἱόν, hanc ille
Theogn. 153 et Sol. frg. 8

> τίκτει τοι κόρος ὕβριν ὅταν κακῷ ὄλβος ἕπηται
> ἀνϑρώπῳ καὶ ὅτῳ μὴ νόος ἄρτιος ᾖ

cf. Nauck. ad Soph. OR 873 (ὕβρις φυτεύει τύραννον). sed

---

[16] Ovidius etiamsi bis idem dixisset, scripsisset *Gn. facias i.*, *s.
amabit;* nec *luxuriosum* amorem *divitiis* ali dixisset.

in argumento quale Euripideum illud est Ύβρις ea potius esse
videtur quam Horatius indicat I, 19

> mater saeva Cupidinum
> Thebanaeque iubet me Semeles puer
> et lasciva Licentia
> finitis animum reddere amoribus [17])

et sententia non aliena esse ab Euripidis fragmento celeber-
rimo (887)

$$\dot{\varepsilon}\nu\ \pi\lambda\eta\sigma\mu\rho\nu\tilde{\eta}\ \tau\rho\iota\ K\dot{\nu}\pi\rho\iota\varsigma,\ \dot{\varepsilon}\nu\ \pi\varepsilon\iota\nu\tilde{\omega}\nu\tau\iota\ \delta'\ \rho\dot{\nu},^{18})$$

quae quomodo tractata fuerit in priore Hippolyto discere potes
ex verbosa Senecae paraphrasi qua nutrix Phaedram cohortatur
ne collum subdat libidini, v. 202 sq.:

> vana ista demens animus adscivit sibi
> Venerisque numen finxit atque arcus dei.
> quisquis secundis rebus exultat nimis
> fluitque luxu, semper insolita appetit. [19])
> tunc illa magnae dira fortunae comes
> subit libido: non placent suetae dapes,
> non tecta sani moris aut vilis cibus.
> cur in penates rarius tenues subit
> haec delicatas eligens pestis domos?
> cur sancta parvis habitat in tectis Venus
> mediumque sanos vulgus adfectus tenet
> et se coercent modica? contra divites
> regnoque fulti plura quam fas est petunt? e. q. s.

atque frg. 440 quidem iam Welckerus ad hoc Phaedrae cum
nutrice conloquium rettulit (p. 738); qualem scaenam etiam
in Hippolyto priore extitisse iam Ovidius et Seneca invicem
testantur. in coronifero autem Euripides ad eandem sententiam semel adludit (v. 409)

---

[17]) cf. Claudian. nupt. Hon. et Mar. v. 54 (p. 103 l.) *Luxuriae
Venerique vacat.* 78 *hic* (in nemore Veneris) *habitat nullo constricta
Licentia nodo.* IV Hon. 263 *suadetque Licentia luxum.*

[18]) quod ex Achaei satyris Aethone (πεινῶσιν γὰρ ἡ Κύπρις πικρά)
Euripidem sumpsisse cum dicit Athenaeus (270 B), Euripideum quoque
fragmentum e satyris esse fidem facit.

[19]) cf. Sen. ep. 90, 19. all. Oct. 561 (ex Phaedra):
> vis magna mentis blandus' atque animi calor
> amor est, iuventa gignitur, luxu, otio,
> nutritur inter laeta fortunae bona.
> quem si fovere atque alere desistas, cadit
> brevique vires perdit extinctus suas.

ἐκ δὲ γενναίων δόμων
τόδ᾽ ἦρξε θηλείαισι γίγνεσθαι κακόν
unde suum colorem deducere Ovidius certe non potuit.

Ovidium autem in Phaedrae epistula adornanda item Euripidis Hippolyto velato usum esse cum visum est aliis tum
probatum a Wilamowitzio (A. E. p. 209 sq.) qui, cum parum
recte de Ovidii v. 136 iudicarit, Plutarchi locum (mor. p. 27
ext. (p. 63, 20 Herch.) καὶ ὁ σύσκηνος αὐτοῦ πάλιν ὁρᾷς
ὅτι τήν τε Φαίδραν καὶ προσεγκαλοῦσαν τῷ Θησεῖ πεποί-
ηκεν ὡς διὰ τὰς ἐκείνου παρανομίας ἐρασθεῖσαν τοῦ Ἱππολύτου) demonstravit Ovidii versu 110 et Senecae Phaed.
91 sq. inlustrari. sic frg. 433

ἔχω δὲ τόλμης καὶ θράσους διδάσκαλον
ἐν τοῖς ἀμηχάνοισιν εὐπορώτατον
Ἔρωτα πάντων δυσμαχώτατον θεόν
componere licet cum her. 4, 11

quidquid Amor iussit non est contemnere tutum,
regnat et in dominos ius habet ille deos e. q. s.
et Phaed. 184

vicit ac regnat furor
potensque tota mente dominatur deus.
hic volucer omni pollet in terra impotens
laesumque flammis torret indomitis Iovem.
218 Amoris in me maximum regnum puto.
sic frg. 436

ἐγὼ δέ φημι καὶ νόμον γε μὴ σέβειν
ἐν τοῖσι δεινοῖς τῶν ἀναγκαίων πλέον
cum her. 4, 154

quid deceat non videt ullus amans.[20]
et Phaed. 177

quae memoras scio
vera esse nutrix, sed furor cogit sequi
peiora.
et sic in aliis quoque, quae ad Phaedrae mores aliter quam in
Hippolyto coronato formatos spectant, non tam Ovidii epistulam
a Seneca expressam esse quam utrumque ad communem fontem
accessisse probabile est.

apud Euripidem Phaedra questa erat quod una domus duas
sorores amore perdidisset: her. 4, 63

[20]) cf. 133 Iuppiter esse pium statuit quodcumque iuvaret, quo
fortasse spectat frg. 448 ἀλλ᾽ οὐ γὰρ ὀρθῶς ταῦτα κρίνουσιν θεοί,
qui scilicet ipsi peccent.

> *hoc quoque fatale est: placuit domus una duobus,*
> *me tua forma capit, capta parente soror.*

Phaed. 665

> *domus sorores una corripuit duas,*
> *te genitor at me natus.*

dixerat placere sibi in Hippolyto faciem viriliter torvam: her.
v. 73

> *quemque vocant aliae vultum rigidumque trucemque*
> *pro rigido, Phaedra iudice, fortis erat.*

> 77 *te tuus iste rigor positique sine arte capilli*
> *et levis egregio pulvis in ore decet.*

quibus admiscuit Ovidius ex Arte sua colorem (75. 76); Seneca haec sic inflexit v. 657 sq.:

> *in te magis refulget incomptus decor*
> *et genitor in te totus, et torvae tamen*
> *pars aliqua matris miscet ex aequo decus:*
> *in ore Graio Scythicus apparet rigor.*

cf. v. 798

> *quam grata est facies torva viriliter*

v. 803

> *te frons hirta decet, te brevior coma*
> *nulla lege iacens.*

item quod apud Euripidem Phaedra de Hippolyto in Cereris
sacris sibi viso praedicasse et inde Ovidius sumpsisse videtur
v. 71:

> *candida vestis erat, praecincti flore capilli,*
> *flava verecundus tinxerat ora rubor,*

ad Thesea Cnosi morantem Seneca transtulit v. 651:

> *presserant vittae comam*
> *et ora flavus͏ tenera tinguebat pudor.* [21]

Pasiphaes infamem et infelicem Ariadnae amorem tangit saltem
Euripides Hipp. 337 sq. in priore gentem Solis Veneri pridem
invisam questa esse Phaedra videtur, quod Ovidius indicat v. 54:

> *forsitan hunc generis fato reddamus amorem*
> *et Venus ex tota gente tributa petat,*

Seneca pluribus persequitur v. 124 sq.:

> *stirpem perosa Solis invisi Venus*
> *per nos catenas vindicat Martis sui.*

---

[21] hoc secundum noviciam et a poetis Alexandrinis excultam Thesei
imaginem cf. Naekius opusc. II p. 88 sq. Helbig. Unters. p. 259 sq.

et vel eo processisse prior Phaedra videtur ut felicem prae-
dicaret Pasiphaen quae qualemcumque amatorem tamen inve-
nisset: her. v. 165

> *flecte feros animos; potuit corrumpere taurum*
> *mater: eris tauro saevior ipse truci?*

et Phaed. 115:

> *infando malo*
> *correpta pecoris efferum saevi ducem*
> *audax amasti: torvus impatiens iugi*
> *adulter ille ductor indomiti gregis —*
> *sed amabat aliquid: quis meas miserae deus*
> *aut quis iuvare Daedalus flammas queat?*

vides hac ratione Phaedrae mores quales in Hippolyto velato
fuerint accuratius ex imitatoris sententiolis et acuminibus erui
et circumscribi posse. tantum autem Euripidis ingenium valuit
ut scaena in qua Phaedra Hippolyto amorem suum confitetur
ad non vulgarem escendat pulchritudinem verumque affectuum
vigorem; quod Welckeri quoque iudicium est (p. 744); atque
versum 710

> *Hippolyte, nunc me compotem voti facis*

hoc loco etiam Euripides scribere poterat.

verum tamen cave credas totam fabulae oeconomiam et
scaenas pariter cunctas ab Euripide Senecam mutuatum esse.
ac primum quidem cum Senecae scaenam v. 85 sq. ad Euripidis exemplum conscriptam esse intellexerimus, eam quae
sequitur (358—405) hoc saltem loco bonus poeta conlocare
non potuit. sed cum Phaedram languidam in lectulo iacentem
et ancillarum coetu circumdatam in priore Hippolyto non minus
quam in altera [22]) descriptam fuisse ex sarcophagis eluceat his
tantum parum dextere usus esse videtur et fortasse ex nutricis
narratione in Phaedrae sermonem vertisse. sequentem vero
scaenam quae nutricem ostendit Hippolyto persuadere studen-
tem ut victum nimis austerum deponat, totam ex Senecae
officina prodisse certum est. etenim in Hippolyto velato per
nutricem Hippolyto a Phaedra litteras missas esse, quibus conloquio inter novercam et privignum proluderetur, fidem facit
non tam Ovidii epistula quam sarcophagi, quibus non minus
quam parietibus Pompeianis Hippolytum velatum repraesentari
olim demonstrari poterit cum exoptatum sarcophagorum corpus

---

[22]) v. 171—202 sq.; cf. Sen. 373 et Eur. 135; Sen. 358 et Eur. 174;
Sen. 360 et Eur. 177; Sen. 365 et Eur. 183; Sen. 394 et Eur. 202;
Sen. 403 et Eur. 215; Sen. 396 et Eur. 220.

in lucem prodierit. hic Seneca sine dubio non alio consilio propriam scaenam substituit nisi ut laudandae venationis aevique aurei describendi optimam occasionem non praeteriret.

scaena num Athenis in velato ut in Senecae Hippolyto fuerit in medio relinquimus; illud indicare videtur Virbius Ov. met. XV, 506

>Pittheam profugo curru Troezena petebam
>iamque Corinthiaci carpebam litora ponti e. q. s.

ubi certe Athenis profectus est. item fast. VI, 739

>non impune pius iuvenis Troezena petebat

atque illa quoque ad velatum pertinere recte vidit Hartungus E. R. I p. 420, cum Welckerus ut in heroide de Sophoclis Phaedra cogitasset. sed obstare videtur her. 4, 107 *hic tecum Troezena colam;* quamvis in omnibus, etiam externis rebus Euripidis priori fabulae utique Ovidium se adstrinxisse minime dixerim, immo facile credam illud Ovidium scripsisse alterius Hippolyti memorem.

Thesea apud Euripidem quoque ab inferis redisse fragmento (446) quo in hanc rem utuntur non confirmatur, at Plutarchi loco cum Ovidii v. 110 ut supra fecimus conlato. idem Sophoclem in Phaedra finxisse non tam frg. adesp. 424 quod ex incerta aliquot Stobaei codicum coniectura ad Sophoclis Phaedram relatum est (frg. 603 Dind.), quam Soph. frg. 620 Nauck. docet (ἔσαιν᾽ ἐπ᾽ οὐρὰν ὦτα κυλλαίνων κάτω), si non ad canem venaticum cum Welckero p. 399, sed ad Cerberum illud referimus ab Hercule Thesei ope in lucem protractum, cf. Hf. 810

>componit aures timidus et patiens trahi
>erumque fassus ore submisso obsequens
>utrumque cauda pulsat anguifera latus. [23])

Phaedram post relatum de Hippolyti morte nuntium rursus comparuisse et morti suae praefatam esse ex argumenti natura consentaneum est. eo autem vel certe ad similis argumenti orationem referendum mihi videtur frg. 446

>ὦ λαμπρὸς αἰθὴρ ἡμέρας θ᾽ ἁγνὸν φάος,
>ὡς ἡδὺ λεύσσειν τοῖς τε πράσσουσιν καλῶς
>καὶ τοῖσι δυστυχοῦσιν, ὧν πέφυκ᾽ ἐγώ

quae sunt verba mori volentis. a Theseo, cui a Welckero data sunt (p. 739), v. 1 pronuntiari non poterat nisi in ipso reditu, scilicet antequam se infelicem putaret.

---

[23]) qua coniectura supplere iuvat lepidam Hercheri disputationem de Argo cane Hermae vol. XII p. 391 sq.

tandem si de fine fabulae quaeras, ultimam scaenam Seneca proprio marte confecit, quae a nullo opinor Euripidi imputabitur (v. 1201 sq.). primum Theseus mortem sibi sua manu paratum iri infinite praedicat rem minime perfecturus: nec dubitat chorus quin mentiatur (v. 1244); deinde dispersa filii membra in unum congerere et unicuique legitimum locum exquirere putida diligentia instituit. apud Euripidem vero in fine Dianam necessario apparuisse et Hippolytum Troezeniis colendum commendasse Welckerus vidit (p. 742); neque alioquin frg. 449 scribi potuit. graviorem vero quaestionem digito tantum a Welckero perstrictam[24], scilicet an ipse Hippolytus in scaenam redierit, ut factum est in coronifero, videamus an novo argumento solvere possimus.

Thesea Euripidis fabulam adventum Thesei, altercationem cum Minoe, mortem Minotauri continuisse e fragmentis constat.[25] chorum septenis pueris puellisque constitisse quos Theseus secum 'funera nec funera' duxerat certa Welckeri coniectura est (p. 734) ex frg. 389. haec enim est scholiastae Veneti ad Arist. Vesp. 312

> τί με δῆτ᾽ ὦ μελέα μῆτερ ἔτικτες,
> ἵν᾽ ἐμοὶ πράγματα βόσκειν παρέχῃς;

adnotatio: πράγματα βόσκειν] ὁ λόγος ἐκ Θησέως Εὐριπίδου. ἐκεῖ γὰρ ταῦτα λέγουσιν οἱ ταττόμενοι παῖδες εἰς βορὰν τῷ Μινωταύρῳ. Welckeri coniectura, quamvis consentaneam et ipse aestimaret, Iahnio (Arch. Beitr. p. 255) eo elevari visa est quod senum Aristophaneorum verba quae secuntur

> ἀνόνητον ἄρ᾽ ὦ θυλάκιόν σ᾽ εἶχον ἄγαλμα

sic explicantur: καὶ τοῦτο παρὰ τὰ ἐκ Θησέως· ἔστι δὲ Ἱππόλυτος ὁ λέγων ταῦτα·

---

[24] ibid. 'zweifelhaft ist ob die erscheinung des noch lebenden Hippolytus nicht der verbesserten ausgabe eigenthümlich angehört.' non videtur in iudicium vocandum quod Ovidius fast. VI, 745 (reddideratque animam) et met. XV, 527 (fessamque videres exalari animam) Hippolytum statim mori narrat, ut qui in ista brevitate aliter rem instituere vix potuerit.

[25] frg. 383. 84. 92. 93 iure exulare iussit Wilam. p. 171 adn. 11. dubius haereo an possit ad Minoem cum Theseo in Euripidis fabula altercantem referri quod in Thesei templo Mico repraesentavit (Paus. I, 17 (Μίνως) καὶ ἄλλα ὑπὸ ὀργῆς ἀπέρριψεν ἐς αὐτὸν καὶ παῖδα οὐκ ἔφη Ποσειδῶνος εἶναι, ἐπεὶ οὐ δύνασθαι τὴν σφραγῖδα, ἣν αὐτὸς φέρων ἔτυχεν, ἀφέντι ἐς θάλασσαν ἀνασῶσαί οἱ. Μίνως μὲν λέγεται ταῦτα εἰπὼν ἀφεῖναι τὴν σφραγῖδα· Θησέα δὲ σφραγῖδά τε ἐκείνην ἔχοντα καὶ στέφανον χρυσοῦν, Ἀμφιτρίτης δῶρον, ἀνελθεῖν λέγουσιν ἐκ τῆς θαλάσσης), ut inde fabulae argumentum suppleatur. eadem res in Euphronii vaso Caeretano cf. Helbig. Unters. p. 166 adn. 1 et Conzii exempl. vas. V. 1.

ἀνόνητον ἄγαλμ᾽ ὦ πάτερ οἴκοισι τεκών.

itaque coniecit victimas Minotauro destinatas in scaena apparuisse et singulas de sorte sua conquestas esse, eodem fortasse
tempore quo cum Minotauro Theseus dimicaret. quod nullo
modo concedi potest. nam puerorum puellarumque gregem
personarum vice functas esse cum exemplo caret tum probabilitate, siquidem pugnae herois contra semibovem intercinere
chori officium erat. in eo rectissimum est Iahni iudicium quod
Hippolytum istum nec Thesei filium nec, si inter adulescen-
tulorum numerum recenseatur, choreutam haberi posse dicit.
sed hoc ipsum, Hippolytum scilicet ignoti cuiusdam adulescen-
tuli Thesea comitati nomen esse veri prorsus absimile est; non
quod in vasorum picturis inter Thesei comites nomen illud
non apparet (cf. Iahn. l. s. p. 262), sed quia ineptum erat
nomen eligere a quo Antiopae filii memoria arceri non posset.
minore negotio his difficultatibus Wagnerus se expedivit (Eur.
frg.) qui ipsum Thesei filium expeditioni Cretensi interfuisse
putat; id quod fabulae natura et communi memoria plane re-
futari peritissimum quemque fugere non potuit (Welcker. p. 734;
Iahn. p. 255 adn. 9). itaque quoquo nos vertimus non patebit
ex hoc labyrintho exitus nisi tenebras discutere magis quam
dispicere conabimur.

    nempe cum in Theseo Hippolytum verba ista protulisse
verum esse nequeat, alterum utrum nomen, sive Hippolyti sive
Thesei, corruptum vel potius scholiastae errore inlatum esse
consequitur. atqui Hippolyti nomini quod substitui possit cogi-
tando non invenias, quippe cuius in locum nec pueri ullius
nomen apte succedere nec post priorem scholii partem liberi
coniunctim significari queant (dixisset enim *λέγουσι δὲ καὶ
ταῦτα οἱ παῖδες* sive *εἰσὶ δὲ οἱ παῖδες οἱ καὶ ταῦτα λέ-
γοντες*). ergo fabulae nomen errore natum esse concludemus.
quod ne testatur quidem tam diserte scholiasta quam in frag-
mentorum conlectionibus, etiam in Nauckiana, nisis scilicet
illis vulgata ante Duebnerum lectione, scribitur. in Veneto
haec est altera scholii pars: *τὸ δὲ ἑξῆς, τὸ ἀνόνητον ἄρα,
Ἱππόλυτός ἐστιν ὁ λέγων ἐκεῖ· ἀνόνητον ἄγαλμα κτέ.* nec
sane improbabile videtur flebili utriusque fragmenti colore et
numerorum similitudine et arta versiculorum in eodem loco
coniunctione scholiastam inductum esse ut eidem fabulae utrumque ascriberet; quod utique fecisse putabimus qui adnotationem
talem: *ἐστὶν Ἱππόλυτος ὁ λέγων ταῦτα* cum priore coniunxerit.
    ergo si tenendum est Hippolytum apud Euripidem dixisse
ἀνόνητον ἄγαλμ᾽ ὦ πάτερ οἴκοισι τεκών,

fabula in qua illud proferre potuerit nulla restat nisi Hippolytus velatus; in Hippolyto velato locus nullus praeter ultimam scaenam, quali quidem coronifer Hippolytus terminatur. nam ne ad Hippolytum fugere iussum referas numeri prohibent. 26)
haec si recte disputavimus, in priore quoque fabula Hippolytus misere laceratus et moribundus in scaena comparuit et in patre consolando ultimum vitae spatium consumpsit; ut scaenam nobilem et, si quis Euripidis artem recte cognoscere velit, notabilem non posteriori demum dramati poeta intulerit.

praeterea novo exemplo discimus Euripidem in utraque tragoedia scaenas eiusdem argumenti tractantem diversis verbis usum esse: idem enim fragmento 445 comprobatur:

πρὸς ἵππων εὐθὺς ὁρμήσας στάσιν

quod legitimum locum in narratione de infausto Hippolyti itinere habuit, et fragmentis 438. 442. 444 quae docent cum patre irato in priore quoque fabula Hippolytum conlocutum esse.

tetigimus alium Senecae ab exemplari suo in disponenda fabula dissensum, ut qui patrem filiumque una nusquam inducat. quin restent alia quae diverse ab illo instituerit minime dubitamus; sed ad illa indaganda fabulae fragmentis destituimur. servata tractavimus omnia 27) exceptis duobus quae ad ignotum aliquid spectare possint. eorum alterum frg. 435

αὐτός τι νῦν δρῶν 28) εἶτα δαίμονας κάλει
τῷ γὰρ πονοῦντι χὠ θεὸς συλλαμβάνει

omnino non video quomodo in hac fabula locum habere potuerit. ad Phaedram cum Welckero referri non poterit nisi αὐτή scripserimus. sed obtemperandum videtur Clementi Alexandrino et relegandi versus ad Temenum cuius argumento optime conveniunt. alterum est frg. 443

Θησεῦ, παραινῶ σοι τὸ λῷστον, εἰ φρονεῖς,
γυναικὶ πείθου μηδὲ τἀληθῆ κλύων.

___

26) adnotandum est quod in Hippolyto coronifero fere eisdem verbis chorus utitur v. 1144

ἐγὼ δὲ σᾷ δυστυχίᾳ δάκρυσι διοίσω
πότμον ἄποτμον, ὦ τάλαινα
μᾶτερ, ἔτεχες ἀνόνατα· φεῦ
μανίω θεοῖσιν.

27) de frg. 439, quod non recte ad Phaed. 903 rettulit Wilamowitzius (A. E. p. 154), constat mihi Welckeri sententia (p. 739). — Philemo (s. βίβλος cf. Welcker. p. 740) vel potius Phavorinus iam nemini fucum faciet. confudit autem Phaedrae litteras cum Agamemnonis (Iph. Aul. 34 sq.); nuncupatur ibi et δέλτος et πεύκη. denique conferre iubeo frg. inc. 876 (Ar. Lys. 713) ἀλλ᾽ αἰσχρὸν εἰπεῖν καὶ σιωπῆσαι βαρύ cum Phaed. 603 vis magna vocem emittit at maior tenet.
28) fort. αὐτός τι συνδρῶν. non obstat εἶτα.

quod ut scribitur (prior autem versus certa ratione correctus
est) mancum est et hoc fere supplemento eget: *μηδὲ τάληϑῆ
κλύων [περίσσ᾽ ἐρεύνα]*; quae sententia fabulae argumento
omnino refragatur. cui convenit quod Welckerus et Hartungus
putarunt his verbis dici, simile nimirum quiddam chori verbis
Hipp. 891

> *ἄναξ, ἀπεύχου ταῦτα πρὸς ϑεῶν πάλιν,*
> *γνώσει γὰρ αὖϑις ἀμπλακών· ἐμοὶ πιϑοῦ.*

sed talem sententiam hoc modo demum recuperabis, quamquam in re obscura nihil spondeo:

> *Θησεῦ, παραινῶ σοι τὸ λῷστον· εἰ φρονεῖς,*
> *μηδὲν πιϑοῦ γυναικὶ τάληϑῆ κλύων.*

X.

1.

Oed. 171

quin Taenarii vincula ferri
rupisse canem fama et nostris
errare locis, mugisse solum,
vaga per lucos simulacra virum
175 *maiora viris, bis Cadmeum*
nive discussa tremuisse nemus,
bis turbatam sanguine Dircen,
nocte silenti Amphionios
ululasse canes.

in hac ominum infernalium descriptione, qui locus poetis latinis
et prioribus (Verg. Aen. VI, 256 sq. Georg. I, 476 sq. Ovid.
met. XV, 796 sq. e quibus Seneca sua mutuatus est) et aequalibus Senecae posterioribusque (Lucan. I, 548 sq. III, 417 sq.
Stat. Theb. IV, 374 sq. Sil. VIII, 624 sq. 642 sq.) frequentatus
nec ipsi Senecae alias neglectus est (Thy. 668 sq.), esse quod
metricum offendat supra (p. 109) memoravimus, hiatum scilicet
in medio dimetro anapaestico (v. 178). accedit grammatica
ratio; nempe in septem versuum ambitu ter omissum est verbum substantivum, semel finitum (*vincula rupisse canem fama*)
bis infinitivum (*fama est vaga per lucos simulacra; bis turbatam*
Dircen); ubi nequaquam in primo tertioque loco, eo magis
haesitamus in secundo. sed ad profligandam rem nec ipse locus
sufficit nec deliberando rationem assequaris; sufficient exempla
apud Senecam obvia in unum congesta: sed quicumque in
scriptoris cuiuslibet opere et minutissima quaeque constituere
susceperit sciet quaestiunculam istam de omisso verbo substantivo ex eis esse quae cum molestia plurima sine bonae
frugis spe sescenties retractanda in singulis et saepe in medio
relinquenda sit: praesertim cum nullum vocabulum frequentius
a librariis omissum sit quam *est* in vetustioribus libris per
compendium tale scriptum ÷ nec ullum facilius et proclivius
interpolatum. itaque hunc locum paullo uberius tractandum
putavi, procul habitis sermonis ambagibus.

quaedam attulit Priscianus II p. 152 sq.; Charisius in libro quarto locos huc spectantes inter soloecismi (p. 268, 10) et ellipsis (p. 271, 4) exempla dedit. Gellius postquam perversae Hygini opinioni de versibus quibusdam Vergilii vitiosam opposuit, *et est et erat et fuit plerumque abesse* dicit *cum elegantia sine detrimento sententiae* (V, 8, 7). sed nec doctrina nec sensu veterum grammaticorum multum iuvamur, quippe qui aut solum Vergilium aut asseclas eius respiciant. ille vero quod ad hunc usum attinet similem locum inter poetas habet atque inter scriptores Tacitus [1]), diversum eo tantum quod summa apud posteros auctoritas hac quoque in re valuit.

atque Lucretium quidem Lachmannus in commentariis passim pronuntiavit non omittere verbum substantivum nisi ubi mente ex superioribus suppleatur (ad II, 194 cf. ad I, 111; 1070; II, 136; V, 836 ubi adiectiva neutri generis ut *pote suave mirum* sine verbo substantivo poni concedit; VI, 746). qui post Lucretium venere — et de eis tantum loqui in animo est — cum omnino non abstinerent a verbo substantivo omittendo, in duo quasi castra ita discesserunt, ut ab altera parte Vergilius staret, ab altera Ovidius, illum poetae epici sequerentur Lucanus Valerius Statius Silius, hic et Horatium elegiaeque poetas exempla haberet et posteros praeter epicos secum duceret. quid quod inter diversa poeseos genera stili differentia eo usque pertinet ut Vergilius et Statius in epicis carminibus frequenter, in minoribus, i. e. in bucolicis ille, hic in silvis, parcius verbum substantivum omittant.

certis autem finibus ut solet loquendi usus circumscriptus est, intra quos alia facilius alia cautius pro sermonis legibus propriaque consuetudine poetae admittunt. atque multo quidem facilius si ad substantiva adiectiva adverbia deponentium perfecta accedere debet verbum substantivum neglegitur quam si ad perfecta passivi, in passivis rursum frequentius infinitivum quam finitum. item, sive ad activa, ut breviter dicamus, sive ad passiva pertinet, facilius in sententiis rectis sive principalibus omittitur quam in subordinatis: ex subordinatis omnium facillime in eis quae relativo vel pronomine vel adverbio inducuntur, durius ubi coniunctionibus tempus condicionem causamve indicantibus sententia regitur. omnino autem facillime fit verbi substantivi defectus in sententiis quae per interrogationem sive exclamationem efferuntur. itaque de singulorum poetarum usu ita referemus ut activum a passivo secer-

---

[1]) de Cicerone cf. Madvig. de fin. p. 90.

namus et in utroque sententias rectas et relativas a reliquis
subordinatis.

ad adiectiva igitur aliaque nomina verborumque deponentium perfecta in enuntiatis non subordinatis sive relativis Vergilius si medium sumas in Aeneidos singulis libris viciens bis
verbum substantivum omittit [2]) (in IV et XII duodeciens, in
IX triciens quater, intra numeros istos in reliquis) [3]), in singulis Georgicorum quinquiens deciens quod fere perinde est
si librorum ambitum spectas. in eclogis universis viciens ter
(ad I, 53 cf. Lachm. ad Prop. IV, 2, 29). Ovidius in singulis
metamorphoseon libris non saepius quam ter quaterve, quamquam in quattuor prioribus libris non omnes locos me con-
gessisse scio.[4]) idem in elegiis ante exilium scriptis si medium
sumas deciens in singulis libris (omitto epistulas), in fastorum
singulis noviens, in elegiarum Tomis scriptarum quater. Horatius in epodis quinquiens (1, 5; 9, 3; 11, 5; 12, 15; 17, 17),
in carminum I octiens [5]), in II bis (1, 33; 13, 33), in III
nusquam, in IV: 4, 38, multo saepius in sermonibus: in libro
priore sexiens deciens, in altero terdeciens; in epistularum
priore ter, secundo nusquam; ad Pis. 361. 417. Propertius,
si cum Lachmanno et Hauptio libros distinguas, in I octiens,
II quinquiens, III terdeciens, IV undeviciens, V deciens. Tibullus in I septiens, in II nusquam; III, 6, 19; IV, 1, 107.
praeterea III, 4, 94. Catullus hanc licentiam deciens fere sibi
permisit, quater *pote* nude posito (45, 5; 67, 11; 76, 16;
98, 1 cf. Prop. IV, 7, 10); 23, 7; 57, 3 *nec mirum*; 62, 3
surgere iam tempus; 64, 184 (*sola insula*) fortasse huc pertinet; 68, 34 *illa domus, illa mihi sedes.* ib. 28 addunt *est*)
— omnia lenissimi generis. ceterum computationibus istis non
absolutam inesse auctoritatem, sed dubia multa relinqui con-

---

[2]) in quibusdam variant codices vetustissimi, ut Aen. II, 191. cf.
IX, 133; II, 428 a Seneca ep. 98, 4 cum *est* adfertur; VI, 123 a Gellio
X, 16, 12. cf. Serv. ad III, 39. 45. *est* addit *F*: IV, 456. VI, 721; *M*:
IX, 154; *R*: X, 105 cf. X, 621. XI, 23.

[3]) in margine durioris generis exempla dabo, in quibus omissum
verbum substantivum cum alio perfecto verbi finiti coordinatur. Aen. IV,
704 *dilapsus color atque — vita recessit.* VI, 547 *tantum effatus et in
verbo vestigia torsit.* VII, 328 *tot sese vertit in ora, tam saevae facies, tot
pullulat atra colubris.* IX, 426 *nil iste nec ausus nec potuit.* X, 877 *tantum effatus et infesta subit obvius hasta.* qualia posteriores adamarunt.

[4]) met. I, 274 ut saepe falso relatum est de Laurentiano 36, 12 qui
habet *est* (ut *M*). idem accidit I, 617. in *M* omittitur I, 732; II, 747;
in *L* IV, 17; vitiose in *M* additur XIV, 385. — VII, 656 *parcum genus
est M, parcumque genus L.* qualia cumulare non iuvat.

[5]) cf. Bentl. ad serm. I, 8, 32; II, 3, 139; 4, 48.

sentaneum est: omnino praeter Vergilium et Horatium vix
ullius poetae manu scriptis in talibus credendum est; qua-
propter non respexi nisi quae aut librorum consensu aut certa
ratione constarent.

multo minor est locorum numerus in quibus verbum aut
nomen coniunctione regitur. *postquam:* Verg. I, 520 *postquam
introgressi.* III, 1 *postquam — visum superis ceciditque.* VI, 226
p. conlapsi cineres et flamma quievit. VII, 406 *postquam visa
satis primos acuisse furores.* X, 298 *quae talia postquam effatus
Tarchon.* cuius generis exemplum praeter epicos non habeo.
ubi (de tempore) Aen. III, 69. IV, 80. georg. I, 312 Hor. epod.
2, 67 *haec ubi locutus fenerator Alfius. dum* Aen. IV, 565.
VIII, 580. X, 283. georg. III, 165. Ov. met. VII, 525 *dum
visum mortale malum.* sic accipiendum Hor. epod. 15, 7 *dum
pecori lupus (infestus fuerit)* cf. III, 17, 13 *dum potis.*[6]) *cum*
Verg. ecl. 8, 15 *cum ros — gratissimus.* Ov. met. II, 455.
art. II, 315. III, 173 *tum cum sine nubibus aer.* Hor. serm.
I, 10, 33 *cum somnia vera. si* Verg. Aen. II, 10. 349. IV, 319.
V, 363. VI, 133 (VII, 263: om. schol. Veron.). VII, 548. IX,
738. XI, 323. 373. XII, 157. Georg. I, 17. III, 179. 384. ecl.
7, 44. 10, 38. Ov. am. I, 3, 16. II, 6, 51. III, 8, 65. art.
II, 665. fast. III, 386. VI, 715 trist. I, 2, 102 remotum
Bentlei emendatione. III, 1, 19. Hor. ep. I, 3, 30 recte
scribitur *sit tibi curae*, non *si t. c. — quoniam* Aen. XII,
647 *quoniam superis adversa voluntas.*[7]) *quia* Aen. XII, 808
quia nota mihi — tua, magne, voluntas. Ov. am. I, 13, 35.
art. II, 149. fast. VI, 644. her. 6, 148. *quod* Ov. met. II,
859. haec omnia apud Ovidium parcissime, apud ceteros
praeter Vergilium fere nusquam[8]) inveniri vides. apud epicos
posteriores frequentia sunt. denique in interrogatione indirecta;
cf. Verg. Aen. I, 517. 743. 752. II, 390 *dolus an virtus quis
in hoste requirat?* Ov. met. XIV, 2 *quid rastra quid usus aratri*

---

[6]) Aen. IV, 52 *dum pelago desaevit hiems et aquosus Orion quassataeque rates, dum non tractabile caelum.* vitiosa sententia est; non
potest Anna dicere: manete dum naves quassatae sunt; sed quia quassatae sunt, ideo manendum donec composito mari tuto credantur. scribendum igitur: *quassataeque rati dum non tractabile caelum.* hinc Ovid.
her. 7, 173: *laniataque classis postulat exiguas semirefecta moras.*

[7]) Ov. met. VII, 299 *quoniam gravis ipsa senecta est: est* om. *L.*

[8]) Catull. 64, 121 huc pertineret nisi locum, qui post Lachmannum
legebatur qualis a Catullo scribi potuit, editor novissimus pessime cor-
rupisset. sed de editione ista loqui sine indignatione non possum. et
mecum sentire scio quorumcumque interest ut verum eruatur, non ut
ingeniolorum istorum ludibria optimi poetae fiant.

188   ANALECTA.

nescia. Prop. III, 27, 11. IV, 5, 35. saepius Horatius: III, 20, 8
maior an illa (e coniectura Peerlkampii). serm. I, 6, 112. II,
4, 10; 5, 43, cf. 54. denique epist. I, 1, 11 *quid verum
atque decens curo.*

accedimus ad verbum substantivum in perfecto passivi
omissum, quo evenit ut participium nude ponatur. quo quae
proxime accedit constructio, ut scilicet in gerundivo idem fiat,
multo minus dura est. inveniuntur autem eius generis participia in sententiis non subordinatis sive relativis in Aeneidis
libris singulis si medium sumas sexiens; rarius in georgicis:
in I sexiens, II ter, in III et IV binis locis. in eclogis tantum
8, 3 *quorum stupefactae carmine lynces.* 9, 53 *nunc oblita mihi
tot carmina.*[9]) Ovidius met. I, 190 *cuncta prius temptata* (sic
Bernensis: *temptanda ML*). V, 142 *per utrumque fraxinus
acta femur.* VII, 537 *subiti deprensa potentia morbi.* IX, 233
quo flamma ministro subdita. X, 242 *in rigidum parvo silicem
discrimine versae.* XIV, 109 *cuius dextera per ferrum, pietas
spectata per ignes.* XV, 365 et 373 sententiae breviculae (*cognita
res usu; res observata colonis.*)[10]) in elegiis ante relegationem
scriptis deciens quater, in fastis undeviciens, quorum locorum
quattuordecim extant in libro quarto et quinto; in tristibus
sexiens. Catullus nusquam. Propertius duodeviciens (ad IV,
10, 61 cf. Lachmann.). Tibullus ter (I, 3, 43. II, 1, 43. 57).
Horatius I, 12, 51; II, 15, 10; 17, 15. IV, 9, 18; 15, 14. serm.
I, 2, 41; 8, 28. II, 1, 52. 67; 2, 44; 6, 22; ad Pis. 394.
ep. II, 1, 152; 2, 139.

facilius idem fieri in gerundivo diximus, etiamsi non frequentius: Vergilii viginti locos scio, Ovidii sedecim, quibus
tamen plures extare confido. Prop. III, 24, 4. IV, 13, 62.
Hor. I, 7, 27. II, 14, 17.

de verbis passivis in sententiis subordinatis quae coniunctionibus reguntur praeter Vergilium ante Lucanum perpauca
exempla inveniuntur. *ubi* Verg. Aen. I, 81 et V, 32. 315.
VIII, 175 ubique: *haec ubi dicta.* II, 634 *atque ubi iam patriae
perventum ad limina sedis.* V, 362 *post ubi confecti cursus et*

---

[9]) coordinatum cum verbo finito Aen. IV, 280 et XII, 868 *arrectae-
que horrore comae et vox faucibus haesit.* VI, 686. VII, 486. 722. IX,
237. X, 101. cf. ecl. 8, 3.
[10]) met. VI, 519 *iamque iter effectum est L* (om. *M*). IX, 613
neque enim de tigride natus: neque est d. t. n. L (quod omisit Keilius)
fort. non mero errore. XI, 742 (*fatis obnoxius idem tunc quoque mansit
amor nec coniugiale solutum foedus in alitibus*) non interpungendum
post *amor:* sic saepe in edd. peccatur. VII, 460 *quaque patent aditus*
(*patens L*), non *quaque potens habitus* (*M*).

dona peregit. georg. I, 505 *quippe ubi fas versum atque nefas.*
III, 235 *post ubi collectum robur viresque refectae.* 271 *avidis*
ubi subdita flamma medullis. praeterea Hor. ep. I, 7, 73 *hic ubi*
— *visus. postquam* Aen. I, 216 et fere idem 723 et VIII,
184 (*postquam exempta fames epulis mensaeque remotae*) III,
212. IV, 151. VII, 709. georg. III, 433. *donec* Aen. V, 698
restinctus donec vapor omnis. cum georg. III, 105 *cum spes*
arrectae · iuvenum. Hor. I, 20, 3 *datus in theatro cum tibi*
plausus. II, 7, 11 *cum fracta virtus et* — *tetigere* (non *freta*).
Ov. her. 16, 104 *cum mea virginitas mille petita procis,* quod
Ovidius nullo modo scripsisse potest. 7, 57 *praecipue cum laesus*
amor, quod multo minus durum est. *quam* Ov. met. XII, 530
(*non prius*) *quam data pars leto. quod* met. V, 520 *quod rapta,*
feremus. ut Aen. III, 53. VIII, 191. 362. XI, 300. XII, 669.
Ov. met. VI, 447. art. III, 711. fast. V, 452. *si* Aen. I, 555
sin absumpta salus. cf. Ov. met. XV, 282 *nisi vatibus omnis*
eripienda fides. Hor. ep. II, 2, 100 *si plus adposcere visus.*

hanc licentiam Lucretio et Catullo ignotam, a posterioribus
praeter epicos fere vitatam, post Vergilium arripuerunt et ex-
aggerarunt epici poetae. de quibus ut exemplis saltem defungar, Lucanus in primo duodeciens *est* apud passivum omittit,
Valerius et Statius item duodenis locis, Valerius deciens quater.
et cum vix quicquam omiserint quod admiserit Vergilius, multa
Statius potissimum audacius instituit.

satis frequenter *esse* omittitur ubi infinitivus cum nomine
a verbo pendet; nec dubitabis, si locos inter se compararis,
quin ubique *esse* subaudiendum, non nomen ultro ad ·ver-
bum referendum sit. ut Verg. Aen. III, 121 *fama volat pul-*
sum regnis cessisse paternis Idomenea ducem desertaque litora
Cretae. Ov. Ib. 129 *certe ego quae voveo superos motura putabo.*
sic Aen. I, 139. 626. III, 602. VI, 457. VII, 257. VIII,
340. 534. IX, 91. XI, 227. XII, 582. georg. III, 531. ecl.
1, 19; 3, 35; 4, 59. Ov. met. XIV, 725. XV, 798 et fortasse
saepius, ut certe in elegiis (undeciens in fastis, viciens bis in
elegiis quas Tomis, noviens quas Romae scripsit); Catullus
quinquiens, Tibullus noviens (Lygd. III, 2, 8), Propertius I,
8, 32 et fortasse saepius. Horatius III, 17, 2. IV, 9, 1 et
triciens in sermonibus et epistulis.

quaecumque de verbo finito disputavimus tertiam verbi
personam spectabant. in prima et secunda plerumque, si verbum substantivum neglegitur, *ego nos* vel *tu vos* additur. sic
in prima persona Aen. III, 45 *nam Polydorus ego* (ubi cf. Ser-
vium). XI, 392. XII, 159. ecl. 5, 43. 9, 34. Ov. trist. II, 496.

ex Pont. III, 2, 77. rem. 5. Propert. III, 22, 34. V, 1, 75; 2, 3.
Hor. serm. I, 8, 3. II, 3, 236. Tib. I, 1, 75 (III, 2, 5). sine
pronomine: Aen. II, 792 *ter conatus ibi collo dare bracchia
circum* (scil. *sum*). IV, 336 *dum memor ipse mei, dum spiritus
hos regit artus.* XI, 248 *postquam introgressi* (*sumus*). Hor.
serm. I, 6, 53 *casu quod te sortitus amicum* (*sum*). secunda
persona cum pronomine: Aen. IV, 113. XII, 57. georg. III, 393.
ecl. 3, 109. Ov. fast. III, 505. IV, 8. 13. her. 14, 106. cf.
trist. V, 4, 25 *te qui comitatus Oresten.* Prop. I, 11, 23. II,
6, 19. Tib. IV, 13, 11. *estis*: Aen. I, 201. ecl. 5, 21. Ov.
fast. V, 465. her. 10, 113. sine pronomine: Aen. I, 237 ubi
Ribbeckius: *pollicitu's*, et X, 827 ubi *laetatu's* scribit, utrumque
inutiliter: cf. V, 192 *quibus in Gaetulis syrtibus usi* (sc. *estis*).
Hor. serm. II, 3, 311 *qui ridiculus minus illo?* (*es*); 8, 2 (ubi
item Holderus *dictu's*, alii in sequenti versu *die es*). cf. serm.
II, 5, 54 *solus multisne coheres* (*sis*).

haec fere sunt quae de omisso verbo substantivo e poetis
qui Augustea aetate vixerunt afferri possint; quin oculorum
aciem haud pauca fugerint non dubito; nec hanc ob causam
poetarum carmina legi. omnia autem e ceteris quoque poetis
congerere inutile videbatur ad profligandam quaestionem quam
in initio proposuimus, de Senecae scilicet consuetudine. atque
ille quidem hac in re non Vergilii sed Ovidii exemplo se adstrinxit, ita ut perraro inveniatur quod licenter dictum sit.
omittitur autem *est* apud nomina in interrogatione: Hf. 626.
730. 1138. 1153. Tro. 1047. 1105. Phoen. 80. 244. Med.
884 et fortasse 19. Phaed. 856. 915. 964 (*E*). Oed. 373. 667.
Ag. 12. HO 1245 (*E*). 1909 (*quid hoc?* Hf. 976. 1193. Thy.
985. 992. HO 1432. 1441). in sententia finita: Hf. 703. 719.
788.[11]) Tro. 1009. 1024. 1062. Phoen. 608.[12]) Med. 318. 579.

---

[11]) Hf. 720:

> *haec porta regni, campus hanc circa iacet,*
> *in quo superbo digerit vultu sedens*
> *animas recentes. dira maiestas dei,*
> *frons torva, fratrum quae tamen speciem gerat*
> *gentisque tantae. vultus est illi Iovis,*
> *sed fulminantis.*

haec non recte procedunt: 721 *digerit* non habet quo referatur; 722
flagitari *deo* propter sequens *vultus est illi* vidit interpolator. remedium
situm est in sententia recte distinguenda:

> *in quo superbo digerit vultu sedens*
> *animas recentes dira maiestas dei.*
> *frons torva, fratrum quae tamen speciem gerat*
> *gentisque tantae, vultus est illi Iovis.*

[12]) Phoen. 356 *nec hoc sat est* (*satis est E*, *est* om. Richterus).

604.[13]) Phaed. 117. 283. 447. 559. 1259. cf. 391 *cervix mo-*
nili vacua (sit) nec niveus lapis deducat aures. [14]) Oed. 151.
369. 372. 636. 709. 921. 960.[15]) Ag. 11. 118. 461. Thy. 875.
926. HO 602. 608. 1448. 1701. 1758.[16]) denique quasi in
exclamatione Tro. 977 *Cassandra felix.* Med. 301 *audax ni-*
mium. Ag. 589 *heu quam dulce malum mortalibus additum.*
apud participia passivi: Hf. 855. 955 [17])

> *his datum solis.*
> *perdomita tellus, tumida cesserunt freta.*

Tro. 423. 1111

> *prosperis rebus locus ereptus omnis.*
> *ossa disiecta et gravi elisa casu.* e. q. s.

Phoen. 270

> *in thalamos meos deducta mater.*

Med. 369. 729 [18])

> *terminus omnis motus est urbes*
> *muros terra posuere nova.*
> *illius alta nocte succisus frutex.*

Phaed. 426. 543. 1259

> *utendum artibus.*
> *factus praeda maiori minor.*
> *hic laeva — manus ponenda.*

Ag. 702

> *exhausta nempe.*

Thy. 662. 676 [19])

> *hoc Phrygius loco fixus tiaras Pelopis.*
> *saepe simulacris domus attonita magnis.*

---

[13]) Med. 814 *causa vocandi — una atque eadem est semper Iason:*
sic E ('*est* om. ε').

[14]) Phaed. 227 *experta saevam est barbara Antiope manum: est*
om. E.

[15]) Oed. 398 *penes quem summa regnorum est* A, *est* om. E.
691 sic interpungendum:

> *cultus, opulentae dapes,*
> *donata multis gratia nostra salus:*
> *quid tam beatae desse fortunae rear?*

[16]) HO 940 *Iuno non ausa Herculem est eripere terris: est* om. E.
1338 *ubi natus? ubinam est? est* om. E.

[17]) Hf. 233 *acta est praeda: est* om. Peiper. 224 *deprensa cursu*
est: est om. E.

[18]) Med. 421 *liberis unus dies datus est duobus: est* om. A.

[19]) Thy. 471 *nec abnuendum est — nec adpetendum est: est* bis
om. A. 576 *alta pax urbi revocata laetae est: est* om. EA (habet Σ).

HO 747. 794. 1912 [20])

> *delubra praeclusa. omnia.*
> *pacata tellus, inquit, et caelum et freta.*
> *nempe sepultus.*

ultimum locum Oedipo reliqui qui hac in re mirum quantum
a reliquis tragoediis discedit. scilicet septem locis *est* in perf.
pass. omittit:

> 141 *turpis e plaga sanies profusa* (*est A*).
> 348 *effusus amnis.*
> 366 *mutatus ordo — acta retro cuncta.*
> 483 *Maenades factae.*
> 550 *effossa tellus et — iaciuntur ignes.*
> 571 *pulsata tellus.*
> 977 *inventa thalamis digna nox tandem meis.*

accedit Octavia 406. 485. 518

> *alia sed soboles minus conspecta mitis.* [21])
> *invidia tristis victa consensu pio.* [22])
> *concussus orbis viribus magnis ducum.* [23])

in secunda persona verbum substantivum nusquam omitti moneo
quia hoc de Hf. 1122 sq. disputantes asseruimus (p. 105); infinitivi non accedentis haec sunt exempla:

> Tro. 247 *ferum mactare credis?*
> 868 *levius hoc equidem reor.*
> Phoen. 417 *et ecce motos fletibus credas meis.*
> Med. 993 *nil adhuc facti reor.*
> Phaed. 791 *tractam Thessalicis carminibus rati.*
> Thy. 176 *quod maximum probrum reor.*
> 288 *inimica credit cuncta.*
> HO 1747 *cumque iam forti datum leto satis pensavit.*
> Oed. 769 *cecidisse nostri stipitis pulsu obvium*
> *datumque Diti.*

---

[20]) HO 26 *una est Geryon sparsus manu: est* om. E. v. 1240 non
correxit Peiperus. v. 1887 littera nulla mutata, si Etruscum sequimur et
distinctionem tollimus bene habet:
> *magno Alcidae poscit gemitum*
> *stratus vestris saetiger agris*
> *alesque sequi iussa sagittas.*

[21]) *secuta mitis* Buechelerus.

[22]) versus post 499 ponendus:
> *cessit senatus, equitis accensus favor*
> *plebisque votum est atque iudicium patrum,*
> *invidia tristis victa consensu pio.*

[23]) Lucan. I, 5 *certatum totis concussi viribus orbis in commune
nefas.* iste quoque versus, utpote loci corrupti pars, suspicioni obnoxius est.

quae omnia lenissimi generis sunt et eius quidem pleraque in quo omnino dubitari possit sitne verbum subaudiendum; quod sane subaudiendum esse, etiam ubi a credendi verbis nomen pendet (*ferum mactare credis; inimica credit cuncta; levius hoc equidem reor*), et Oed. 769 et aliorum poetarum loci docent qui illius generis nomina simul cum infinitivis eidem verbo obnoxia referunt; quales p. 189 enumeravimus. at nullus in illis est qui tueatur locum a quo initium cepimus Oed. 171:

> *quin Taenarii vincula ferri*
> *rupisse canem fama et nostris*
> *errare locis, mugisse solum,*
> *v a g a per lucos simulacra virum*
> *maiora viris, bis Cadmeum*
> *nive discussa tremuisse nemus,*
> *bis turbatam sanguine Dircen.*

ubi ut ferenda sit haec sententiae constructio: *fama [est] vaga per lucos simulacra [esse]*, tam longe adiectivum remotum est a verbo quo regitur, ut non dura tantum sed intolerabilis oratio fiat; ut de dictionis inelegantia (*vaga esse*) taceam. omnis difficultas tollitur si colon quod est *mugisse solum* loco moveas in quo sermonis continuitatem turbat; ut haec evadat sententia:

> *quin Taenarii vincula ferri*
> *rupisse canem fama et nostris*
> *errare locis vaga per lucos*
> *simulacra virum maiora viris,*
> *bis Cadmeum nive discussa*
> *tremuisse nemus, bis turbatam*
> *sanguine Dircen;*
> *mugisse solum, nocte silenti*
> *Amphionios ululasse canes.*

ut non Cerberus sed virorum simulacra per Thebarum silvas vagari dicantur. quod sic recte institutum esse Ovidii locus docet quem praeter ceteros hic Seneca expressit, met. XV, 796:

> *inque foro circumque domos et templa deorum*
> *nocturnos ululasse canes umbrasque silentum*
> *erravisse ferunt motamque tremoribus urbem.*

itaque, si nihil aliud, e tam molesta taediique plena disputatione emendationem saltem certam lucrati nobis videmur.

2.

HO 380

> *ut alta silvas forma vernantes habet*
> *quas nemore nudo primus investit tepor,*
> *at cum solutos expulit Boreas Notos*
> *et saeva totas bruma decussit comas,*
> *deforme solis aspicis truncis nemus:*
> 385 *sic nostra longum forma percurrens iter*
> *deperdit aliquid semper et fulget minus*
> *nec illa Venus est. quidquid in nobis fuit*
> *olim petitum cecidit et partu labat*
> *materque multum rapuit ex illo mihi,*
> 390 *aetas citato senior inrupit gradu.*

haec Deianirae verba quorum sententiam praeivit Sophocles
Trach. 547

> ὁρῶ γὰρ ἥβην τὴν μὲν ἕρπουσαν πρόσω,
> τὴν δὲ φθίνουσαν· ὧν ἀφαρπάζειν φιλεῖ
> ὀφθαλμὸς ἄνθος, τῶν δ᾽ ὑπεκτρέπει πόδα.
> ταῦτ᾽ οὖν φοβοῦμαι μὴ πόσις μὲν Ἡρακλῆς
> ἐμὸς καλῆται, τῆς νεωτέρας δ᾽ ἀνήρ,

descripsi ut a Peipero edita sunt. in quibus non omnia recte
procedere partim primo obtutu intellegis partim certis probabo
indiciis. haesitamus statim in initio. nam cum forma silvas
habere recte dicatur [1]), *alta forma* omnino dici nequit; quare
alia N. Heinsius scripsit, qui scilicet quod nihil significet tolerari posse credidit. correxit versum Madvicus (adv. II, 126)
scribendo:

> *ut laeta silvas forma vernantes habet,*

qua coniectura epitheton recuperatur ad sententiam necessarium. sed neglexit Madvicus non levius corruptum esse sequentem versum, quo quod silvae dicuntur nemore nudo investiri absonum est. succurrisse utrique versui videatur cuipiam
amicus meus qui scripsit

> *ut alta formas silva vernantes habet.*
> *quas nemore nudo primus investit tepor.*

_____

[1]) cf. Oed. 460 *et nova demersos facies habet.* similia Petron.
128, 34 *et mentem timor altus habet.* Hor. epod. 1, 17 *in metu qui
maior absentis habet.* ad Pis. 8 *ut nec pes nec caput uni reddatur
formae.* cf. Sen. epist. 119, 12 *nam quod ad illos pertinet apud quos
falso divitiarum nomen invasit occupata paupertas, sic divitias habent,
quomodo habere dicimur febrem, cum illa nos habeat.* e contrario
dicere solemus 'febris illum tenet'. eodem modo dicendum est 'divitiae
illum tenent'.

quo id certe effectum est ut non silvae sed silvarum formae
nemore nudo investiri dicantur: qui est inanis verborum lusus;
accedit autem quod non de altitudine arborum sed de amoe-
nitate et decore agitur, nec breves sed soli trunci laetis arboribus opponuntur. sequitur versum istum, quamcumque formam praecedenti indueris, tolerari non posse. atque minime
mihi quidem dubium est, quin scripserit poeta quod debuit:

> *ut laeta silvas forma vernantes habet,*
> *cum nemora nuda primus investit tepor.*

v. 383 non *decussit* sed *discussit* E praebet. ac scio quidem et Vergilium dixisse georg. II, 404

> *frigidus et silvis Aquilo decussit honorem*

et Horatium epod. 11, 5

> *hic tertius December ex quo destiti*
> *Inachia furere silvis honorem decutit*

et alios similia; sed Seneca Med. 715

> *aut rigida cum iam bruma discussit decus*

ubi sine necessitate Gronovius *decussit.* [2])

v. 384 Avantius corrigendum ducebat; scripsit enim

> *deforme foliis aspicis truncis nemus.*

sed hic epitheti *solus* usus nec Senecae (cf. Phaed. 407. Ag.
436) [3]) nec reliquis Romanorum poetis ignotus est.

v. 387 *nec illa Venus est* ex Etrusco prodiit et expulit
interpolatam scripturam *malisque minus est;* interpolatorem vero
concedimus optimo iure de tradita versus forma dubitasse. nam
quod Gronovius *illam* Venerem alterius temporis dicit Venerem
esse, id recte quidem cogitatum est; sed ut recte efferatur non
sufficit verbum substantivum pro eo quod est *nec manet illa*
Venus. hoc ulcus Kiesslingius sanavit emendatione quam non
in rectis tantum sed in elegantissimis recenseo quae in hoc
poeta factae sunt. scribit enim:

> *sic nostra longum forma percurrens iter*
> *deperdit aliquid semper et fulget minus.*
> *haec illa Venus est: quidquid in nobis fuit*
> *olim petitum cecidit.*

---

[2]) cf. Hf. 279 *dispulsas manu: depulsas A* errore solemni.
[3]) quibus certa emendatione addere possum Tro. 1075

> *haec nota quondam turris et muri decus,*
> *nunc saeva caules undique adfusa ducum*
> *plebisque turba cingitur.*

quam inepte turri qui de muro iacente superest epitheton addatur
Caucasi rupibus aptum monitus videbis. *so la caules* ut Val. Fl. IV, 202:
instar scopuli, qui montibus altis summus abit longeque iugo stat solus
ab omni. sic HO 19S5 *saeva* recte in *A* legitur, *sola* scriptum est in *E.*

196 ANALECTA.

ulterius sine offensione pedem proferre nequimus. nam quod in editionibus circumfertur v. 388:

> et partu labat
> materque multum rapuit ex illo mihi

cum languidissimum est — nam ut recte *mater* de partu sive, ut voluit Gronovius observ. c. VI. p. 44 Pl., de matris opera et cura dicatur, alterum praereptum est v. 388, alterum et post eundem versum et in ore Deianirae ineptum — tum interpolatori debetur. nempe Etruscus ita haec verba reddit:

> et pariter labat
> materque multum rapuit ex illo mihi.

atqui clarum est, id quod interpolator quoque intellexit, haec de partu dicta esse. ergo cum *pariter* aptissimum ac sine dubio genuinum, ab interpolatore autem mala coniectura oblimatum sit, in *labat* nihil latere potest nisi substantivum quod cum sequenti *materque* unam pariendi notionem efficiat. atque quod verum est invenisse me confido:

> quidquid in nobis fuit
> olim petitum cecidit, et pariter labor
> materque multum rapuit ex illo mihi.

hic *pariter,* quod non comparative sed temporaliter dictum est[4]), verba quae sunt *cecidit* et *rapuit* coniungit, non nomina *labor materque.* sic Phaed. 845 *me quoque supernas pariter ad sedes tulit.* 849 *pariterque mortem fugere et Alciden sequi.* hoc parvum; sed figuram quae est *labor materque* sine maiore disputationis ambitu lectori probare non potero.

notiones igitur duae ita inter se coniunguntur ut quasi una notio effici videatur quae est in isto Herculis versu *labor maternus.*[5]) inter duas notiones ita coniunctas necessario altera utra praecipuum locum tenet et quodammodo regnat; quo fit ut verbum, a quo utraque pendet, ad hanc tantum proprio sensu quadret, ad alteram plerumque translato. altera vero

---

[4]) cf. Charisius p. 214, 17 *pariter pro pariliter Cicero, ut Maximus notat. similiter et Maro XI* (673. 592), *ubi Celsus pro aequaliter. idem georg.* (I, 189) *et* — (aen. I, 714).

[5]) figura a grammaticis vocatur ἓν διὰ δυοῖν, sed minime omnia quae hoc nomine comprehenduntur figurae quam definivimus similia sunt. ad eandem redeunt qualia, ut e Seneca exempla sumam, leguntur Med. 701 *et hydra et omnis redeat Herculea manu succisa serpens;* Phaed. 509 *ramique ventis lene percussi tremunt veteresque fagi;* 961 *qui sparsa cito sidera mundo cursusque vagos rapis astrorum,* ubi in parte toti addenda aut eadem re expressius iterum efferenda color sermonis versatur.

ita ad potiorem accedit ut vel explicet illam vel definiat et
suppleat vel denique originem causamve indicet. ex Senecae
tragoediis huc pertinet Phaed. 640 *pectus insanum vapor amor-
que torret* (vapor amoris). Hf. 485 *vulneri et ferro obvius*
(ferro vulneranti). 995 *ceteram prolem eruam omnesque latebras*
(prolem ubicumque latentem). Tro. 222 *exuit matris dolos
falsasque vestes* (vestes fallaces). proxime accedit Phaed. 882
anus altrixque prodet (altrix vetula) cf. Ag. 301 *haec vacat
regi ac viro.* his, ne nimia accrescat moles, aliorum poetarum electa addam exempla. Ov. fast. I, 406 *positis arte manuque comis.* her. 4, 58 *enixa est utero crimen onusque suo.* 11,
64 *et positum est uteri crimen onusque mei.* Manil. I, 96 *nec
prius imposuit rebus finemque manumque.* Lucan. V, 590 *cum
iam non poterit puppi nostraeque saluti altera terra dari.* VII, 63
cuius sub iure togaque — tremuit Catilina. Stat. Theb. IV, 337
tunc bella tibi ferrumque quod ardes ipsa dabo. (cf. Val. I, 268).
732 *nec legem dominosve pati.* V, 7 *dispositi in turmas rursum
legemque severi ordinis.* XII, 166 *bello cogendus et armis in
mores hominemque Creo.* Sil. II, 324 *vidi animos mortesque
virum.* III, 64 *virgineis iuvenem taedis primoque Hymenaeo
imbuerat coniunx.* 102 *concutiens thyrso atque armata Maenade
Calpen.* 390 *vel more patrum vis raptaque pascunt.* IV, 100 *et
ad pugnam Martemque insania concors.* cf. VI, 208. XII, 196.
Stat. Theb. VII, 172. Sil. VI, 76 *renovata focis et paupere Vesta
lumina.* VII, 495 *iam monita et Fabium — exuerat.* 587 *nam
Fabium auxiliumque viri sperare pudebat.* XVII, 194 *Cerere et
victu fraudasse cohortes.* Val. Fl. I, 39 *et fictis dat vultum et
pondera dictis.* 84 *quam — in campos et tuta tuli.* 230 *plenus
fatis Phoeboque quieto* (hunc locum et v. 39 pessime corrupit
qui nuper Valerii carmen data opera interpolavit). 473 *donat et
Iphiclo pelagus iuvenumque labores.* III, 503 *paullumque moras
et foedera necte* (ex coniectura Burmanni). 688 *sat lacrimis
comitique datum.*

    haec figura arte coniuncta est cum altera, qua nomina di-
versi generis, plerumque abstractum ut dicunt alterum, alterum
concretum, ad unum verbum ita accedunt ut sponte alterum
propria, alterum translata notione efferatur. cuius rei exemplum dabo quod apud Senecam audacissimum est Phaed. 1101
        *haesere biiuges vulnere et pariter moram
        dominumque rumpunt.*
hoc quatenus ab eo versu a quo initium cepimus diversum
sit commode intellegitur eo quod hic *pariter*, licet temporaliter
dictum sit, non ad verbum attinet sed nomina coniungit: moram

pariter et dominum rumpunt. nimirum non ita illa inter se
conexa sunt ut quasi una notio efficiatur; color in eo situs est
quod *mora* translato, *dominus* proprio sensu usurpatur. hoc
ut recte perspiciatur monendum est *moram rumpere* dictionem
esse et Senecae [6]) et aliis poetis [7]) usitatam; quae inde nata
est quod *mora* translato sensu pro omni re quae quid moratur accipitur.[8]) quod optime inlustratur locis quales sunt Tro.
681 *rumpe fatorum moras* (cf. Hf. 566 *fatum rumpe manu*)
et 939 *abrumpere ense lucis invisae moras.* itaque hic *mora*
de stipite dictum est quo per medium Hippolyti inguen ingesto
currus adfixus paulisper stetit. subito equi 'moram' rumpunt
et pariter dominum stipiti infixum.

huius quoque figurae [9]) apud Vergilium eiusque aequales
perpauca extare exempla, apud Ovidium multa non miraberis:
quippe rhetorica sermonis Ovidiani natura hos ut omnis generis
colores sedulo captavit; qua in re Ovidio cum epicis posterioribus convenire consentaneum est, immo istos multo etiam
frequentius haec quoque figurati sermonis condimenta arcessere.
scilicet hanc figuram ut plurima eius generis excultam esse in
rhetorum ludis docebunt Senecae patris loci contr. exc. III, 8
suum quisque illo et ignem attulit et dolorem. V, 1 *sumpsi in-
strumenta mortis solitudinem et laqueum.* cf. Sen. d. benef. VI,
33, 4 *libros — quos vix nomenclatorum complectitur aut memoria aut manus.*

poetarum locos proponam ex numero satis grandi electos;
quos enumerare facilius est quam iusta ratione digerere. nec
facile aliam invenies digerendi rationem nisi ut loci inter se
similiores simul eant. praemitto Senecae versus: Thy. 661 *pendent rotae et omne gentis facinus.* Ag. 446 *aut bella narrat,
Hectoris fortis minas currusque.* Tro. 1120 *aliud ad facinus
redit tumulumque Achillis.* HO 799 *taurus — vulnus et telum*

---

[6]) Med. 54 *rumpe iam segnes moras.*
[7]) Aen. IX, 13. Ov. met. XV, 583. Aen. IV, 569 *eia age rumpe
moras* (quod repetierunt Stat. Ach. II, 198. Mart. II, 64, 9 et interpolator
Silii VIII, 214). Lucan. I, 264. II, 525. IV, 762. V, 634. VI, 217. Stat.
Theb. XI, 201 (*abrumpe moras*). Val. Fl. I, 306. IV, 627. VI, 127. VII, 33.
Silius nusquam, sed *tollere* (IV, 57) *pellere* (IV, 732) *impellere* (VIII, 279)
rapere moras (IX, 218).
[8]) ut et omnes poetae frequenter (cf. p. 154 sq.) et Seneca Thy.
761 *amputat trunco tenus umeros patentes et lacertorum moras;* quod
qui nuper in Mnemosynae vol. V, 2, p. 177 puerili ariolatione tentavit,
ille nec hunc nec sexaginta locorum quos aggressus est ullum intellexit.
[9]) Eur. Phoen. 1429 ἐν τῷδε μήτηρ ἡ τάλαινα προσπίτνει σὺν
παρθένῳ τε καὶ προθυμίᾳ ποδός. v. 1430 deletus a Valckenaerio (1439).
aut graviter corruptus aut spurius' Kirchhoff.

ferens.[10]) Vergilius Aen. II, 378 *conticuit retroque pedem cum voce repressit.* V, 508 *pariterque oculos telumque tetendit.* Horatius I, 15, 12 *currusque et rabiem parat.* III, 3, 30 *et gravis iras et invisum nepotem — redonabo.* nullum habeo elegiacorum ante Ovidium locum. Ovidius met. II, 601 *et pariter vultusque deo plectrumque colorque excidit.* IV, 174 *at illi et mens et quod opus fabrilis dextra tenebat excidit.* VII, 133 *demisere metu vultumque animumque Pelasgi.* VII, 347 *cecidere illis mentesque manusque.* IX, 409 *exul mentisque domusque* cf. Stat. Theb. II, 545 *huc — atque illuc animum pallentiaque ira ora ferens.* X, 517 *verba solo vultusque cadunt.* Val. Fl. VI, 580 *oculos sensusque refert animumque faventem.* Sil. IV, 104 *augurium mentes oculosque ad sidera vertit.* Luc. V, 319 *vultu dextraque furebas.* Val. VII, 293 *vix animos dextramque tenens.* Sil. I, 410 *una omnes dextraque cadunt iraque perempti.* — am. I, 7, 15 *promissaque velaque Thesei — tulisse notos.* art. I, 551 *et color et Theseus et vox abiere puellae.* her. 2, 25 *ventis et verba et vela dedisti.* 7, 8 *atque idem venti vela fidemque ferent?* *certus es Aenea cum foedere solvere naves?* 11, 52 *sed dolor et nutrix et pudor ipse vetant.* cf. Stat. silv. I, 2, 35 *iam nusquam ianitor aut lex aut pudor.* Theb. I, 591 *pulsi ex animo genitorque pudorque et metus.* Sil. XVII, 112 *ira pudorque dabant et coniunx, tertius ignis, inmanes animos.* fast. III, 859 *cumque recusantem cives et tempus et Ino compulerunt.* Lucan. V, 63 *regnumque sorori ereptum est soceroque nefas.* IX, 365 *abstulit arboribus pretium nemorique laborem* (scribendum videtur *numeroque laborem*). X, 95 *sed habet sub iure Pothini adfectus ensesque suos.* Val. Fl. I, 350 *Zephyrumque ratemque*

---

[10]) huc loci pertinent non admodum rari in quibus dei alicuius nomini per metonymiam de rebus quarum largitor vel dominus est usurpato adiungitur alterius cuiusdam rei propria notio. ut Thy. 65 *mixtus in Bacchum cruor spectante te potetur.* 700 *vina mutato fluunt cruenta Baccho.* 973 *satias dapis me nec minus Bacchi tenet.* Ag. 886 *cruor Baccho incidet.* Phaed. 373 *nulla iam Cereris subit cura aut salutis.* Hor. III, 13, 4 *cui frons — et Venerem et proelia destinat.* Ov. art. III, 564 *non bene cum sociis regna Venusque manent.* her. 3, 116 *citharae noxque Venusque iuvant.* Lucan. VII, 331 *armaque raptim sumpta Ceresque viris.* X, 204 *Luna suis vicibus Tethyn terrenaque miscet.* Stat. silv. I, 2, 167 *non ideo tibi tale decus vultusque superbos meque dedi (Venerem).* Theb. II, 154 *per imbres fulminibus mixtos intempestumque Tonantem.* V, 257 *sanguine commixto redeuntem in pocula Bacchum.* Sil. V, 404 *longam Clotho turbamque nepotum.* XIII, 434 *fundent mella super Bacchique et lactis honorem.* Val. Fl. I, 253 *exta — veribus Cereremque dedere canistris.* III, 5 *dent Cererem lectumque pecus nec palmite Bacchum Bithyno Phrygiove satum.* V, 215 *dona dehinc Bacchi — (et) rapta Ceres.*

200   ANALECTA.

morantis amplexus. 525 *flecte ratem motusque pater.* IV, 762
et votis pariter praedaque fruuntur. VII, 29 *vota deis pactas-*
que — appendere praedas. 599 *ipsa vi molis et irae.* VIII, 174
te venti — et tua fata ferebant. Stat. Theb. II, 96 *Tiresiae*
vultus vocemque et vellera nota induitur. 657 *nunc arma diem-*
que proice. VII, 727 *illum armis animisque cupit.* X, 571 *ipsae*
tela viris, ipsae iram animosque ministrant. Sil. I, 442 *aspera*
telis dicta admiscentem. IV, 342 *laudemque pedum cum sanguine*
ademit. VII, 92 *praecluserat omnes fortunaeque hostique vias.*
171 *attulit hospitio — pes dexter et hora Lyaeum.* 575 *omnia*
— *devicta viro: metus Hannibal ira invidia.* X, 22 *deserit una*
et color et sanguis et tela minora periclo. XV, 690 *et una prae-*
dam animamque simul victori victor ademit.

haec satis erunt ut Senecae non audaciorem quam par
est dictionem imputasse videar, dum Herculis loco a quo initium
cepimus scripsisse illum contendo *et pariter labor materque*
multum rapuit ex illo mihi. [11]) sequitur v. 390 (*aetas citato*
senior eripuit gradu) qui ut legitur ferri non potest: nimirum
Deianira non iam sibi adesse aetatem seniorem dicat necesse
est sed prope abesse; quare non satisfacit Heinsii coniectura
inrupit, cum sine dubio codicum scripturam recte Grotius
emendarit scribendo *eripiet:* quo certius sentimus mancam esse
sententiam et complemento egentem, quale exempli gratia ut
solemus indicabimus. tandem igitur transcribamus locum qualem nos aliique restituimus:

> *ut laeta silvas forma vernantes habet,*
> *cum nemora nuda primus investit tepor,*
> *at cum solutos expulit Boreas Notos*
> *et saeva totas bruma discussit comas,*
> *deforme solis aspicis truncis nemus:*
> *sic nostra longum forma percurrens iter*
> *deperdit aliquid semper et fulget minus.*
> *haec illa Venus est: quidquid in nobis fuit*
> *olim petitum cecidit, et pariter labor*
> *materque multum rapuit ex illo mihi.*
> *[si quid relictum est, id quoque actutum mihi]*
> *aetas citato senior eripiet gradu.*

[11]) Stat. Theb. III, 159 *mihi quippe malorum causa labor.* IX,
632 *per te maternos, mitis Dictynna, labores fraternumque decus,*
iustis hunc fige sagittis infelicem uterum.

3.

Phaed. 1015 media nuntii narratio:

consurgit ingens pontus in vastum aggerem
tumidumque monstro pelagus in terras ruit.
nec ista ratibus tanta construitur lues:
terris minatur. fluctus haud cursu levi
provolvitur: nescio quid onerato sinu
1020 *gravis unda portat; quae novum tellus caput*
ostendit astris? Cyclas exoritur nova?
latuere rupes, numen Epidauri dei,
et scelere petrae nobiles Scironides
et quae duobus terra comprimitur fretis.
1025 *haec dum stupentes querimur: en totum mare*
inmugit; omnes undique scopuli adstrepunt.
summum cacumen rorat, expulso sale
spumat vomitque vicibus alternis aquas.
qualis per alta vehitur Oceani freta
1030 *fluctus refundens ore physeter capax,*
inhorruit concussus undarum globus
solvitque sese et litori invexit malum
maius timore. pontus in terras ruit
suumque monstrum sequitur. os quassat tremor.
1035 *Thes. quis habitus ille corporis vasti fuit?*
Nunt. caerulea taurus colla sublimis gerens
erexit altam fronte viridanti iubam e. q. s.

transcripsi ut vulgo legitur locum in quo non magna est codicum discrepantia. quare minutiora quaecumque de singulis
versibus monenda sunt reponens statim ad graviora accedo.
etenim v. 1022 sq.:

latuere rupes numine Epidauri dei [1]
et scelere petrae nobiles Scironides
et quae duobus terra comprimitur fretis

versi sunt ex Euripide: Hipp. 1207

ὥστ' ἀφῃρέθη
Σκείρωνος ἀκτὰς ὄμμα τοὐμὸν εἰσορᾶν
ἔκρυπτε τ' Ἰσθμὸν καὶ πέτραν Ἀσκληπιοῦ.

[1] ita emendandum duxi, non *nomine* cum N. Heinsio. *numen*
codd. Madvicus adv. II p. 116 coniecit *lumen*. quod cum posteriores et
praecipue Silius (IV, 610. V, 447. VI, 274. IX, 592. cf. Val. VI, 246.
Hf. 219) singulari quoque numero de oculo usurpent (Prop. III, 32, 3
crimina lumen habet correxit Lachmannus: *lumina crimen habent*), hic
otiosum est. rupes numine nobiles, petrae scelere.

sed quod in Euripidis tragoedia aptissimum erat — nam loca
ista omnia conspicit qui Troezena relinquens τὴν εὐθὺς Ἀρ-
γους κἀπιδαυρίας ὁδόν persequitur — idem prorsus ridicule
Seneca dixit de Hippolyto suo, qui non Troezene sed Athenis
proficiscitur; unde via in Isthmum ducente profectus nemo
umquam vidit Epidaurum. qua de re plura dicere inutile est,
quoniam poetam Euripidis verba transtulisse, nequaquam vero
de locorum natura situque cogitasse manifestum est.

atque id quidem cum suae aetatis poetis commune habet
Seneca ut nomina geographica usurpet de veritate ac ratione
securus. ideo tolerandum est quod Ag. 566 a Caphareo rupe
conspici posse dicit *scelere Lemnon nobilem et Chalcedona tar-
damque ratibus Aulin;* nec mirandum quod Thy. 112 Tantalum
Mycenis Furia animadvertere iubet quam Isthmus Lerna Ina-
chus Alpheus et Cithaeron illius praesentiam moleste ferant;
nec quod Thy. 578 cum Bruttium mare ventis agitatur id non
Scylla et Charybdis tantum atque Aetna sentiunt sed et Ithaca
Cycladesque; nec denique eam ob causam HO 1031 sq. Senecae
abiudicarim — quod fecit Goebelius in Muetzel. ann. XVI p. 739
— quod Orphea sub Rhodopes iugis canentem et Hebrus, qui
scilicet illi Geticus est, et Athos et ipse leo Marmaricus au-
diunt. ut qui Suebas — nam ita dixit — in lucis Hyrcaniis [2])
habitare dicat Med. 713, et Tiphyn cum Boeotus fuerit Aulidis
regem ultro habeat Med. 622, et Polynicem cum Thebis Argos
migrarit *maria tot diversa* superasse praedicet (Phoen. 504);
ac potuit saltem, si carmen illud scripsit, Histrum gemmi-
ferum (HO 622), Hebrum aureum appellare (ib. 627), ut Phoen.
607 eundem campos fertiles secare voluit. idem Tro. 821
in cantico quod totum ex navium catalogo Homerico expressum est [3]), Gortynida ut novum nomen post Cretam inseruit

---

[2]) *Hercyniis A,* sed cf. Phaed. 75 *sive Hyrcani celant saltus va-
cuisqus vagus Sarmata campis.* Thy. 630 *an sub aeterna nive Hyrcana
tellus an vagi passim Scythae?*

[3]) hoc post Gronovium et alios Peiperus vidit (obs. p. 10 sq. cf.
Henneb. p. 25). scivit vetus interpolator qui v. 839 dittographiam ad
v. 840 secundum B 677 confecit — nam nullo artificio impetrabis ut
quolibet vento faciles Calydnae et *carens numquam Gonoessa vento*
simul eant — et interpolator *A* qui eundem versum secundum B 625
inmutavit. quae in catalogo non inveniuntur haec sunt: *Tempe* v. 815,
quod cum de Thessalia ageretur ultro se offerebat; *Pisa* quo ducebat B
615 (οἵ τ' ἄρα Βουπράσιόν τε καὶ Ἠλιδα δῖαν ἔναιον — 849 *an Pisas
Iovis et coronis Elida claram?*), quod propter Olympicos ludos omitti
non debuit; *Eleusin* (843) quam Athenis substituit (B 546); denique *Peparethos* quam valde memorabile est sumpsisse Senecam ex Sophoclis
Philocteta, in qua mercator se commigrare dicit (v. 548) ἐξ Ἰλίου πρὸς

ANALECTA.   203

(*Κρητῶν δ' Ἰδομενεὺς δουρικλυτὸς ἡγεμόνευεν, οἳ Κνωσόν
τ' εἶχον Γόρτυνά τε τειχιόεσσαν* cf. Steph. Byz. s. *Βοίβη*)
et Methonen sub Oeta sitam esse voluit: nam quae his aliisque
locis comminiscuntur inutilia sunt.

   ergo in locorum situ inaccurate indicato non offendimus;
immo neglegentiam istam qua in fabula Athenis acta narrat
quod intellegi nequeat nisi si Troezene agatur, prorsus Senecae
mori ac tragoediarum indoli convenire dixerim. at sunt quae
suspicionem moveant graviora.

   narrat nuntius undas consurgentes et in litus semet pro-
volventes aliquid portasse quod quale fuerit comites Hippolyti
ignorarint:

                  quae novum tellus caput
      ostendit astris? Cyclas exoritur nova?
latuisse Epidauri Megaridisque rupes Isthmumque; deinde pergit,
ut quidem in interpolatis codicibus legitur:

      haec dum stupentes querimur, en totum mare
      inmugit, omnes undique scopuli adstrepunt. [4])
at quid tandem queruntur? an rupes latere, mare agitari, novam
insulam oriri? quae mirari certe poterant et stupere; queri in
litore securos puerile erat. ac mirati quidem sunt: stupentes
scilicet queruntur; at nemo simul queritur et obstupescit.

───────────

οἶκον ἐς τὴν εὔβοτρυν Πεπάρηθον. quam cum his verbis inferat Seneca
(842): *Attica pendens Peparethos ora an sacris gaudens tacitis Eleusin*
(nam *arctica* non dicunt boni poetae praeter astronomos, atque Med. 314
recte legitur *et quae sequitur flectitque senex Attica tardus plaustra
Bootes*), sequitur Senecam quoque, ut scholiasta Sophoclis (Π. δῆμος τῆς
Ἀττικῆς καὶ μία τῶν Κυκλάδων νήσων), Peparethum Atticae pagum habuisse. praeterea monendum est operam dedisse Senecam ut prorsus tur-
baret pristinum Boeotiae Homericae ordinem: qua de re qui volet Peiperi
somnia apud ipsum cognoscere poterit. nimirum omnia recte decurrunt
praeter unum locum in quo iacturam versus factam esse Scaliger vidit.
   [4]) hunc versum et Hf. 950 *hiemsque gelido frigida spatio refert*
emendandos esse Schmidtio (p. 35) concedere non possum. nam, ut
paucis defungar exemplis, Tibullus quoque bis tantum brevem vocalem
ante duas consonantes sequens verbum incohantes longam esse voluit:
I, 5, 28 *pro segete spicas*, et 6, 34 *servare, frustra;* Lucanus et Statius
singulis tantum locis: Luc. V, 118 *quippe stimulis.* Stat. Theb. VI, 551
agile studium (nam falso quidam legunt XI, 168 *supplicia fratrem*,
et corruptus est versus silv. I, 6, 10 *iam velaria linea pluebant*); Sil.
VII, 618 *Syllaeque Crassique simul.* IX, 575 *inmane stridens* (XVII, 546
diversa spatio: diverso ς *diversae* N. Heinsius. XII, 209 *ne qua spes
fusos – maneret: quá* ad *maneret* pertinet). neque hanc ob causam
mutarim Manilii versum III, 89 *utcumque stellae;* cui V, 136 Bentleius
reddidit *suspensa in strepitus (suspensa strepitus* Iacob.). itaque Senecae
quoque in locis alia ratione non suspectis (apte autem componitur *omnes
undique*) singularia sua indulgebimus.

commode igitur accidit quod Etruscus stribiliginem istam
non agnoscit. in quo hoc legimus:

> *haec dum stupentes quaerimus, en totum mare*
> *inmugit —*

atque verum esse quaerendi verbum statim elucet; nec dubitari potest quin Peiperus pristinam versus formam restituerit
— quam cum interpolator *A* non reperiret, *querimur* substituit — scilicet:

> *haec dum stupentes quaerimus, totum en mare*
> *inmugit.*

at rursum interrogamus: quid tandem quaerunt et adeo stupentes quaerunt? an Aesculapii Scironisque rupes? quas undis
in immensum sublatis operiri modo audivimus; non quaeritur
autem quod ubi lateat et quo tegatur in aperto est.

fortasse quae statim secuntur hac de re certiores nos
facient:

> *totum en mare*
> *inmugit, omnes undique scopuli adstrepunt.*
> *summum cacumen rorat expulso sale*
> *spumat vomitque vicibus alternis aquas.*

sed non expectatione tantum excidimus sed in alios quoque
et intricatiores errores incurrimus. nam quis haec intellegat?
quale est quod rorat cacumen? quis est qui alternis aquam
spumat vomitque? cacumen quidem illud ut nunc legitur debet
petrarum quas modo nominavit cacumen esse: quae tamen nec
spumare aquam nec vomere possunt. hoc aenigma solvitur eis
quae secuntur:

> *qualis per alta vehitur Oceani freta*
> *fluctum* [5]) *refundens ore physeter capax,*
> *inhorruit concussus undarum globus*
> *solvitque sese et litori invexit malum*
> *maius timore.*

itaque de monstro quod v. 1020 gravis unda extulerat, in omnibus
istis versibus poeta locutus est. unde omnium primum sequitur
haec ita distinguenda esse:

> *summum cacumen rorat expulso sale,*
> *spumat vomitque vicibus alternis aquas*
> *qualis per alta vehitur Oceani freta*
> *fluctum refundens ore physeter capax.*
> *inhorruit concussus undarum globus e. q. s.*

---

[5]) *fluctum E* (*fluctus A*) cf. p. 37.

deinde vero patet v. 1027 *summum cacumen rorat* e. q. s. ad
monstrum illud referri non posse si vv. 1022—24 intercedunt.
atque nunc tandem comperimus quid quaerant Hippolyti comites
v. 1025: nimirum quaestiones quas audivimus v. 1020:

> *quae novum tellus caput*
> *ostendit astris? Cyclas exoritur nova?*

quas nunc elucet arte cum v. 1025 cohaerere et quidquid
intercedit ut fixum in corpore paxillum ipsa rerum natura ex-
primi et expelli. itaque hoc saltem in rebus geographicis crimine Senecam absolvere poterimus.

quoniam v. 1022—24 non esse a Seneca scriptos comprobasse mihi videor — nam de versibus transponendis cogitari
nequit — unum ad refutandum restat quod iam dudum qui
totam narrationem legerunt mihi obicientes audio. nimirum
constare sibi in errore geographico Senecam, ut qui v. 1057
dicentem nuntium faciat:

> *est alta ad Argos collibus ruptis via*
> *vicina tangens spatia suppositi maris,*

quo manifeste expressam esse τὴν εὐθὺς ᾿Αργους κἀπιδαυρίας
ὁδόν (Eur. Hipp. 1197). hoc si verum esset ultro quae disputavimus corruerent. sed paullo accuratius hos versus in-
spiciamus.

Hippolytus Athenas reliquit; de via quam ingressus sit,
quae apud Euripidem statim in initio ut par est indicatur,
nihil comperimus nisi haec v. 1000:

> *ut profugus urbem liquit infesto gradu*
> *celerem citatis passibus cursum explicans,*
> *celso sonipedes ocius subigit iugo —*
> *acerque habenis lora permissis quatit.*

viam non remotam a mari fuisse sequentia docent. apparet
monstrum et litus intrat:

> 1050 *tremuere terrae, fugit attonitum pecus*
> *passim per agros nec suos pastor sequi*
> *meminit iuvencos; omnis e saltu fera*
> *diffugit, omnis frigido exanguis metu*
> *venator horret. solus immunis metu*
> *Hippolytus artis continet frenis equos*
> *pavidosque notae vocis hortatu ciet.*

postquam audivimus monstri horrore pecora pastoresque dif-
fugisse et cum feris venatores, unum Hippolytum interritum
equos continuisse, si ita pergitur (v. 1057):

> *est alta ad Argos collibus ruptis via —*
> *hic se illa moles acuit ac vires parat,*

deinde

ut cepit animos, — praepeti cursu evolat —
et torva currus ante trepidantes stetit,

id certe clarum est de semita quadam poetam loqui quae, cum
diversa sit ab ea via quam Hippolytus cum comitibus sequitur,
primum a monstro teneatur, postea relinquatur ut ipsum Hippolytum petat. semitam istam audimus *vicina tangere spatia*
suppositi maris.[6]) iam si via ad Argos ducens omnino nomi-
natur, ea debet esse qua Hippolytus proficiscitur; via alta in
collibus ruptis ubi monstrum consistit antequam viam intrat
spatiosam aptamque curribus, non potest *via ad Argos* dici.
itaque Argos corruptum est; nec sane dignum cui tot verba
impendantur, quippe quod ne traditum quidem antiquitus sed
ab interpolatore suppositum sit pro genuina scriptura quam
servavit Etruscus:

est alta ad agros collibus ruptis via.

nempe pecudes pastoresque per agros fugerant; per quos via
curribus apta ducebat; prope autem per litoris scopulos semita
mare tangens. ex illa cum monstrum prorupit,

   1068 *inobsequentes protinus frenis equi*
       rapuere currum iamque derrantes via
       quacumque rabidos pavidus evexit furor,
       hac ire pergunt seque per scopulos agunt.

itaque monstrum equos planum relinquere et currum per rupes
scopulosque unde ipsum desiluerat trahere cogit. ibi dum
Hippolytus misere laceratur,

   1105 *errant per agros funebris famuli manus,*
       per illa qua distractus Hippolytus loca
       longum cruenta tramitem signat nota.

    vidimus igitur ne hic quidem praeter agri litorisque mentio-
nem quicquam de locorum situ poetam indicasse. et quoniam
removimus quod disputationi nostrae obstare visum est, aliud
addemus quo nescio an quodammodo fulciatur. nimirum notum
est quod Lachmannus dicit ad Lucr. p. 327: *Propertius ad-*
iectivum quoque nomen breviori illa genetivi inflexione extulit,
sed unum (Feretri). idem qui praeter hunc ausi sint, Iuve-
nalem invenio (VI, 385 *nominis Appi*) *et Senecam qui scripsit*
in Hippolyto 1022 *numen Epidauri dei.* cf. B. Schmidt.
p. 6 sq. itaque ne hoc quidem Senecae imputandum est.

---

    [6]) cf. Stat. Theb. II, 502 *medias alte secat aspera rupes semita,*
quam subter campi devexaque latis arva iacent spatiis.

sed locus quem tractandum proposui non tribus tantum
versibus illis a vetusto interpolatore auctus est. scilicet versum 1016

> *tumidumque monstro pelagus in terras ruit*

spurium esse non minus certis rationibus evinci potest. quarum prima est quod post verba ista dici nequit quod sequitur:

> *nec ista ratibus tanta construitur lues,*
> *terris minatur,*

nimirum quae in terram iam inruerit. deinde monstri prima
mentio fit v. 1019

> *nescio quid onerato sinu*
> *gravis unda portat,*

quod ineptum esset si iam 'monstro tumidum pelagus' in terras
ruisset. *lues* autem quae non ratibus sed terrae minari dicitur
ingens tempestas est v. 1007 sq. descripta. denique terram
fluctibus invadi descriptionis summa est in qua finitur, v. 1032

> *litori invexit malum*
> *maius timore: pontus in terras ruit*
> *suumque monstrum sequitur.*

quod nullam omnino vim haberet si idem iam v. 1016 dictum
esset. quem versum ex hoc ipso v. 1033 confictum esse vides
et post 1015 insertum, cum haesitaret interpolator in 'ista lue'
non ratibus sed terris minante.

postremo v. 1035 quamvis Etruscus dudum quod verum
est suppeditarit nondum recte intellegitur. inepte enim Theseus nuntium interrumpit ac rogat:

> *quis habitus ille corporis vasti fuit?*

atque Theseo versum interpolator dedit, in *E* nuntio continuatur. qui videlicet hoc modo cum reliquis cohaeret:

> *os quassat tremor.*
> *quis habitus ille corporis vasti fuit!*
> *caerulea taurus colla sublimis gerens* c. q. s.

sic supra v. 651 *quis tum ille fulsit.*

itaque totum locum qualem restituisse nobis videmur ante
oculos ponamus:

> *consurgit ingens pontus in vastum aggerem.*
> *nec ista ratibus tanta construitur lues:*
> *terris minatur; fluctus haud cursu levi*
> *provolvitur: nescio quid onerato sinu*
> *gravis unda portat; quae novum tellus caput*
> *ostendit astris? Cyclas exoritur nova?*
> *haec dum stupentes quaerimus, totum en mare*

inmugit, omnes undique scopuli adstrepunt;
summum cacumen rorat expulso sale,
spumat vomitque vicibus alternis aquas
qualis per alta vehitur Oceani freta
fluctum refundens ore physeter capax.
inhorruit concussus undarum globus
solvitque sese et litori invexit malum
maius timore. pontus in terras ruit
suumque monstrum sequitur — os quassat tremor.
quis habitus ille corporis vasti fuit!
caerulea taurus colla sublimis gerens
erexit altam fronte viridanti iubam e. q. s.

4.

Huic disputationi quasi epimetri loco ac ne unicum illud interpolationis exemplum esse credas, pauca quaedam addenda puto de quibus non minus certe iudicari posse videatur. primum autem haec inspice Medeae post unum filium interfectum verba (v. 1009):

si posset una caede satiari haec manus,
nullam petisset. ut duos perimam, tamen
nimium est dolori numerus angustus meo.
in matre si quod pignus etiamnum latet,
scrutabor ense viscera et ferro extraham.

qualem Medea matrem dicit? an semet ipsam? propria igitur viscera ense se scrutaturam profitetur; quod sane tantillum saltem Iasoni fuisset solacii. restat igitur ut Creusam; at illam virginem appellavit v. 1007: *i nunc superbe, virginum thalamos pete;* et praeterea totam crematam esse omnes sciunt. nimirum ne nihil adderet, postquam duorum numerum nimis angustum sibi esse dixit, inseruit aliquis versus 1012. 13 fictos secundum HO 345

si quid e nostro Hercule
concepit Iole, manibus evellam meis.

accedit autem quod v. 1013 *ense* et *ferro* male et ταυτολόγως sese excipiunt: quod Muellerum movit ut coniceret *fetum extraham* (Fleckeis. ann. 89 p. 424).

Ag. 547 Aiax Pallada compellat et deos minime se timere his verbis praedicat:

> *non me fugavit bellici terror dei,*
> *et Hectorem una solus et Martem tuli*
> *Phoebea nec me tela pepulerunt gradu.*
> *cum Phrygibus istos vicimus — tene horream?*

hic Mars v. 548 male repetitur postquam totum v. 547 eidem impendit; deinde *una* et *solus* inepta sunt, nam dimicasse se cum altero utro nec dicit nec potest dicere: gloriatur tantum se istis in pugna praesentibus aciem non reliquisse. denique 550 *cum Phrygibus istos vicimus* 'istos' deos dicit, Hector autem inter Phryges est. itaque v. 548 inter Senecae versus locum iniuria tenet.

Tro. 8

> *ad cuius arma venit et qui frigidum*
> *septena Tanain ora pandentem bibit,*
> *et qui renatum primus excipiens diem*
> *tepidum rubenti Tigrin inmiscet freto,*
> 12 *et quae vagos vicina prospiciens Scythas*
> *ripam catervis Ponticam viduis ferit,*
> *excisa ferro est; Pergamum incubuit sibi.*

Troianis Hecuba auxilium tulisse praedicat Rhesum Memnona Penthesileam: Rhesum enim intellegunt qui Tanaidis ripas incolat. at quamvis incuriosum cognovimus Senecam locorum situs, hoc tamen crimine absolvitur Etrusci ope et auctoritate. qui praebet:

> *ad cuius arma venit et q u a e frigidum*
> *septena Tanain ora pandentem bibit,*

Amazon scilicet, cuius illic legitimus locus est. cuius cum iterum mentio fiat v. 12. 13, hos versus spurios esse consentaneum est et confirmatur verbo quod sequitur *excisa ferro est.* quod quia nullo modo ut nunc legitur ad Troiam attinet, sed utique ad Amazonem, Gronovius legit *excisa ferro est Pergamum. incubuit sibi.* sed cf. Ag. 421 *Pergamum omne* et supra p. 90. restat v. 11 recte de Memnone dictus (cf. Strab. p. 728), sed duas ob rationes ineptissimus: primum Tigrin mari rubro excipi audimus — quod ferimus si cogimur; dein Assyrios ipsos flumen mari inmiscere, quale nemo umquam dixit. Seneca dixisse videtur: *tepidum rubenti Tigrin inmiscet m e r o.*

Phoen. 98

> *qui cogit mori*
> *nolentem in aequo est quique properantem impedit.*
> *occidere est vetare cupientem mori.*
> *nec tamen in aequo est: alterum gravius reor:*
> *malo imperari quam eripi mortem mihi.*

210 ANALECTA.

arte cohaerent v. 99 et 101: *in aequo est: nec tamen in aequo est.* quod ut vidit Peiperus, v. 100 post 101 traiecit. sed merito ille exulabit. non dicit Oedipus mortem infligere eum qui quem a morte prohibeat — non malum illud mortem exoptanti — sed crimen idem esse necantis invitum et servantis. sic Hor. ad Pis. 466 *sit ius liceatque perire poetis. invitum qui servat idem facit occidenti.*

eiusdem generis dittographiam legimus HO 1833

> *non est gemendus nec gravi urgendus prece*
> *virtute quisquis abstulit fatis iter:*
> *aeterna virtus Herculem fleri vetat.*
> *fortes vetant maerere, degeneres iubent.*

sic v. 1836 *E* pessime: nam quis ferat ʿquasi praeceptum sapientumʾ, ut ait Gronovius qui et ipse improbat. nec melius quod ille coniecit *veta* — *iube* vel quod interpolator *A* excogitavit *vetat* — *iubet.* nam post v. 1835 utique scribendum erat *maereri.* delendus igitur versus ad sententiam otiosus.

Hf. 1098 chorus Hercule dormiente Somnum adloquitur:

> *pelle insanos*
> *fluctus animi, redeat pietas*
> *virtusque viro. vel sit potius*
> *mens vesano concita motu;*
> *error caecus qua coepit eat:*
> *solus te iam praestare potest*
> *furor insontem. proxima puris*
> *sors est manibus nescire nefas.*
> *nunc Herculeis percussa sonent*
> *pectora palmis* e. q. s.

hoc dicit chorus: sana Herculis furorem, vel potius relinque illi furorem quo scilicet in se ipse saeviat (v. 98 *in se semper armatus furor*) plangendo quae commisit; haec sola ratio qua se insontem possit reddere. recte igitur dictum *solus te iam praestare potest furor insontem;* sed sententiae progressum turbat quod sequitur *proxima puris sors est manibus nescire nefas:* siquidem id ipsum chorus optat ut nefas cognoscat. aliam eiusdem cantici partem interpolatam esse vidimus supra p. 102. — cf. Eur. frg. 204 φρονῶ δ᾽ ἃ πάσχω καὶ τόδ᾽ οὐ σμικρὸν κακόν· τὸ μὴ εἰδέναι γὰρ ἡδονὴν ἔχει τινὰ νοσοῦντα κέρδος τ᾽ ἐν κακοῖς ἀγνωσία. frg. 1018 τὸ μὴ εἰδέναι σε μηδὲν ὧν ἁμαρτάνεις ἔκκαυμα τόλμης ἱκανόν ἐστι καὶ θράσους, quae verbis magis quam sensu similia sunt.

Med. 465 Medea in Iasonem invehitur:

> *ingratum caput,*
> *revolvat animus igneos tauri halitus*
> *interque saevos gentis indomitae metus*
> *flammifero in arvo flammeum Aeetae pecus*
> *hostisque subiti tela, cum iussu meo*
> *terrigena miles mutua caede occidit.*

haec non recte habere Hennebergerus sensit l. s. p. 11, sed remedia invenit morbo graviora: sanabit ferrum. recenset Medea ʻsegetesque virorum taurorumque truces flammasʼ; sed neque post *igneos tauri halitus* locum habet *flammeum Aeetae pecus*, neque *hostis subiti tela* post *saevos gentis indomitae metus.* si usquam, hoc loco deprensa est dittographia, scilicet v. 467 ad 469 et v. 468 ad 466. qui v. 468 ante nos delevit, Richterus, ille iocabundus hoc fecisse videtur.

finem faciat locus in Etrusco non servatus HO 1576

> *vere dum flores venient tepenti*
> *et comam silvis hiemes recident,*
> *vel comam silvis ˙revocabit aestas*
> *pomaque autumno fugiente cedent,*
> *nulla te terris rapiet vetustas.*

hic v. 1578. 79 puerilem lusum esse alicuius qui veri hiemique aestatem quoque et autumnum accedere voluerit vel v. 1578 particula *vel* docere potuit. quem lusum interpolatoris *A* fuisse inde non sequitur quod v. 1578. 79 in *M* omittuntur. sed versus in *E* omissos HO 998.[1]) 1167.[2]) 1503.[3]) 1716[4]) spurios esse et ab interpolatore *A* confictos ipsa res docet.

---

[1]) 997   *ita nulla perages iussa nec franges mala*
      erres per orbem. si qua nascetur fera
      referens parentem? dexteram intrepidam para.
v. 997 sic *E.   peragas — nec peragens A.* v. 999 *referes E.   referas A.*
referens meum est.

[2]) 1166   *haut meae telum necis*
      saxum est nec instar montis abruptum latus
      est totus Othrys.
v. 1167 varia coniecere.   v. 1168 *aut totus A.*

[3]) 1502   *licet sit falsa progenies mei,*
      materna culpa cesset et crimen Iovis
      merui parentem.

[4]) 1715   *haec postquam edidit,*
      noverca cernat quo feram flammas modo
      flammas poposcit.
v. 1715 *hoc postque addidit A.*

5.

HO 1747

nec properat uri; cumque iam forti datum
leto satis pensavit, igniferas trabes
hinc inde traxit, nimia quas flamma occupat
1750 *totasque in ignes vertit et qua plurimus*
exundat ignis, recipit intrepidus ferox.
tunc ora flammis implet; ast illi graves
luxere barbae cumque iam vultum minax
appeteret ignis, lamberent flammae caput,
1755 *non pressit oculos. sed quid hanc maestam intuor*
sinu gerentem? reliquias magni Herculis
crinemque iactans squalidum Alcmene gemit.

locum transcripsi ut fere in editionibus circumfertur.[1]) v. 1747
cumque t a m forti datum N. Heinsius coniecit: idem in *M* et
N legitur. at nihilo minus Heinsium et librarios aeque errasse
iudicandum est, cum in loci sententiam isto *iam* careri non
possit. felicius simile quiddam accidit v. 1749, ubi quod Lipsius
coniecit *minima quas flamma occupat* et loci sententia postula-
tur et in *M* legitur. contra *E* et hoc et sequenti versu in relativi
pronominis formis erravit, ut cuius librarius v. 1749 *quis* pro
quas scripserit, v. 1750 vero *quas* loco formae quae in interpolatis legitur *qua.* atque hic veri aliquid retinuisse Etruscum
certa Gronovii emendatione constat. qui scribendum censuit

et q u i s plurimus
exundat ignis, recipit intrepidus ferox.

ubi *quis* necessarium est, cum inter *quas occupat* — *vertit* —
recipit pronomen tantum' ad *trabes* referri possit; praeterea
autem Gronovius, cum *recipit* genuinum non esse Etrusci corruptela *repedit* ostendat, librarium *repetit* scribere voluisse sus-
picatus est [2]); quod restituit qui codicem *Σ* exaravit: legitur
enim in *N* et pro varia lectione in *M*, in quo quae adnotata
sunt omnia ex archetypo fluxere. itaque scribendum:

et quis plurimus
exundat ignis, repetit intrepidus ferox.

---

[1]) v. 1747 sic in *E* scriptus est: *nec poterat uticumque.* quod
ideo memoro quia simili mendo purgare in animo est Phaedrae versum
989: *sed quid citato nuntius p o r t a t gradu rigatque maestis lugu-*
brem vultum genis? ubi ferri non potest *quid portat rigatque?* manifestum est *quid* adverbii vice fungi; quare legendum: *sed quid citato*
nuntius p r o p e r a t gradu rigatque maestis lugubrem vultum genis?
quod ita Euripides dixit (1151): καὶ μὴν ὀπαδῶν Ἱππολύτου τόνδ᾽ εἰσ-
ορῶ σπουδῇ σκυθρωπὸν πρὸς δόμους ὁρμώμενον.
[2]) idem iterum coniecit Madvicus (adv. II, 127).

non facilem esse emendationem nec sine cautione summa
probandam ipsa pronominis forma monet de qua proferenda
quaedam video.' nam cum in posteriore latinitate ex grammaticorum doctrina qui *quis* a *qui, quibus* a *ques* derivarent (Charis.
p. 91, 12 cf. 158, 22 *nam dicimus quibus pro quis.* p. 162, 8),
quis pro *quibus* minime inusitatum esset[3]), ab optimi aevi
poetis parcissime usurpatum est et, si Vergilii et Horatii libris
fides, tantum ubi pleniori formae locus non esset. Vergilius
in Aeneide deciens *quis* posuit (I, 95. V, 511. VII, 444.
570. 742. 799. VIII, 316. X, 168. 366. 435), in georgicis
semel: I, 161 in bucolicis nusquam; quater in Culice legitur: v. 122. 145. 151. 389. Ovidius in transformationibus
quater: III, 300 *nubila quis nimbos inmixtaque fulgura ventis*
addidit. VII, 671 et XI, 383 *cum quis simul ipse resedit (s. i.*
parabat ire), vel potius ter, nam VI, 141 cum Heinsio scribendum *defluxere comae cumque his et naris et aures.* in elegiis
tantum her. 5, 96. art. III, 342. 774. fast. I, 571. IV, 134.
365. trist. V, 5, 44. Catullus 63, 46; 64, 80. 145 (v. 31 idem
coniecit Muellerus); 66, 37; 68, 13. Horatius in epodis
semel: 11, 9 *in quis amantem et languor et silentium,* ubi soluta forma uti non potuit; in carminum libris aut nusquam,
aut, si quis Bentleium sequi velit, item semel: I, 26, 3 *quis*
sub Arcto rex gelidae metuatur orae. saepius in sermonibus:
I, 1, 75; 3, 96; 4, 72. 130; 5, 42; 9, 27. II, 8, 48.[4]) Propertius ter: I, 8, 42 *quis ego fretus amo.* 15, 41 *quis ego*
nunc pereo. III, 33, 88 *Lesbia quis ipsa notior est Helena.*
Tibullus bis: I, 2, 53 *haec mihi composuit cantus quis fallere*
posses; 6, 13 *tum sucos herbasque dedi quis livor abiret.* item
bis laudator Messallae: IV, 1, 65. 120. paullo saepius Manilius:
I, 377 *sub quis* (codd. *sub aquis* sic ante Bentl.) 448 *quis in-*
nixa (Bentl. *innexa* codd.) 488. II, 161. 337. 455. III, 300
in quis (quos codd.). IV, 133. V, 2. 281. 475. ex -epicis post
Vergilium Valerius et Statius non multo saepius Vergilio hac
forma usi sunt: duodeciens Valerius (III, 318. 505. 660. 684.
IV, 614. V, 490. VI, 35. 90. 107. 493. VII, 175, 207, nam
temere inlatum est a novissimo editore corrupto versu VI, 382),
Statius in Thebaide sexiens deciens (I, 133. 224. II, 109. 110.
225. 316. 448. III, 158. IV, 22. 78. V, 365. 433. VI, 251, 621.

---

3) in pedestri saltem sermone. in carminibus *quis* pro *quibus* perraro legitur, non in Sidonii tantum (2, 242; 11, 109; 16, 106 et fortasse
in panegyricis praeter c. 2 non nusquam), sed et in Venantii carminibus:
V. M. III, 109 et in carmine quod spurium esse suspicor II, 19, 9 ed. Luchi.
4) Catulli et Horatii locos fere omnes attulit Neuius II p. 234 ed. II.

XI, 428. 479. XII, 526), in Achilleide nusquam, in silvis sexiens
(I, 2, 150. II, 4, 16. III, 2, 14. IV, 7, 54. V, 3, 92. 98). Lucanus nisi quid me fugit nusquam; Silius multo frequentius,
scilicet quadragiens septiens et in prioribus quinque libris tot
locis quot in carminibus suis Vergilius. vides diligenter ex-
pendendum esse Senecae usum antequam formam istam tragoediis inferas; atque cum de Hercule Oetaeo agatur, in hac
ipsa alterum exemplum non invenitur, in reliquis pauca quidem sed certa haec:

Phaed. 443 *quis nescit uti.*

Ag. 197 *turbo quis rerum imminet.*

Med. 711 *et quis sagittas divites Arabes linunt.*

Oed. 680 *in utrumque quis est liber etiamnum status,*
ubi potuit scribere *quibus.* praeterea in Octavia v. 621. 728.
961, nam v. 964 *quis invisa es* potest *quibus* substitui, quod
in cod. Ambr. H 77 inf., Riccard. 526 aliisque e melioribus
legitur.

etiam sequens versus continet quod in his tragoediis perpauca habeat exempla:

ast illi graves

   luxere barbae.

omnino particulae *ast* usus apud poetas latinos artissimis finibus circumscriptus est. quod Charisius e Iulio Romano (cf.
p. 230, 1) tradit p. 229, 30 *ast apud antiquos variam vim contulit vocibus, pro atque, pro ac — ergo — sed — tamen — tum
— cum, ut in glossis antiquitatum legimus scriptum,*[5] eius rei
tantum in titulis antiquis, in litteris nullum vestigium est: ubique pro *at* ponitur nec usquam iustum locum nisi ante vocales
habet. ubicumque consonanti excipitur[6] hoc librariis deberi
persuasum habeas. sed ne ante vocales quidem sine exceptione
admittitur: paucissimi enim loci extant in quibus particula ista
nomina substantiva vel adiectiva antecedit: duo apud Vergilium
(Aen. X, 173 *ast Ilva* XI, 293 *ast armis*), unus apud Horatium (serm. I, 8, 6 *ast importunus*), duo tresve apud Valerium
(IV, 407 *ast Erebi* VI, 197 *levis ast abies,* quod notandum quia
fere ubique primum locum tenet; VI, 332 *ast epulae* loco non
iniuria viris doctis pridem suspecto[7])), duo apud Silium (II, 183

---

   [5] cf. Buecheler. in Mus. Rh. XXXIII p. 22.
   [6] cf. Ov. met. VII, 241 *ast laeva.* XI, 461 *ast iuvenes.* ex Pont.
III, 2, 70 *ast Pylades.* Verg. Aen. X, 743 *ast de me.* Stat. Theb. II, 668
ast tamen — cf. XII, 741 *attamen —* Pers. 6, 27 *ast vocat.* Sil. III, 35
ast Stygius. XI, 190 *ast delecta.* et sic saepe in codicibus.
   [7] vides quam perversum sit quod ad III, 430 Aemilius Baehrens
adnotat 'malim *ast Argoa manus.*'

ast Ithacus. XIV, 58 *ast Aetna* [8])); adverbiis *ast* praeponi omnino duobus tantum locis probare possum: Val. VIII, 255 *ast inde.* Sil. XII, 471 *ast aeque;* praepositioni tantum Val. VIII, 363 *ast inter tantos.* quos Valerii versus fortasse non iniuria operi limam non ad finem passo imputes. nihil igitur eius generis admisit Catullus Tibullus Propertius Ovidius Manilius Lucanus Persius Petronius Statius alii. atque ut verum particulae usum explicemus, ita tantum illa e regula ponitur, ut aut pronomen (*ego hic ille ipse alius* [9])) aut *ubi ibi* continuo sequatur. itaque ut omnia in conspectu ponamus, Ovidius ter dixit *ast ego* (met. XII, 434. XIII, 877. pont. IV, 12, 3) et praeterea semel *ast ubi:* fast. IV, 637. Horatius, qui in carminum libris nusquam *ast* posuit, epod. 15, 24 *ast ego vicissim ridero* scripsit, si scripsit: nam etiam v. 10 in mero iambo incipit (*fore hunc amorem mutuum*); et semel in sermonibus: I, 6, 125 *ast ubi.* omnino particulam istam vitarunt, nisi quid me fugit, Catullus Propertius Tibullus. reliqua deinceps digeremus:

ast ego Verg. Aen. I, 46. VII, 308. Luc. VIII, 279. X, 197. 262. Pers. 2, 39. Val. III, 326. Stat. Theb. III, 212. VII, 215. VIII, 61. Ach. I, 634. II, 273. silv. I, 4, 19. III, 1, 61; 2, 142. IV, 2, 5. Sil. IV, 826. VIII, 229. IX, 161. XVI, 204. *ast egomet* Theb. X, 811.

ast hic Stat. silv. II, 1, 220. Sil. XII, 116. XVII, 484 (*ast hos*) *ast horum* Stat. Theb. II, 458. [10])

ast ille etc. Verg. Aen. I, 116. III, 330. V, 468. 676. IX, 160. XII, 951. Manil. III, 227. Luc. VII, 608. VIII, 151. IX, 49. Pers. 6, 74. Val. III, 115. 188. 227. V, 371. 407. 548. VI, 503. Stat. Theb. I, 248. II, 410. III, 93. IV, 697. VI, 119. 278. 658. VIII, 612. X, 780. XI, 226. silv. I, 2, 79. Sil. I, 448. 574. IV, 383. IX, 120.

ast ipse etc. Verg. Aen. V, 509.. Val. IV, 568 (Sil. X, 546 codices corrupte *ast ipsis;* scripserunt *atque i., hac i.*).

ast alius etc. Verg. Aen. II, 467. IV, 488. VI, 316. VII, 395. IX, 724. Manil. II, 779. Luc. III, 565. 754. Val. I, 835. II, 239. Stat. Theb. I, 520. V, 383. Ach. II, 21. Sil. VI, 560. VII, 446. XIII, 610. XIV, 381 et *ast altera* XIII, 203.

---

[8]) cf. Sid. Ap. 16, 125 *ast Epicureos.*

[9]) *ast is* nusquam (Sil. XII, 337 *ast ea* ⊊?); *idem* tantum Sil. XIV, 31 *ast eadem* cf. Accius v. 260 *ast idem.* loquor autem de poetis tantum quorum aut nomina aut locos attuli.

[10]) cf. Sid. Ap. c. 2, 129 *ast hunc;* 23, 18 *ast haec.* vix enim degeneravit usus in talibus. videtur quidem Venantius scripsisse V, 5, 73 Luchi *ast Iudaea manus,* sed alias nihil praeter priscorum poetarum consuetudinem.

ast ubi Verg. Aen. III, 410. item semel Lucan. VI, 538 et Val. VI, 95. Stat. Theb. II, 41. IV, 431. V, 340. VII, 438. IX, 699. Sil. I, 123. X, 353. XII, 175. *ast ibi* Stat. Theb. XI, 351.

tandem ad Senecam revertimur; qui praeter formulam *ast illi* ter eodem versus loco positam omnino hac voce abstinuit. legitur autem Thy. 721. Hf. 1006.

> *ast illi ferus | in vulnere ensem abscondit.*
> *ast illi caput | sonuit.*

et loco a quo initium cepimus, HO 1752

> *ast illi graves | luxere barbae.*

praeterea HO 1736

> *ast ille medias inter exurgens faces*

sine necessitate, ergo vitiose, in *E* legitur, *at* in *A*. contra HO 510

> *at ille ut esse vidit Alciden procul*

recte in *E, ast* in *A* (cf. 808 *at ille vultus ignea torquens face*). denique Phoen. 186 (*aut ut iras temporum haud ipsa mora fractas remisso pectore ac placido feras* [11])) Commelinum pessime scripsisse vides *ast ut iras.* cf. Both. ad Hf. 454.

antequam longiusculae iam de hoc loco disputationi finem facere possimus, pronuntiare saltem debemus carendum esse in futurum versu quem nescio num quis absentem aegre laturus sit. nimirum cum v. 1753 iniuria in Etrusco omittatur, v. 1755 (*non pressit oculos. sed quid hanc maestam intuor*) optimo iure; quem explendae lacunae sane quam infabre fictum esse duo docent: primum quod in tanta sermonis prolixitate ferri non potest ipsum Herculis finem ne perstringi quidem sed narrationem ita terminari: *non pressit oculos.*[12]) deinde quod inepta sunt quae secuntur: *sed quid hanc maestam intuor sinu gerentem? reliquias magni Herculis crinemque iactans squalidum Alcmene gemit;* nam nec legitur in *E cineremque* quod qualemcumque sensum praebere visum est, et pessime dicit *quid hanc intuor?* cum pergat *reliquias cineremque iactans Alcmene gemit;* debuit enim *quam intuor?* atque in libris praeter dupliciter interpolatum Melisseum legitur *sed quid hoc?* quae interpolatoris saltem genuina manus est (*sed quid hoc? maestam*

---

[11]) *tempore aut ipsa mora* codd. correxit Bothius. *non ipse* pro *ne ipse quidem* ut Tro. 874 *tale coniugium tibi non ipsa sospes Troia, non Priamus daret.* Med. 545 *namque istud ut possim pati non ipse memet cogat et rex et socer.* Verg. Aen. VI, 444 *curae non ipsa in morte relincunt.* VII, 102 *monitusque silenti nocte datos non ipse suo premit ore Latinus.* Prop. V, 9, 44 *non clausisset aquas ipsa noverca suas.*

[12]) cf. Lucan. VIII, 615 de Pompeio: *tunc lumina pressit continuitque animam, ne quas effundere voces vellet et aeternam fletu corrumpere famam.*

intuor sinu gerentem reliquias magni Herculis. crinemque iactans s. A. g.). itaque post 1755 plura intercidisse videntur quae et ultimam de Herculis morte et primam de Alcmenae adventu orationem continuerint. de v. 1756 nunc in suspenso relinquo sitne amissorum versuum lacera pars an maiori lacunae explendae pridem interpolatus. [13] nam cum v. 1757 ille, quodcumque de v. 1755 statuis, nullo modo conciliatur. itaque in loco emendate transcripto more solito finem faciamus:

> *nec properat uri; cumque iam forti datum*
> *leto satis pensavit, igniferas trabes*
> *hinc inde traxit, minima quas flamma occupat,*
> *totasque in ignes vertit et quis plurimus*
> *exundat ignis repetit intrepidus ferox.*
> *tunc ora flammis implet: ast illi graves*
> *luxere barbae; cumque iam vultum minax*
> *appeteret ignis, lamberent flammae caput*
>
> *   *   *
>
> *sinu gerentem reliquias magni Herculis*
>
> *   *
>
> *crinemque iactans squalidum Alcmene gemit.*

6.

Tro. 487 sq.

Andromacha filiolum in patris tumulo abditura loci praesagium abominatur:

> *sudor per artus frigidus totos cadit:*
> *omen tremesco misera feralis loci.*

cui senex inepte respondet:

> *haec causa multos una ab interitu arcuit,*
> *credi perisse*

quae non, ut iure expectamus, de loco male ominato dicta sunt, sed in universum de occulendo puero, qui quin removendus sit non dubitat mater, dubitat quo removeat. ad senis verba Andromacha:

> *vix spei quicquam est super,*
> *grave pondus illum magna nobilitas premit*

at ex his priora (*vix spei q. est super*) in E seni continuantur,

---

[13] cf. v. 1823 *reliquias magni Herculis.* simile quid accidit v. 738 sq., ubi trium versuum primus ex amisso orationis fine servatus, secundus et tertius ab interpolatore *A* sarciendae orationi confictus est.

cuius sequens versus a librario diremtus est; haec igitur loci
species est in Etrusco:

> SEN. *haec causa multos una ab interitu arguit*
> *credit perisse. vix spei quicquam est super.*
> AND. *Grave pondus illum magna nobilitas premit.*
> SEN. *Ne prodat aliquis*
> *Amove testes doli.*
> AND. *Si queret hostis?*
> SEN. *Urbe in eversa perit.*

quod deinde Andromacha profert:

> *quid proderit latuisse redituro in manus?*

id dicere quidem potest post v. 491, sed non interiectis vv.
492. 493 quibus id ipsum cavetur ne in hostium manus cadat.
cui cum apte senex respondeat:

> *victor feroces impetus primos habet,*

ferri plane nequit quod Andromacha, quasi novi aliquid pro-
ferat, insequitur:

> *quid quod latere sine metu magno nequit?*

idem scilicet per quinque versus conloquii argumentum fuit
et multo fortius illud identidem pronuntiatum. nec apte respondet senex:

> *miser occupet praesidia, securus legat,*

si quidem non de certo aliquo refugio Andromacha modo locuta
est, sed de latebris generaliter. vide an hoc loco ut plerumque
turbatae personarum notae turbati ordinis indicium sint et sermonis impedimenta an hoc ordine restituto amolitus esse videar:

> *sudor per artus frigidus totos cadit:*
> *omen tremesco misera feralis loci.*
> S. *miser occupet praesidia, securus legat.*
> A. *quid quod latere sine metu magno nequit,*
> *ne prodat aliquis?* S. *amove testes doli.*
> A. *si quaeret hostis?* S. *urbe in eversa perit:*
> *haec causa multos una ab interitu arcuit,*
> *credi perisse.* A. *vix spei quicquam est super:*
> *grave pondus illum magna nobilitas premit;*
> *quid proderit latuisse redituro in manus?*
> S. *victor feroces impetus primos habet.*

turbati a librariis versuum ordinis et in prioribus capitibus
multa exempla proposui et hoc loco quaedam ex Hercule Oetaeo
addam, ea scilicet tragoedia in qua et illud et omne deprav-
vationis genus plurimum grassatum est. v. 436 sq. nutrix Deianiram interrogat, velitne revera Herculem interficere. deinde
pergit v. 440:

quem nec noverca potuit hunc perimes virum?
DEI. *caelestis ira quos premit miseros facit,*
humana nullos. NVT. *parce miseranda et time.*
D. *contempsit omnes ille qui mortem prius;*
libet ire in enses. N. *maior admisso tuus,*
alumna, dolor est: culpa par odium exigat.

hic nullo modo intellegitur cur Deianira nutrici respondeat
caelesti ira homines miseros fieri, non humana; quod nec ad
Herculem nec post v. 440 ad ipsam nec ad quemquam referri
potest. quod si statim *miseranda* a nutrice appellatur, in eo
certe inesse sentimus veri vestigium. accedit ut v. 442 *parce*
ad v. 444 *enses* in Etrusco omittatur, quali indicio haud raro
cognoscitur versus olim loci non certos fuisse. ordinem restituisse hac ratione mihi videor:

N. *quem nec noverca potuit hunc perimes virum?*
D. *contempsit omnes ille qui mortem prius:*
libet ire in enses. N. *parce m i s e r a n d a et time.*
D. *caelestis ira quos premit m i s e r o s facit,*
humana nullos. N. *maior admisso tuus,*
alumna, dolor est: culpa par odium exigat.

Nessus Deianiram portans Herculi per flumen praegreditur
v. 510:

at ille ut esse vidit Alciden procul:
'*tu praeda nobis*' *inquit* '*et coniunx eris*'.
prohibetur undis meque complexus ferens
gressum citabat. non tenent undae Herculem e. q. s.

quis undis prohibeatur pridem viri docti dubitarunt: at de
Nesso hoc non dici manifeste quae secuntur docent; non dici
de Hercule et quae secuntur, in quibus contrarium de illo
praedicatur, et nomen quo addito opus fuit. itaque N. Heinsius scripsit *provehitur undis,* quo nihil lucramur; nam sic non
est cui opponatur v. 513 *non tenent undae Herculem,* quippe
quae ne Nessum quidem tenuerint. at haec debet loci sententia esse, ut Nessus Herculem undis prohiberi, sibi igitur
rapinam securam relinqui credat, dein misere spe ausuque ex-
cidat. itaque verba ista Nessum loquentem facias versuumque
511 et 512 loca inter se mutes hoc modo:

at ille, ut esse vidit Alciden procul:
'*prohibetur undis*', *meque complexus ferens*
'*tu praeda nobis*' *inquit* '*et coniunx eris*';
gressum citabat; non tenent undae Herculem.

in eiusdem inter Deianiram nutricemque conloquii fine postquam Deianira sic Amorem adfata est v. 562:

> cape hunc triumphum solus et vince Herculem,

nutrix redit ac dicit:

> prolata vis est quaeque Palladia colu
> lassavit omnem texta famularum manum.

quo referatur *quaeque* nescimus; comperimus per Deianiram quae pergit:

> nunc congeratur virus et *vestis* bibat
> Herculea pestem, precibus augebo malum.

dein nutrix:

> in tempore ipso navus occurrit Lichas.

haec ut fecimus disponenda inter ·personas esse codices non ostendunt, qui omnia ista nutrici continuant. in quo rursum veri vestigium apparet. nam vestis mentionem ante v. 563 efferendam esse persuadet grammatica ratio. itaque Deianira perfectis precibus sic pergit:

> nunc congeratur virus et vestis bibat
> Herculea pestem, precibus augebo malum.

dein nutrix:

> prolata vis est quaeque Palladia colu
> lassavit omnem texta famularum manum.
> in tempore ipso navus occurrit Lichas:
> celanda vis est dira, ne pateant doli

nam sic novissimum versum scribendum esse pridem N. Heinsius docuit.

7.

Phoen. 356

> nec hoc sat est: quod debet ut fiat nefas
> de more nostro, quod meos deceat toros,
> date arma patri: nemo me ex his eruat
> silvis, latebo rupis exesae cavo e. q. s.

antequam corruptelam qua hi versus affecti sunt tollamus, rursus minutum aliquid perstringemus. rarissime scilicet invenitur dictio qualis est *de more nostro:* nam cum poetae omnes frequenter dicant *de more, patriae de more, more aliquo, in morem, in morem aliquem,* tamen *aliquo de more* et vitant plerumque et fere non usurpant nisi in epithetis et ipsis moris notionem continentibus, qualia sunt *solitus patrius* similia. atque ut componam quaecumque apud poetas mihi occurrerunt, *solito de more* dixere Verg. Aen. VII, 357 *solito matrum de more,* Stat. Theb. X, 829 *solito vatum de more,* silv. IV, 4, 10 *solito vulgi de more,* ubi cui fuerit solitus mos nusquam non additum est. item Sil. VII, 312 *adsueto belli de more. patrio de more* Ov. met. XII, 11. Stat. Theb. II, 662. Sil. II, 443. *prisco de more* Ov. met. XV, 593 (*e more* boni libri ut videtur) *nostro de more* Sil. VIII, 671. XI, 105. *de more vetusto* Lucan. I, 584. Sil. XI, 501. ubique autem praeter novissimam formulam, in qua metricae difficultati aliquid condonatum est, vides epitheton ante praepositionem poni; qua in re singulare est Senecae de quo loquimur exemplum (*de more nostro*). idem Seneca altero loco eadem figura usus est non minus singulariter: Med. 802 *funereo de more.* nam epitheton quod non et ipsum consuetudinis notionem habeat praeter Medeae locum tantum Stat. Theb. IV, 243 ita usurpatum video: *infando de more.* praefracte igitur renuenda est Peerlkampii coniectura ad Verg. Aen. XII, 161 *ingenti de more* pro *ingenti mole.* apud Horatium et elegiacos omnino nullum inveni exemplum.

breviores poterimus in emendando loco esse. nimirum postquam minime se rediturum Oedipus professus dirasque filiis imprecatus est, non potest ut summum addere sibi ipsi arma danda esse, praesertim cum continuo pergat: *nemo me ex his eruat silvis* e. q. s. addere potuit:

> *date arma matri.*

hoc enim est *quod meos deceat toros.*

subiungam locum unum alterumve non minus certa ratione emendatum. Thy. 828 sq. chaos iterum venturum praedicit chorus et post alia 844 sq. sidera de caelo delapsura longo ordine recenset. et cum suis nominibus efferat arietem taurum hyadas geminos cancrum leonem Astraeam libram scorpion Chironem Aegoceron pisces angues Cynosuram Arctophylacem, permire in media enumeratione haec dicit v. 867:

> *monstraque numquam perfusa mari*
> *merget condens omnia gurges.*

nam licet quivis sciat qualia sint monstra quae numquam mare tangant, tamen nulla ratio est cur non ut totiens hic quoque sidus arcticum, ubi monstris ferisque omnibus sua nomina adduntur, ipsum nuncupetur, ut v. 873 *custosque sui tardus plaustri.* equidem non dubito quin Seneca scripserit:

> *plaustraque numquam perfusa mari.*

quod si in sequenti versu haesites:

> *et qui medias dividit ursas*
> *fluminis instar lubricus anguis,*

id vel ipsum docet non appellativum nomen antecessisse sed proprium: scilicet *illa* dixisset, non *ursas.* ursae autem quod

cum plaustris simul nominantur, id et ipse Seneca multo audacius fecit Hf. 129 *signum celsi glaciale poli septem stellis Ar-
cades ursae lucem verso temone vocant (Arcados E;* locus nondum sanatus) et item Lucanus IV, 523 *flexoque ursae temone
paverent.* cf. HO 1524 *quique sub plaustro patiuntur ursae.
monstra* autem facili errore nata sunt postquam aliquis *plostra*
scripsit. qualia saepissime accidisse nemo ignorat. sic Hor.
ad Pis. 154 codd. optimi *plosor,* serm. I, 6, 42 fere omnes
plostra, cum alias semper *plaustra* scriptum sit (carm. III, 24, 10;
ep. II, 2, 74. ad Pis. 276). serm. II, 3, 247 *plostello.* cf. CIL
V, 7862 v. 5 *Plostralibus.* sic Sen. de benef. VII, 21, 2
clostrum N, eiusdemque generis ubique multa et nota. in
qualibus sermonem vulgarem minime constantem fuisse non
tantum Diomedes docet p. 383, 2 *(plaudo, plodo — secundum
eam consuetudinem qua au syllaba cum o litera commercium
habet, ut cum dicimus claustra et clostra, item caudam et codam
et similia),* sed et append. Probi p. 199, 18 *(inter austrum et
ostrum hoc interest quod austrum ventum significat, ostrum vero
purpuram esse demonstrat),* quandoquidem hoc praecipere opus
fuit. quare ne id quidem improbabile est, Marci Claudii nomen
mero librariorum errore ex Mario Plotio natum esse. —

Tro. 903 sq. Helena contra Andromachae Hecubaeque convicia causam suam tueri conatur. atque non sibi belli culpam
imputandam esse his verbis evincere studet, quae statim recte
distincta ascribam, v. 917:

> *causa bellorum fui
> tantaeque Teucris cladis? hoc verum puta,
> Spartana puppis vestra si secuit freta;
> sin rapta Phrygiis praeda remigibus fui
> deditque donum iudici victrix dea,
> ignosce Paridi.*

at nec accusant Paridem nec eius causam Helena agit sed suam:
queritur autem se a Paride raptam, a Venere praedoni desti-
natam esse. dicit igitur: me belli causam fuisse verum esset
si ultro ad vos profecta essem; sin invita a Troianis rapta sum,
certe cum venia ero. id quod poetam sic dixisse existimo:

> *ignosce p r a e d a e.*

v. 1171 Hecuba queritur:

> *mors votum meum,
> infantibus nec lenta virginibus venis,
> ubique properas saeva: me solam times
> vitasque gladios inter ac tela et faces
> quaesita tota nocte cupientem fugis.*

v. 1172 (*inf. violenta* codd.) egregie correxit Madvicus adv. II
p. 122. eodem graecismo Stat. Theb. III, 316 *hoc mihi ius
nec fata vetant.* v. 1175 delevit Peiperus, ineptum scilicet ut
traditur, sed facili opera emendandum: *me solam times vitasque
gladios inter ac tela et faces quaesita, tota mente cupientem
fugis.* cf. Phaed. 185 *tota mente dominatur deus.* 162 *con-
sciae mentis pavor E noctis A.*

Phaed. 505 Hippolytus silvestrem venatoris vitam praedicat:

> *nunc ille ripam celeris Alphei legit,*
> *nunc nemoris alti densa metatur loca,*
> *ubi Lerna puro gelida perlucet vado,*
> *sedesque mutat: hic aves querulae fremunt*
> *ramique ventis lene percussi tremunt.*

non mutat sedes inter v. 507 et 508 nec apte sedes iam mutare
dicitur quem per priores versus idem continuo facere audivimus.
nihil profecit interpolator *A* scribendo *sedemque.* debuit *sedes-
que mutas:* aves ramique obstrepunt communi silentio.

Ag. 481

> *nec manet in Austro: fit gravis nimbis Notus,*
> *imbre auget undas.*

ceteras loci difficultates nunc transeo pede sicco. moneo tantum
quam parum apte Notum novum ventum classi inruentem numquam non nimbosum gravem nimbis *fieri* dictum sit. scribamus: *flat gravis nimbis Notus.*

Oed. 647

> *proinde pulsum finibus regem ocius*
> *agite exulem. quocumque funesto gradu*
> *solum relinquet, vere florifero virens*
> *reparabit herbas e. q. s.*

v. 648 *quacumque* et *quodcumque* codd. aliquot 649 *relinquat*
item. locum tango quia ex parvo eorum numero est quos
Bentleius tractavit (ad Hor. carm. I, 6, 3). parum recte Gronovius defenderat quod in editionibus tunc circumferebatur *quodcumque,* nec certe feliciter Bentleius coniecit *quumcumque.* at
rectissime contendit sententiam esse: quandocumque, cum primum solum relinquet. remedium in distinctione recte posita
situm est unaque litterula, ut factum est in membranis aliquot, mutata:

> *proinde pulsum finibus regem ocius*
> *agite exulem quocumque funesto gradu.*
> *solum relinquat: vere florifero virens*
> *reparabit herbas.*

haud raro apud poetas coniunctivus sententiae condicionalis

vicem tenet ita ut in apodosi futurum tempus sequatur: Seneca Med. 238 *virgini placeat pudor paterque placeat: tota cum
ducibus ruet Pelasga tellus.* Phaed. 478 *caelibem vitam probet
sterilis iuventus: hoc erit, quidquid vides, unius aevi turba et
in semet ruet.* Stat. XII, 342 *vincam volucres, sit adire potestas,
excludamque feras.* Ov. rem. 743 *perdat opes Phaedra: parces,
Neptune, nepoti.* lib. nuc. 31 *audiat hoc cerasus: bacas exire
vetabit; audiat hoc ficus: stipes inanis erit.* et paullo audacius
ut non futurum tempus spectetur fast. VI, 113 *huic aliquis
iuvenum dixisset amantia verba, reddebat tales protinus illa sonos.*
Sil. XVII, 317 *horrescamne ipsos, veniant ad proelia, divos?*

    HO 452 sq. artem magicam nutrix professa solitas virtutes
recenset. inter illas v. 459

> *umbrae stetistis et mea iussi prece*
> *manes locuntur, sonuit infernus canis.*

Cerberi turbidi semper et latrantis vocem excitasse non magna
res est: mulcere iram labor Hercule dignus; sic saga Tibulli
I, 2, 51 *sola tenere malas Medeae dicitur herbas, sola feros
Hecatae perdomuisse canes.* non miramur igitur quod verbum
ab interpolatore inventum esse Etruscus docet qui praebet:
novit infernus canis. scribendum autem emendatione, quam
facillimam esse intelleget qui ad litterarum ductus attenderit:

> *manes locuntur, t a c u i t infernus canis.*

    Tragemata haec sunto, non cena. quod si cui priores
placuere, non esurit secundas mensas; sin minus, quis ferat
hospitem ʽsubligentem quodcumque iacet inutileʼ? itaque relin-
quamus aliquid maiori cenae ad quam perendie vocatos volumus
cupientes.

INDEX CAPITUM.

INDEX RERUM.

INDEX LOCORUM

(cancellis saepsi Richteri et Peiperi numeros. locos in cap. II quantumvis
leviter perstrictos indicavi omnes , ut aliqua saltem .ex parte minueretur
incommodum cum locis non constanti ratione significatis necessario coniunctum).

CORRIGENDA

praeter p. 386 enotata.

———

p. 108 *adn. delend.:* 211 rigat:t *i. ras. R*
p. 124 *adn. 740* vos quoque] quoque
p. 190 *adn. addend.:* 529 expresse *R*   532. 533 *inverso ordine collocat R*
ibid. silva iam fessa *RA*] illa iam fessa *R* silva iam fessa *A*
p. 245 *v. 141* vestus] vectus
praef. p. XXIII adn. prope finem ultimaers pa] ultimae pars
ibid. p. XXVI apogr. Oed. 418 NOUERCAM] NOUERCAM

———

For EU product safety concerns, contact us at Calle de José Abascal, 56–1°,
28003 Madrid, Spain or eugpsr@cambridge.org.